Aylin Korkmaz

»Ich schrie um mein Leben«

Aylin Korkmaz
mit Tanja Moser

»Ich schrie um mein Leben«

Ehrenmord mitten in Deutschland

Fackelträger

FSC
Mix
Produktgruppe aus vorbildlich
bewirtschafteten Wäldern und
Recyclingholz oder - fasern

Zert.-Nr. SGS-COC-003091
www.fsc.org
© 1996 Forest Stewardship Council

Die Suren des Korans werden zitiert nach folgender Ausgabe:
Der Koran. Das heilige Buch des Islam. Aus dem Arabischen von Max Henning.
Überarbeitet und herausgegeben von Murad Wilfried Hofmann.
Hugendubel: Kreuzlingen/München 1999.

Satz: Bild1Druck GmbH, Berlin
Gesamtherstellung: VEMAG Verlags- und Medien AG, Köln
Printed in EU

ISBN 978-3-7716-4425-3

www.ehrenmord-in-deutschland.de

www.fackeltraeger-verlag.de

Für meine Mutter, ohne die ich nicht am Leben wäre.
Für meinen Vater, der mich viel zu früh verlassen hat.
In Liebe, Aylin

Inhaltsverzeichnis

Vorwort

Ich sehe in den Spiegel. Warmes Tageslicht fällt durch das Badfenster und lässt meine feuchten Augen in der Sonne glänzen. Die Frau, die mir entgegenblickt, ist mir noch immer fremd. Ich will schreien: »Das bin nicht ich!« Der Satz sitzt in meinen Gedanken fest, aber meine Lippen bewegen sich nicht. Ich schließe die Augen, und das Bild jener Frau wird wieder lebendig, die ich einmal war. Sie verbrachte viel Zeit vor dem Spiegel. Sie betonte ihre Wangenknochen mit Rouge. Ihre vollen Lippen schminkte sie am liebsten tiefrot. Die Aylin, an die ich mich erinnere, war schön. Sie lachte viel und sie verließ das Haus immer ordentlich zurechtgemacht.

Diese Aylin gibt es nicht mehr. Das Spiegelbild verschwimmt hinter einem Schleier aus Tränen. Ich drücke die Hände auf meine Wangen und wische die Spuren der Trauer fort. »Deine Augen leuchten wie Honigtropfen«, hatte mein Vater gesagt, als ich ein kleines Kind und er noch am Leben war. Die süßen Honigtropfen sind bitteren Blicken gewichen.

Nein, ich will nicht mehr weinen. Es reicht. Schon zu viele Tränen liefen über mein Gesicht. Ich öffne die Augen wieder und sehe, was mir die Realität entgegenhält. Ein Gesicht, das von Narben durchzogen ist. Mein Exmann hat es entstellt. An einem Novembertag im Jahr 2007 fiel er mit zwei Messern über mich her, 26-mal stach er auf mich ein. Mit mehr als 230 Stichen retteten die Ärzte mein Leben, das mein Exmann auszulöschen trachtete. Aber mein Herz war stärker als sein Hass.

Ich sehe in den Spiegel. Nicht weil ich will, nein, weil ich muss. Ich kann nicht länger vor meinem Spiegelbild flüchten, nicht länger vor mir selbst.

Die größte Narbe in meinem Gesicht zieht sich vom rechten Mundwinkel über das Kinn bis hin zum Hals, sie verliert sich im Nacken in einer tiefen Kerbe. Ich streiche mit meinem Zeigefinger über die Wunde. Meine Hände zittern. Mein rechtes Ohr habe ich unter meinem schwarzen Haar versteckt. Ich streiche die Haarsträhnen vorsichtig zurück, es kostet mich immer noch Überwindung. Ein Teil der Ohrmuschel fehlt. Ich hole tief Luft und atme das wohlig leichte Gefühl von Freiheit ein. Von einem eigenverantwortlichen Leben, für das ich einen hohen Preis bezahlt habe.

Die Ärzte sprechen von einem Wunder, dass ich noch am Leben bin. Allein der Stich in den Hals sei lebensbedrohlich gewesen, sagen sie. Der Vater meiner drei Kinder war der Meinung, ich hätte es verdient. Mit der Heirat vor zwanzig Jahren wurde ich sein Eigentum, so wie sein Auto, sein Telefon oder sein Fernseher. Und ich hatte genauso zu funktionieren.

Eine gute türkische Ehefrau trägt ihre familiären Probleme nicht nach außen. Eine gute türkische Ehefrau wehrt sich nicht gegen ihr *kısmet* (»Schicksal«), sie nimmt es an. So bin ich erzogen worden, und so hat es mein Exmann von mir verlangt. Ich habe geschwiegen. Zu lange, wie ich heute weiß. Aber vor allem habe ich mich geschämt. »Wenn die Leute wüssten, was bei uns zu Hause los ist«, sagte mir meine älteste Tochter Melanie oft. Kaum jemand ahnte, wie unser Leben tatsächlich aussah. Die meisten wollten es auch nicht wissen, ist doch der Schein der Normalität viel angenehmer als die unbequeme Wahrheit. Meine Kinder waren modisch gekleidet, ich selbst trug gern kurze Röcke. Nach außen hin wirkten wir wie eine moderne türkische Familie, die in Deutschland angekommen war. Doch mein Freiraum reichte nicht über meinen Kleiderschrank hinaus. Mit jedem Schritt, den ich vor die Tür setzte, trug ich die zentnerschwere Last der Ehre mit mir. Allein meinem Exmann stand es zu, darüber zu urteilen, ob ich mich ehrenhaft verhielt oder eine Schande für ihn war. Sein Urteil war allerdings weniger von einem islamischen Verständnis von Moral geprägt als vielmehr von seinen Launen, von seinem ambivalenten Charakter. Jähzorn, Verzweiflung und übermäßige Euphorie wechselten sich stetig ab. Mein Exmann war keineswegs strenggläubig, aber er konnte umso fanatischer sein, wenn es um seine kurdische Herkunft ging.

Gewalt gegenüber Frauen ist kein islamisches Phänomen. Aber der Begriff der Ehre wird noch immer und nur allzu gern als Rechtfertigung missbraucht. Ein Begriff, der für viele Muslime so mächtig scheint, dass er sogar Mord rechtfertigt und darüber hinaus eine demokratische Rechtsprechung in Verlegenheit bringen kann. Noch immer wird die »kulturelle Herkunft« des Täters von Anwälten und Gerichten als Argument für Strafmilderung ins Feld geführt. So war es auch in meinem Fall.

Deshalb will ich mich nicht länger verstecken, sondern für die Frauen sprechen, die keine Stimme mehr haben. Denn ich habe das Glück, noch am Leben zu sein.

Ich sehe in den Spiegel, mein Blick ist nun entschlossen und fest. Diese Frau, die gebrandmarkt ist, das bin ich. Eine Türkin, die mit 18 Jahren verheiratet wurde und ihre Heimat verlassen hat, um sich ein neues Leben in der Fremde aufzubauen. In Deutschland habe ich eine neue Heimat gefunden, aber ich bin stolz auf meine türkischen Wurzeln. Ich erlaube es mir, meine Kultur und meine Erziehung zu hinterfragen, aber ich ertappe mich immer wieder dabei, manchem überholten Rollenklischee anzuhängen. Etwa, als ich meinen beiden Töchtern im Teenageralter, Melanie und Zeynep, das Kochen von *cay*, türkischem Tee, beibringen wollte. »Warum nur uns beiden?«, fragten sie. »Auch Metin ist nicht als Pascha auf die Welt gekommen.« Wie recht sie doch hatten. Die meisten Frauen und Männer in der Türkei, die der neuen Generation angehören, denken übrigens genauso. Nur hier in Deutschland scheint es mir, als wollten viele ein anderes, ein gleichberechtigteres Denken nicht wahrhaben. Und umso verbissener an alten Mustern festhalten. Darüber offen zu sprechen ist ein erster Schritt.

Ich habe mich für die ungeschminkte Wahrheit entschieden. Ich will mich meinen Narben stellen. Vor allem den Wunden in meinem Herzen. Sie stammen nicht allein von meinem Exmann. Sie reichen bis weit in meine Kindheit zurück. In eine Zeit, als ich noch an Helden glaubte. An jenen Ort im Südosten der Türkei, an dem ich aufgewachsen bin.

Kapitel 1

Eine Prinzessin in der Türkei

Warum ich das erste türkische Mädchen mit einer Barbiepuppe war, warum meine große Liebe starb und die Ehre meiner Mutter in Gefahr war

Ich denke gern an jenen Sommertag zurück, es war der 22. Juni 1978 und ich fünf Jahre alt. Die Sonne hing glühend heiß über Adana, das Paradies meiner Kindheit, das grenzenlos zu sein schien und einem riesigen Abenteuerspielplatz gleichkam. Mein Kokon kindlicher Geborgenheit war der Platz vor meinem Elternhaus. »Schneller«, trieb ich meine Freundinnen an, die das Seil in kreisenden Bewegungen über dem Boden schnalzen ließen. Eifrig hüpfte ich im immer rasanter werdenden Rhythmus auf und ab, bis meine Füße schlappmachten. Schweißtropfen perlten über mein Gesicht, auch meine Freundinnen waren völlig außer Atem. Zufrieden und erschöpft ließen wir uns auf die Wiese fallen. Ein kühler Windstoß hatte die Vögel in der Baumkrone der alten Zypresse wachgerüttelt, flink und empört zwitschernd bewegten sie ihre Flügel hinauf in den blauen Himmel. Wie zerrissene Bettlaken hingen die Wolken über uns und zogen weiter in Richtung Süden, als ob sie dem Vogelschwarm zu folgen versuchten, der so viel schneller war. Friedlich und unbeschwert schien das Nachmittagslicht über meine Heimatstadt, die im Südosten der Türkei in der fruchtbaren Çukurova-Tiefebene eingebettet liegt, jenseits des Taurusgebirges, nur dreißig Kilometer vom Mittelmeer entfernt. *Vakitsiz öten horozun başı kesilir* (»Vögel, die früh singen, fängt am Abend die Katze«), rief meine Mutter lachend vom Balkon. Ich winkte ihr aufgeregt zu. »Mich fängt niemand ein, wenn ich es nicht will«, rief ich in die Weite Adanas hinaus, mit der naiven Überzeugung in der Stimme, wie sie nur ein Mädchen haben kann, das schon genauso schnell rennen konnte wie die Jungen aus der Nachbarschaft.

Mein Vater hatte mir eine große Portion Selbstbewusstsein mit auf den Weg gegeben. Er war ein überzeugter Kemalist, für ihn war unser Staatsgründer Mustafa Kemal Atatürk ein Idol, der den Türken das Tor zur Welt geöffnet hatte. Und wie Atatürk hatte mein Vater ein eher distanziertes Verhältnis zum Islam. Er begeisterte sich für alles, was Wohlstand und Fortschritt versprach, gerade in einer Zeit, in der das Land von politischen und wirtschaftlichen Problemen heimgesucht wurde. Es war die Zeit, in der die PKK, die radikale Arbeiterpartei der Kurden, entstand. Aber davon bekam ich in meiner kleinen, heilen Welt nichts mit.

Wie weiße, gepflegte Zähne reihten sich die mehrstöckigen Flachdachbauten aneinander. Kaum eine Lücke war in den Straßen von Resatbey auszumachen, ein Stadtteil von Adana, der bis heute als sehr wohlhabend gilt. Auch meine Familie besaß hier ein Haus, wir lebten im dritten Stock, über den Geschwistern meines

Vaters. So war es Sitte, die ganze Familie lebte unter einem Dach. Die Eltern meines Vaters sollte ich allerdings nie kennenlernen, sie waren bereits verstorben. Meine Unbeschwertheit wurde erst durch das Rufen meiner Mutter gestört. »Komm heim, es ist Zeit«, mahnte sie zur Eile, und ich wusste, der Tag neigte sich dem Abend zu.

Der heiße Asphalt auf dem Vorhof meines Elternhauses brannte unter meinen Füßen, einer Ballerina gleich überquerte ich ihn auf Zehenspitzen, nur wenige Meter weiter hinauf bis zu den kühlen Treppenstufen ins rettende Dunkel. Die Sonne hatte bereits ihre ersten Spuren hinterlassen und braune Flecken ins Gras gebrannt. Meine Mutter stand schon wartend an der Wohnungstür, sie hielt meinen kleinen Bruder Mehmetcan in ihren Armen. Mit seinen knapp zwei Jahren verfolgte er seine große Schwester auf Schritt und Tritt und war glücklich, dass ich nun wieder bei ihm war. Er streckte seine winzigen Ärmchen nach mir aus, ich war wohl sein liebster Spielkamerad. »Wo ist *Baba?*« Ich sah meine Mutter fragend an, während ich nach Luft schnappte, so schnell war ich die Treppen hinauf in die Wohnung gerannt. An diesem Tag sollte mein geliebter Vater endlich wieder nach Hause kommen. Meine Mutter zuckte ratlos mit den Schultern. Ich sah ihr verräterisches Grinsen nicht mehr, als ich enttäuscht in mein Zimmer hastete. Plötzlich hörte ich ein tiefes Räuspern hinter mir, das mir so vertraut wie der Ruf des Muezzins war. Da stand er, mein Vater, mein Held. Er hatte sich hinter dem Türrahmen versteckt. »Meine Prinzessin«, sagte er. Seine Stimme klang weich wie Samt, seine Augen leuchteten verschmitzt, und ich ließ mich überglücklich in seine starken Armen fallen. Nur alle drei Tage hatte er Zeit für mich, denn mein *babacığım* (verniedlichte Form von »Vater«) war als Englisch-Dolmetscher der US-Militärs auf der Incirlik Air Base angestellt, zwölf Kilometer von Adana entfernt. Drei Tage die Woche musste er auf dem Militärgelände verbringen, danach durfte er seine Familie für zwei Tage, oft auch über das Wochenende, wiedersehen. So schrieb es sein Arbeitsvertrag vor. Als Sohn einer wohlhabenden Familie hatte er die renommierte ODTÜ-Universität in Ankara besucht, als Dolmetscher war er einer der wenigen Türken zu dieser Zeit, die in begehrten Dollar-Noten ausbezahlt wurden.

Mein Vater verwöhnte mich mit Geschenken, die sonst nur amerikanische Mädchen bekamen. Keinem Türken stand es zu, in den Läden auf dem Militärgelände einkaufen zu gehen. Doch die amerikanischen Arbeitskollegen meines Vaters nahmen mich ihm zuliebe in ihre Geschäfte mit. Sie hoben mich dann auf ihre Schultern, als sei ich ihr eigenes Kind. Mit meinen schicken Latzhosen und meinem modischen Kurzhaarschnitt hätte ich auch durchaus als kleine Amerikanerin durchgehen können. Heute weiß ich, dass die netten Verkäuferinnen bei mir ein Auge zudrückten, denn meine pechschwarzen Haare und meine Mandelaugen verrieten mich. Auch hätten die Kinder der US-Soldaten, die mit ihren Familien auf dem Gelände lebten, niemals *güzel* beim Anblick einer Puppe gerufen. Sie hätten »cool« gesagt.

Jedes Mal durfte ich mir aussuchen, was ich wollte. Ich fühlte mich wie Alice im Wunderland, so viele Spielsachen, die ich noch nie zuvor gesehen hatte. So war ich vermutlich eines der ersten türkischen Mädchen, das eine Barbiepuppe besaß. Aber wahrscheinlich auch eines der ersten türkischen Mädchen, das wegen M&Ms an Verstopfung litt. Ich bekam die Schokoladendrops in Unmengen von den Kollegen meines Vaters geschenkt. Regelrecht süchtig danach, verschlang ich die bunten Schokolinsen ohne Maß. Allerdings nur bis zu jenem Tag, an dem meine Mutter den Arzt rufen musste. Mein Bauch hatte sich aufgebläht wie ein Luftballon kurz vor dem Platzen, und genauso fühlte ich mich. Mein armer Vater. Meine Mutter schimpfte fürchterlich mit ihm, ihrer Meinung nach verwöhnte er mich viel zu sehr. Von da an wurde mein Schokoladenkonsum rigoros kontrolliert.

Solche Probleme hatte meine beste amerikanische Freundin nicht. Barbie war eine echte Schönheit, und ich beneidete sie um ihr blondes Haar. Sie trug Kleider, wie ich sie nur aus den Filmen kannte, die ich hin und wieder im Kino auf dem Militärgelände sehen durfte. Ich erinnere mich noch gut an die eleganten Frauen mit ihren blonden Locken, engen Kostümen und hohen Absätzen. Nichts sehnlicher wünschte ich mir, als auch solch eine schicke Lady zu sein. Stilvoll und von allen bewundert, eine Dame, die schon viel von der Welt gesehen hatte und zumindest schon einmal in einem Flugzeug auf dem Weg in die Ferne saß. Mit leuchtenden Augen verfolgte ich jede ihrer Bewegungen, um sie später meinen Freundinnen auf dem Spielplatz vorzuführen. Ich verzog meine Lippen zum Kussmund, warf meine Hand affektiert an die Stirn und trippelte auf Zehenspitzen wie auf einem Laufsteg über den Asphalt. »Warum wackelst du so komisch mit deinem Po?«, lachten mich die Mädchen aus der Nachbarschaft aus. Aber ich war stolz und Papa war mein größter Fan. Wenn er mir lachend zusah, war mir das Applaus genug.

An diesem Tag im Juni allerdings hatte er meine kleine Vorführung auf dem Vorhof verpasst. Dafür hatte er eine ganz besondere Überraschung für mich vorbereitet. Einen Tag später sollte ich meinen sechsten Geburtstag feiern, in der Türkei sind Geburtstagsfeiern nicht üblich, aber mein Vater, der schulterlanges Haar und Schlaghosen trug, führte die amerikanischen Sitten gegen alle türkische Traditionen in unserem Zuhause ein. Nur wenige Stunden vor meinem sechsten Geburtstag ahnte ich nicht, dass mein *kısmet* mir schon bald meine unbeschwerte Kindheit rauben würde wie ein gemeiner Dieb.

In der Nacht schlief ich friedlich in meinem Kinderzimmer. Ein paar Mal wachte ich auf, um sogleich wieder enttäuscht meine Augen zu schließen, da der neue Tag noch nicht angebrochen war. Eine aufgeregte Vorfreude, wie ich sie kannte, wenn *Şeker Bayramı* anstand, das »Zuckerfest« am Ende des islamischen Fastenmonats Ramadan. Dann war es Brauch, die Kinder des Hauses mit neuer Kleidung zu beschenken. In diesen Nächten kam ich kaum zur Ruhe, weil ich mich so sehr darauf freute, endlich meine neuen Kleider anzuprobieren.

Als ich am nächsten Morgen erwachte, waren bereits die Schwestern meiner Mutter zu Besuch und gingen ihr in der Küche zur Hand. Es duftete nach *Köfte*, kleinen Hackfleischbällchen, und zuckrigem *Baklava*. Mein Vater saß im Salon und gähnte laut. Ich sprang ihm entgegen, meine Lieblingsdecke und mein Schmusekissen im Schlepptau, und kletterte auf seinen Schoß. Mein Vater kitzelte mich, ich lachte aufgedreht. »Wo ist nur dein Geschenk? Ich glaube, ich habe es vergessen«, sagte er und dehnte dabei die Worte, als klebte Kaugummi zwischen seinen Lippen. Mein Vater war immer zu Scherzen aufgelegt, selten hatte ich ihn verärgert erlebt. Geschlagen hatte er mich nie, für die Ohrfeigen war meine Mutter zuständig. *Şımarık* schimpfte sie dann, »verwöhntes Balg«. An meinem Geburtstag aber befand auch sie, dass mir die Rolle der Prinzessin ohne Einschränkungen zustand, und ich konnte es kaum erwarten, das Geschenk meines Vaters zu sehen. Umständlich kramte er eine Schachtel unter dem Sofa hervor. Als ich die wunderschöne Puppe mit porzellanweißem Gesicht und langem schwarzen Haar erblickte, fiel ich ihm um den Hals. Ich merkte nicht, wie uns meine Mutter vom Türrahmen aus zusah. *Doğum günün kutlu olsun*, »Alles Gute zu deinem Geburtstag«, sagte sie, und ihre Augen strahlten mich an.

Um die Mittagszeit schauten die Freunde meines Vaters mit ihren Frauen und Kindern vorbei. Die Männer hatten ihre Haare kurz geschoren, mein Vater hingegen durfte sein Haar wachsen lassen, er war schließlich kein Soldat. Er stellte den Kassettenrekorder an und tanzte mit mir auf dem Rücken durchs Wohnzimmer. Alle klatschten fröhlich im Takt. Selbst die amerikanischen Freunde meines Vaters, die ich sonst nur mit ernsten Mienen über das Militärgelände laufen sah, tauten langsam auf und begannen sich im Rhythmus der türkischen Lieder zu bewegen. Anfangs noch etwas beschämt und unbeholfen, ahmten die Frauen der US-Soldaten alsbald eifrig den geschmeidigen Hüftschwung meiner Mutter nach. Sie ließ es sich nicht nehmen, auch die Männer zum Tanzen zu animieren. Kichernd gab sie den Soldaten Anweisungen, wie sie ihre ungelenken Beine in die richtige Position zu bringen hatten. Eine Türkin, die ihnen Befehle erteilt, so etwas hatten sie noch nicht erlebt. Als meine Mutter die Männer und Frauen schließlich im Kreis formiert hatte und die Schrittfolge endlich funktionierte, lachten alle erleichtert auf. Nur die türkische Verwandtschaft zog pikiert die Stirn in Falten. Es gehörte sich nicht, dass eine verheiratete Türkin mit fremden Männern schäkerte. Meinem Vater jedoch war das egal. Er war stolz, eine solch schöne Frau zu haben.

Höhepunkt des Tages war eine dreistöckige Torte, die mein Vater am Tag zuvor gekauft hatte. Eine so aufwendig verzierte Köstlichkeit wurde sonst nur für Hochzeiten bestellt. Und die vielen Geschenke – noch ohne dass ich sie ausgepackt hatte, liefen mir Freudentränen über das Gesicht. »Unwrap«, riefen die amerikanischen Kinder, was ich natürlich nicht verstand. Mir blieb nur freudig zu strahlen. »Das ist alles für dich, pack die Geschenke aus«, forderte mein Vater mich auf und sagte, seinen Freunden zugewandt, »Thank you«.

Ich bewunderte meine Mutter dafür, wie sie den Überblick behielt. Sobald ein Gast sein Glas geleert hatte, war meine Mutter zur Stelle und schenkte Tee, Wasser oder Raki nach. Für jeden Besucher hatte meine Mutter ein nettes Wort oder ein Lächeln übrig, auch wenn sie kein Englisch verstand. Um sich den amerikanischen Kollegen meines Vaters und deren Frauen mitzuteilen, wurde sie nicht müde, sich mit Händen und Füßen zu verständigen. Als Gastgeberin war meine Mutter unschlagbar. Mir entgingen die schmachtenden Blicke meines Vaters nicht, wenn er sie ansah. Meine Eltern waren sehr verliebt. Und dann tanzten sie miteinander. Mein Vater legte seine Arme um ihre Hüften, meine Mutter vergrub ihr Gesicht in seinem Nacken. Es sollte das letzte Mal sein, dass ich meine Eltern so glücklich sah. Selbst unsere Haushaltshilfen, zwei junge Mädchen vom Land, ließen sich von der heiteren Stimmung anstecken.

Als die Sonne bereits untergegangen war, verabschiedeten sich die Freunde mit herzlichen Umarmungen von meinen Eltern. Ich lag selig zwischen all den Geschenken in meinem Bett und hielt die neue Puppe fest umschlungen. Mein Vater drückte mir einen Gutenachtkuss auf die Wange. »Deine Augen sind so süß wie

Honigtropfen«, flüsterte er mir ins Ohr, ich kicherte und gähnte laut. Meine Mutter deckte mich zu und strich mir durch das Haar. Ich schlief mit einem Lächeln auf den Lippen ein. Drei Sonnenaufgänge später schon sollte die Unbeschwertheit meiner Kindheit bitteren Tränen weichen.

Todesnachricht

»Gib mir den Autoschlüssel«, hörte ich meinen Vater schreien. Ich rieb mir die müden Augen und griff hastig nach meiner Decke. Es war der 27. Juni 1978, mein Geburtstag war vier Tage vergangen, und mein Vater hatte eine Woche frei.

»Du fährst nicht«, tobte meine Mutter. Dann knallte die Eingangstür. Als ich ins Wohnzimmer trat, kauerte Mama mit hochrotem Kopf auf dem Sofa, ihre Augenlider flackerten nervös, aber sie lächelte friedlich. In ihrer Faust entdeckte ich den Autoschlüssel, um den Papa mit ihr gerungen hatte. Er hatte offensichtlich aufgegeben und die Wohnung verlassen. Meine Mutter konnte eben richtig stur sein. Es war kurz nach 9 Uhr und die Wohnung von der Sonne bereits in warmes Licht getaucht. Meine Mutter nahm mich in den Arm. Ich sagte nichts, eine falsche Frage, und sie hätte wieder Feuer gespuckt. Ohnehin ahnte ich, dass es nicht lange dauern würde, bis ich alle Details des Streits erfahren würde. Und ich sollte recht behalten.

Kurz darauf hing Mama am Telefon und erzählte der Verwandtschaft lautstark, was vorgefallen war. Ich war das gewohnt. Jedes Problem wurde in seiner ganzen Bandbreite immer und ausschließlich mit der Familie diskutiert, jedes Wenn und Aber ausführlich durchgespielt. Das konnte gut Stunden dauern. So war ich immer auf dem Laufenden, und auch dieses Mal hörte ich neugierig zu.

Mein Vater wollte mit seinen Freunden einen Ausflug unternehmen. Aber meine Mutter hatte kein gutes Gefühl. »Ich habe schlecht geträumt«, so ihre Worte, »aber du kennst ihn doch, er muss immer das letzte Wort haben.« In jener Nacht hatte sie einen Sarg in ihren Träumen gesehen. Viele Türkinnen sind so abergläubisch wie meine Mutter, sie sind felsenfest davon überzeugt, dass jeder Traum eine reale Bedeutung hat.

Nachdem sie alle ihre Schwestern angerufen und ihre Version der Geschichte wieder und wieder erzählt hatte, hielt sie nun das Objekt des Streits wie eine Trophäe in ihrer Hand und lächelte siegessicher. Sie hatte ihren Kopf durchgesetzt, dachte sie. Ja, sie war sich sicher, die Familie vor Unheil bewahrt zu haben. Aber auch mein Vater konnte stur sein.

Er hatte sich inzwischen das Dienstfahrzeug eines Kollegen ausgeliehen und war bereits mit drei Freunden auf dem Weg in ein Café außerhalb der Stadt. Meine Mutter ahnte nichts davon. »Er ist sturer als ein eingeschnappter Esel«, schimpfte sie gern, wenn sie wütend auf ihn war. Auch an jenem Tag bekam ich diese Tirade zu hören. Es sollte das letzte Mal sein.

Vier Stunden nach dem Verschwinden meines Vaters brach sie zusammen. Nur wenige Minuten zuvor hatte sie einen Onkel und eine Tante in die Wohnung gebeten. Deren versteinerte Mienen waren mir sofort aufgefallen, aber ich konnte nicht mehr hören, was sie meiner Mutter berichteten. Eine Haushälterin hatte mich bereits in mein Zimmer geschoben. Dann dieser gellende Schrei. Mein Herz pochte, voller Verzweiflung. Es war die Stimme meiner Mutter. Ich öffnete mit zitternden Händen die Tür, lukte durch den Türspalt und sah meine Mutter schluchzend auf dem Boden liegen. »Nein, nein, nein ...«, weinte sie so bitterlich, dass ich mir in meiner kindlichen Hilflosigkeit die Ohren zuhielt. Ich verstand nichts und wusste doch, dass etwas sehr Schlimmes geschehen sein musste. Ich eilte zu meinem kleinen Bruder Mehmetcan, der wimmernd in seinem Bett lag, und sang ihm ein Kinderlied: »Schlaf, mein kleiner Bruder, schlaf. Alles wird gut.« Und dann nahm die Wahrheit Platz in meiner kleinen, heilen Welt.

Auf der Heimfahrt war mein Vater am Steuer eingeschlafen. Auf der Ceyhan Yolu, lediglich fünf Minuten von unserer Wohnung entfernt, hatte er ein entgegenkommendes Auto gerammt. Das Lenkrad presste meinem Vater das Leben aus den Adern, einer der drei Freunde und die Familie in dem erfassten Auto starben noch am Unfallort. Und alles nur, weil er einen Ayran, dieses salzige Gemisch aus Wasser und Joghurt, trinken wollte. In einem Café, das etwas außerhalb von Adana lag und berühmt für den besten Ayran der ganzen Gegend war.

Von diesem Tag an sollte ich nie wieder in meinen Leben einen Geburtstag feiern.

Als meine große Liebe zu Grabe getragen wurde

Wenige Stunden später war die ganze Familie in unserer Wohnung versammelt. Sie hatten meine Mutter ins Bett gebracht, wie leblos lag sie neben mir, ihre Tränen wollten nicht versiegen. »Vater ist tot«, schluchzte sie, als ich mich an sie klammerte. Ich fröstelte am ganzen Körper und war völlig verstört. »Wann kommt Papa zurück?«, wimmerte ich, auf eine Antwort hoffend, die mich trösten würde. Meine Mutter aber schwieg. »Es wird doch alles wieder gut?«, flehte ich meine Großmutter an, als sie nach uns sah. Doch sie lächelte traurig und verließ schweigend den Raum. Die Welt schien nun auch noch sprachlos geworden zu sein.

Die nächsten zwei Tage lag meine Mutter nur im Bett und weinte unaufhörlich. Meine Großeltern waren Tag und Nacht bei uns und sorgten dafür, dass wir genug zu Essen und zu Trinken hatten. Mehr konnten auch sie nicht tun. Am dritten Tag stand meine Mutter das erste Mal auf, und ich wich ihr nicht von der Seite. Sie beugte sich über Mehmetcans Kinderbett und streichelte ihm liebevoll über den Kopf. Dann setzte sie sich auf die Bettkante und umarmte mich zärtlich. Ich vergrub mein Gesicht in ihrem Schoß, damit sie meine Tränen nicht sah. »Wo ist Papa jetzt?«, fragte ich, bemüht, sie so wenig wie möglich von meiner Verzweiflung spüren zu lassen. Ich richtete mich auf und sah sie fordernd an. Die Augen meiner Mutter waren leer und starrten gegen die Wand. »Nicht jetzt«, sagte ihr Mund, ohne dass sich ihre Lippen bewegten. »Ich will meine Ruhe«, sagten ihre Schultern, die sich von mir abwandten. »Dein Vater kommt nie mehr zurück«, sagten ihre Hände, mit denen sie ihr Gesicht verdeckte. An jenem Tag bekam ich eine Vorstellung davon, was es bedeutet, tot zu sein. Und dann verschwand meine Mutter für Tage.

Jahre später erst sollte ich erfahren, dass meine Mutter in den Monaten nach dem Unfall zahlreiche Gerichtstermine durchzustehen hatte. Die Angehörigen der Verstorbenen verlangten Schadensersatz, das Militär Aufklärung und das Gericht vor allem Gerechtigkeit. Mein Vater war ohne offizielle Genehmigung mit einem US-amerikanischen Fahrzeug außerhalb des Militärgeländes unterwegs gewesen. Er hatte den Tod anderer Menschen verschuldet. Der Mensch, der mich meine Kindheit über auf Händen getragen hatte, ohne mich auch nur eine Sekunde aus den Augen zu lassen. Der Mensch, der niemals einem anderen Menschen schaden wollte, der mit mir Ausflüge ans Meer unternahm, wenn meine Mutter mit ihren Freundinnen ungestört sein wollte. Dieser Mensch, mein Held, war nun tot.

Frauen halten sich bei türkischen Begräbnissen zumeist im Hintergrund auf. Meine Mutter verlor auch nie ein Wort über die Beerdigung, sie weinte in den Tagen danach zwar heimlich, aber ich habe sie dennoch gehört. Wenn ich heute das Grab meines Vaters besuche, bin ich noch immer wie gelähmt. Ich stehe dann vor dem weißen Steinsockel mit den eingemeißelten Jahreszahlen, welche die Lebenszeit meines Vaters umfassen: D. 1950, Ö. 1978. D. steht für die Geburt und Ö. für den Tod. Mein Vater wurde nur 28 Jahre alt. *Ruhana fatiha* (»Ruhe in Frieden«) lese ich auf dem Grabstein. Ein schlichter, aber wohlgemeinter Satz.

Eine Woche nach der Beerdigung forderten meine Großeltern von ihrer Tochter wieder Gehorsam ein. »Du wirst zu uns ziehen, das ist das Beste für dich.« Jetzt war es wieder an den Eltern, darüber zu bestimmen, was richtig und falsch für sie war. Ohne Ehemann sei ihre Ehre in Gefahr. Ihr Ruf könne beschädigt werden, und das würde fatale Konsequenzen mit sich bringen. Meine Mutter fügte sich ihrem *kader* (»Verhängnis«), welches das Schicksal für sie vorgesehen hatte. Sie hatte keine andere Wahl. Aus einer glücklichen Ehefrau wurde so eine verzweifelte Witwe. Und aus einer zweifachen Mutter wieder eine Tochter, die unter der Aufsicht ihrer Eltern stand. Ihre Ehre war in die Familie zurückgekehrt. Sie zu gewährleisten, dafür waren nun wieder ihre Eltern zuständig. »Gebt mir noch vierzig Tage«, bat sie um Aufschub. Diese vierzig Tage, sie waren von meiner Mutter nicht zufällig gewählt.

In den Tagen nach der Beerdigung meines Vaters blieb der Herd in der Küche kalt. Die Frauen aus der Nachbarschaft brachten uns Essen, etwa gekochtes Gemüse mit Lammfleisch. So war es Brauch. Rund um die Uhr kamen Verwandte und Nachbarn zu Besuch, um ihr Beileid auszusprechen oder um meiner Mutter zur Hand zu gehen. Überall in der Wohnung duftete es nach *helva*, einer türkischen Süßspeise, die in Zuckerwasser getränkt ist. »Es wird deinem Vater den Abschied vom Leben und den Eintritt ins Paradies versüßen«, betonten die Freundinnen meiner Mutter. Sie waren davon überzeugt, dass »seine Seele noch in der Wohnung umherwanderte, um Abschied zu nehmen«. Die Hilfsbereitschaft der Nachbarschaft tröstete meine Mutter kaum. Ich jedoch sog diese Worte gierig auf, die Vorstellung umhüllte mein trauriges Herz mit beruhigender Wärme. Dass es irgendwo einen sorgenfreien Ort geben musste, an dem mein Vater wieder glücklich sein konnte, machte es mir leichter.

Einen Monat später kehrte langsam und unweigerlich wieder der Alltag ein. Meine Großmutter meinte es gut mit uns Kindern und fing meinen kleinen Bruder und mich in ihrer Fürsorglichkeit auf. Für meine Mutter brachte sie hingegen kaum Verständnis auf, war sie doch mit ihren 26 Jahren viel zu jung für ein Leben als Witwe, aber beinahe schon zu alt, um ein zweites Mal zu heiraten. »Lass mich in Ruhe«, flehte meine Mutter. Ihre Augen waren von einem grauen Schleier benetzt, als meine Großmutter versuchte, sie mit aufmunternden Worten aus dem Bett zu locken.

»Ich wünschte, ich wäre tot wie er«, hallten ihre Worte durch die Wohnung. Aber das Leben musste weitergehen, so verlangten es meine Großeltern von ihrem Kind.

Die Tage verrannen so langsam wie die Tränen meiner Mutter trockneten. Die meiste Zeit saß ich mit meinem Großvater vor dem Fernseher. Meine Mutter weinte nur noch leise, aber ich konnte ihre Verzweiflung deutlich erkennen. Meine Großeltern hatten bald genug davon und zerrten ihre Tochter zurück in den Alltag. Sie folgte widerstrebend und gehorchte am Ende doch. Widerstandslos befolgte sie schließlich, was ihre Eltern ihr auftrugen. Sie machte meinem Bruder und mir das Frühstück, wenn wir aufstanden. Sie begleitete uns zum Spielplatz und sah uns lächelnd dabei zu, wenn wir Freude kreischend die Rutsche hinuntersausten. Ich war damals heilfroh, dass ich meine Mutter nicht mehr weinen sah. Ich hatte Sorge getragen, sie auch noch zu verlieren.

Nach meinen Gefühlen fragte mich nie jemand. Ich lebte sie in meinen Träumen und in meinen stillen Tränen aus. Die Erinnerung an meinen Vater, sie ist das Einzige, was mir von ihm geblieben war. Die Puppe, die ich zum Geburtstag bekommen hatte, fasste ich nie wieder an. Manchmal ist Verdrängung die einzige Lösung, um den Schmerz im Herzen zu überstehen.

Und das Leben ging weiter. Vierzig Tage nach dem Tod meines Vaters wurde noch einmal *helva* in unserer Wohnung verteilt, so schrieb es der Koran vor. Muslime glauben, dass sich am vierzigsten Tag das Fleisch von den Knochen des Toten löst und er ins Jenseits aufbricht. Süßer Duft soll ihn dabei begleiten, um ihm den Abschied zu erleichtern. Ich war mir sicher, dass der Zucker auch meine Trauer versüßen würde. Mit einem Lächeln auf den

Lippen schlief ich ein, trotz der Bauchschmerzen, die das viele *helva* verursachte.

Am nächsten Morgen brach Hektik in der Wohnung aus. Es war so weit: Meine Mutter zog mit uns Kindern in die Wohnung meiner Großeltern. Mir war zum Heulen zumute, als ich mich von meinem Kinderzimmer verabschieden musste. Aber ich riss mich zusammen, niemand sollte sehen, wie elend es mir ging, vor allem aber meine Mutter nicht. Mit einem Koffer bepackt, in dem meine Kleider und ein paar Spielsachen verstaut waren, machte ich mich erhobenen Hauptes auf in ein neues Leben. Auch meine Mutter hatte nur eine Tasche in der Hand, als wir in das Taxi stiegen, das bereits vor der Tür auf uns wartete. Die Möbel hatte sie in der Wohnung zurückgelassen, um nun mit uns in ihr altes Kinderzimmer zu ziehen. Es sollte fortan unser neues Zuhause sein.

Zehn Minuten später erreichten wir das Haus meiner Großeltern, die uns erfreut in die Arme schlossen. Meine Mutter lächelte schwach und schob mich durch die Tür, weil ich ihren Rockzipfel kaum loslassen mochte. Eng aneinander geschmiegt lagen mein Bruder und ich kurz darauf auf dem altem Bett meiner Mutter. Eine unheimliche Ruhe breitete sich aus, ein Gefühl ohnmächtiger Trauer überwältigte mich. Ich wagte kaum zu atmen, so leblos erschien die Welt. Vorsichtig ließ ich den Blick durch das Zimmer streichen. Selbst die Abstellkammer in unserer alten Wohnung war größer als dieser Raum. *Kader,* flüsterte meine Mutter mit ausdrucksloser Miene, während sie meiner Großmutter dabei zusah, wie sie mit flinken Handbewegungen unser Gepäck in der kleinen Kommode im Zimmer verstaute. *Kader* – ich kannte diesen Ausdruck nicht. Als mein Vater noch am Leben war, hatte meine Mutter bei jeder Gelegenheit das *kısmet* beschworen. Sie lobte es, wenn mein Vater eine Gehaltserhöhung bekam oder wenn ihr zufällig eine alte Bekannte über den Weg lief, die sie schon lange nicht mehr gesehen hatte. Stets machte sie das Schicksal dafür verantwortlich, dass ihr so viel Gutes widerfuhr.

Doch nun war alles dem *kader* vorbehalten. Auch wenn meine Mutter immer wieder den teuflischen Bruder von *kısmet* bemühte, meinte sie das Schicksal – dem ich von diesem Tag an nicht mehr über den Weg traute. »Wie lange müssen wir hier bleiben?«, störte ich die Stille. Meine Großmutter tat so, als hätte sie nichts gehört und summte weiter vor sich hin. Ein spöttisches Lächeln umspielte die Lippen meiner Mutter, sie bemühte ein türkisches Sprichwort: »Die Tochter verlässt das Elternhaus im Brautkleid, und nur in das weiße Leinentuch eingehüllt darf sie es wieder betreten.«

Ich wäre meiner Mutter am liebsten an den Hals gesprungen. Wie konnte sie nur so kaltschnäuzig sein? Ich erhoffte mir Trost, und sie sprach schon wieder vom Tod. Mit den Händen schlug ich verzweifelt gegen ihren Bauch, aber sie reagierte nicht. Meine Großmutter verließ fluchtartig den Raum. »Wir werden hier nicht lange bleiben, ich verspreche es dir.« Und meine Mutter drückte mich fest an sich. Wir sollten über jenen bitteren Tag nie wieder ein Wort verlieren.

Wie Atatürk mit mir die Schulbank drückte und Schmetterlinge meinen Bauch einnahmen

Drei Monate nach dem Tod meines Vaters wurde ich eingeschult. Ich bekam eine schwarze Uniform, ein Kleid mit weißen Kniestrümpfen und eine Schultasche für die Bücher. Ich war von Anfang an eine begeisterte Schülerin. Es galt eine neue Welt zu entdecken, die mich von meinem Kummer ablenken sollte. Aber vor allem entkam ich unserer Abstellkammer. Die Schule konnte für mich also nur Gutes bedeuten. Ich war sechs Jahre alt und machte mich mit Feuereifer und meiner Mutter an der Hand auf in einen neuen Lebensabschnitt.

Es war ein Tag im September 1978, als ich zum ersten Mal den Mann kennenlernen sollte, von dem mein Vater zeitlebens schwärmte. Sein Bild hing in jedem Zimmer meiner Schule und ich erkannte es sofort wieder, schließlich prangte es auch bei uns zu Hause an der Wand. Der Name des Mannes war Atatürk. Ehrfürchtig blickte ich zu ihm auf. Ich wusste, dass er ein ganz besonderer Mensch gewesen sein musste, aber dass sogar ein Foto von ihm in meinem Klassenzimmer hing, imponierte mir. Ich war felsenfest davon überzeugt, dass er mich mit seinen Augen verfolgte. Egal, von welcher Stelle des Klassenzimmers aus ich ihn auch ansah, seine Blicke trafen mich ins Herz. So manches Mal glaubte ich gar, ihn lächeln zu sehen. Sein Leben wurde schon bald zu einem Teil meiner kindlichen Fantasie.

Atatürk hing nicht nur an der Wand, er war auch Teil des Stundenplans. Und ich sog alles, was ich über ihn erfahren konnte, begierig auf. Es gibt keinen Türken, der seine Geschichte nicht kennt. Mustafa Kemal, geboren 1881 als Sohn eines Zollbeamten in Thessaloniki, hatte am 29. Oktober 1923 die Türkische Republik ausgerufen. 1934 wurde ihm der Ehrentitel *Atatürk* (»Vater der Türken«) verliehen. Ich war mächtig stolz auf ihn, führte er doch tiefgreifende Reformen durch. Dank ihm war es beispielsweise auch Frauen erlaubt, die Universität zu besuchen. Selbst wenn ich noch nicht wusste, was Universitäten sind, ahnte ich doch, dass es ein Privileg sein musste, auf das ich nicht verzichten wollte. Noch viel erfreulicher stimmte mich allerdings, dass Atatürk das Tragen von Kopftüchern an öffentlichen Orten verboten hatte. Ich war sechs Jahre alt und stolz auf mein langes schwarzes Haar. Dass Frauen ihr Haar verdeckten, sah ich täglich auf der Straße. Ich fand es nicht schön und fühlte mich nun, da mein Held es genauso sah, darin bestätigt.

Und so rannte ich an jedem Montag vor Unterrichtsbeginn euphorisch auf den Pausenhof, auf dem sich alle Schüler zu versammeln hatten, um unser Land und den Begründer der modernen Türkei, Mustafa Kemal Atatürk, zu ehren. Wir sangen die türkische Nationalhymne. Es gibt wohl kaum ein Kind in der Türkei, das den »Unabhängigkeitsmarsch« nicht beherrscht:

Getrost, der Morgenstern brach an,
Im neuen Licht weht unsre Fahn'.
Ja, du sollst wehen,
Solange ein letztes Heim noch steht,
Ein Herd raucht in unserem Vaterland.
Du unser Stern, du ewig strahlender Glanz,
Du bist unser, dein sind wir ganz.

Nicht wend dein Antlitz von uns,
O Halbmond, ewig sieggewohnt.
Scheine uns freundlich
Und schenke Frieden uns und Glück,
Dem Heldenvolk, das dir sein Blut geweiht.
Wahre die Freiheit uns, für die wir glühn,
Höchstes Gut dem Volk, das sich einst selbst befreit.

Ich hatte endlich wieder etwas, auf das ich mich verlassen konnte, einen Alltag, der mir Sicherheit gab. Dieses Gefühl der grenzenlosen Möglichkeiten, es kehrte in mein kindliches Dasein zurück. Und ich hatte Schmetterlinge in meinem Bauch, wenn ich an Atatürk dachte. Meine erste Liebe hatte nur einen kleinen Schönheitsfehler. Atatürk war bereits 1938 verstorben. Ich fand es fürchterlich ungerecht, dass meine beiden Helden nicht mehr lebten, doch glaubte ich, sie um mich zu spüren. Das war zumindest ein schwacher Trost. Meine Mutter bekam von all dem nichts mit. Sie war viel zu sehr damit beschäftigt, ihren Vater und ihre Mutter glücklich zu machen, indem sie kochte, im Haushalt half oder einfach nur, indem sie anwesend war. Sie funktionierte ohne Emotion, sie gehorchte blind. Meine Mutter wurde mir zunehmend fremd.

Kapitel 2

Das Ende der Kindheit

Als ein neuer Vater und der Bürgerkrieg in mein Leben traten – oder warum wir Türken die schönsten Worte der Welt besitzen und trotzdem abgrundtief hassen können

Im November des Jahres 1978 stand ein Mann in unserer Wohnung, den ich noch nie zuvor gesehen hatte. »Er wird dein neuer Papa sein«, eröffnete mir meine Mutter in sachlichem Ton. Ich starrte diesen dicklichen Schnauzbartträger feindselig an, der Tod meines Vaters lag noch nicht einmal ein halbes Jahr zurück. »Nein danke«, zwang ich mich, höflich zu bleiben. Der Mann lachte irritiert. Da erst begriff ich, dass meine Mutter keine Frage gestellt hatte. »Ich will ihn nicht, ich habe schon einen Papa«, beeilte ich mich zu klären. Meine Mutter war peinlich berührt. Ich hatte genug: »Gib ihn wieder zurück«, forderte ich so inbrünstig, wie es nur ein Mädchen mit sechs Jahren kann. Da zog mich meine Großmutter auch schon schimpfend ins Schlafzimmer.

»Lass mich los«, schrie ich sie an. Und dann fing auch mein Bruder Mehmetcan zu weinen an, er war gerade einmal zwei Jahre alt und von dem Lärm aus dem Schlaf gerissen worden. »Willst du, dass auch deine Mutter wegen dir weint?« Das saß. Es sollte also beschlossene Sache sein, dass meine Mutter einen neuen Ehemann bekam. Und meine Großmutter hatte mit den Hochzeitsvorbereitungen alle Hände voll zu tun. »Lächle doch, mein Kind, danke Allah für diese zweite Chance«, munterte sie meine Mutter unablässig auf, während sie alle nötigen Vorkehrungen für die Eheschließung in die Wege leitete.

Die abermalige Hochzeit meiner Mutter geschah nicht aus Liebe, meine Großeltern hatten sie arrangiert. Die Verwandtschaft hatte beschlossen, dass meine Mutter lange genug getrauert hatte. Man erwartete nun, dass sie zurück in den Fluss des Lebens trat oder zumindest so tat. Für meine Familie machte das ohnehin keinen großen Unterschied. So viel Glück wie mit meinem Vater hatte meine Mutter dieses Mal nicht. Am liebsten hing sie deshalb der Erinnerung an längst vergangene Zeiten nach.

Meine Mutter erzählte mir in den Jahren darauf immer wieder von ihrer ersten Begegnung mit meinem Vater. Wie dieser »verrückte Kerl« eines Tages am Balkon ihres Elternhauses vorbeilief, wie sie sich über die Brüstung lehnte und ihre Blicke sich trafen. »Ich schaute natürlich weg«, betonte meine Mutter stets, »es gehört sich schließlich nicht für ein ehrenhaftes Mädchen, mit Männern zu flirten.« Und mein Vater mit seinen Jeans und seinem langen Haar war nun auch nicht gerade der Schwiegersohn gewesen, den sich meine Großeltern für ihre Tochter gewünscht hatten. Aber: Er war reich und entstammte einem gut situierten Elternhaus, das hohes Ansehen in Adana genoss. Das waren Argumente genug, um schließlich die Einwilligung zur Heirat zu geben, als sein Vater und eine Tante (seine Mutter war bereits verstorben) wenige Tage später bei einer Tasse Mokka um die Hand meiner Mutter anhielten. Meine Eltern selbst unterhielten sich allerdings erst am Tag ihrer Hochzeit. Es gehörte sich nicht, dass man sich vorher unter vier Augen traf.

»Ich suche mir meinen Mann selbst aus. Ich nehme nur einen Mann, der genau wie Papa ist – oder wie Atatürk«, flötete ich, wann immer meine Mutter mir ihre Liebesgeschichte erzählte. Wie sehr sollte ich mich doch irren. Meine Mutter wischte meine frechen Worte stets mit einem milden Lächeln fort. Ihre Vorstellungen vom Leben waren mit dem Tod meines Vaters längst zunichte gemacht worden.

Noch im selben Jahr, in dem mein Vater zu Grabe getragen worden war, heiratete sie Ali. Er war ein wohlhabender Landwirt mit eigenem Gut. Auch dank der beiden mächtigen Flüsse Ceyhan und Seyhan, die Adana durchqueren und der umliegenden Region eine hohe Fruchtbarkeit bescheren, war sein Bauernhof eine prosperierende Einnahmequelle aus Ackerbetrieb und Viehhaltung.

Die Trauung fand im engsten Familienkreis und in Anwesenheit eines *hocas* (»Gelehrter«) statt, der die Ehe besiegelte. Auf Gäste wurde dieses Mal kein Wert gelegt. Meine Großeltern waren schon zufrieden damit, dass ihre Tochter als Mutter von zwei Kindern überhaupt noch einen Ehemann abbekommen hatte. »Welch ein Glück«, urteilte die Verwandtschaft selbstgefällig, »dass sie eine außergewöhnliche Schönheit ist, sonst hätte sich sicherlich kein Mann mehr für sie interessiert.«

Ähnlich dem Haus meines Vaters war auch das meiner Großeltern mütterlicherseits in Wohnungseinheiten für die einzelnen Familienmitglieder aufgeteilt, die ihnen vom Tag ihrer Heirat an zustanden. Die Frauen hatten allerdings in das Haus ihres zukünftigen Bräutigams zu ziehen, ihr Hausrat wurde lediglich als Mitgift in das Vermögen der neuen Familie eingebracht. Meine Mutter jedoch weigerte sich. »Dein Bauernhof ist mir zu weit von Adana entfernt. Meine Kinder sollen einmal eine gute Schule besuchen, auf dem Land gibt es nichts«, argumentierte sie, obwohl ihr das nicht zustand. Mein neuer Vater war sehr verliebt, er gab am Ende nach. So lebte er von da an mit meiner Mutter und uns Kindern in der Wohnung im Haus meiner Großeltern. Dafür verbrachten wir künftig jedes Wochenende auf seinem Bauernhof. Meiner Mutter zuliebe nannte ich ihn *Baba*. Und ich musste mir schon bald eingestehen: Als Vater machte er sich gar nicht schlecht, er war gütig und freundlich, und ich genoss die Ausflüge auf seinen Landsitz sehr. Mehmetcan und ich spielten mit den Katzen und den Ziegen, ritten auf den Pferden und rannten mit den Hunden um die Wette. Wie gern denke ich noch heute daran zurück, wie ich übermütig auf die Bäume kletterte und ausgelassen die Hühner vom Acker scheuchte. Ein wenig von dieser kindlichen Unbeschwertheit schien schließlich auch auf meine Mutter abzufärben. Das Lächeln fiel ihr zunehmend leichter und ihr Bauch wurde merklich größer. Im Oktober 1979 kam meine kleine Schwester Aslı zur Welt. Doch das unbeschwerte Glück währte nur kurz.

Der 12. September 1980 – warum meine Mutter die Bücher meines Vaters verbrannte und der Krieg vor der Haustür begann

»Mach das Licht aus!« Schon klatschte ihre Hand auf mein Gesicht. Ich rang nach Luft. »Ich habe doch nur gelesen«, stotterte ich irritiert und drückte meine schmerzende Wange in das Kopfkissen. »Halt den Mund«, drohte sie und verließ wortlos mein Zimmer. Ich fühlte mich hilflos, unverstanden und verletzt. Ich durfte schon seit Tagen nicht mehr das Haus verlassen, meine Schule war geschlossen. Keiner nannte mir einen Grund dafür. »Dafür bist du noch zu klein«, hieß es von meinen Eltern nur. Es war der September 1980, und wann immer ich aus dem Fenster sah, fuhren Militärfahrzeuge durch die Straßen. Gewehrsalven verfolgten mich bis in den Schlaf. Und ich hörte zum ersten Mal von *savaş* (»Krieg«), ein Wort, das meine meine Mutter fluchend ausspuckte.

Am 12. September 1980 putschte sich das türkische Militär zum dritten Mal in der Geschichte der Türkischen Republik an die Macht: Die »Operation Fahne« begann im Morgengrauen. Um 4 Uhr verließen die Panzer des türkischen Militärs ihre Garnisonen, das Parlament wurde aufgelöst und das Militär regierte das Land. Die Kommunisten wurden zu Staatsfeinden des republikanischen Gedankenguts erklärt, die Häuser wurden nach entsprechender Literatur durchkämmt. Auch unsere Wohnung wurde durchsucht. Die Soldaten, die unsere Wohnung durchwühlten, fanden freilich nichts, meine Mutter hatte die Bücher meines verstorbenen Vaters längst entsorgt. Er hatte sich zeit seines Lebens intensiv mit politischen Ideen auseinandergesetzt. Ich erinnere mich nicht mehr an alle Buchtitel, die im Feuer zu Asche zerfielen, ein Name jedoch setzte sich in meinem Gedächtnis fest: Karl Marx.

Im Oktober 1980 wurde meine einjährige Schwester Aslı schwer krank. Meine Mutter rief den Arzt. »Bitte kommen Sie sofort«, hörte ich sie am Telefon flehentlich weinen. Doch es war bereits kurz nach 21 Uhr, das bedeutete Ausgangssperre für die Bevölkerung. »Es ist ein Notfall«, schrie meine Mutter in den Hörer. Nie werde ich das herzzerreißende Wimmern meiner kleinen Schwester vergessen. »Der Arzt kommt nicht.« Mit diesen Worten legte meine Mutter resigniert auf. Mein Vater schüttelte wütend den Kopf. »Dann kommen wir eben zu ihm.« Meine Mutter zitterte am ganzen Körper, als sie Aslı auf ihre Arme hob und mit ihrem Ehemann die Wohnung verließ. Ich blieb mit meinem Bruder Mehmetcan bei den Großeltern. »Wie könnt ihr nur so ein Risiko eingehen?«, empörten sie sich. »Was, wenn sie euch aufgreifen, denkt doch auch an Mehmetcan und Aylin!« Nach einer Stunde atmeten meine Großeltern erleichtert auf. Die drei waren wieder zurück. Doch ich erschrak, als ich meinen Stiefvater sah, Tränen liefen ihm über das Gesicht. Ich hatte ihn noch nie weinen gesehen. Aslıs kleines Köpfchen hing leblos über der Schulter meiner Mutter. »Dieser Mistkerl hat uns nicht die Tür geöffnet«, schimpfte mein Stiefvater lautstark. »Wenn unser Kind stirbt, ziehe ich ihn zur Rechenschaft.« Er schüttelte resigniert den Kopf. »Was ist nur aus diesem Land geworden …«

Die ganze Nacht saßen meine Mutter und ihr Mann am Bett meiner kleinen Schwester. Sie beteten, weinten und hofften, dass Aslı die Nacht überstehen würde. Mein Bruder Mehmetcan und ich kauerten auf Decken am Boden neben Aslıs Kinderbett. Auch wir wollten bei unserer Schwester sein. »Allah, lass unsere Schwester am Leben«, flüsterte ich. »Ich werde immer ein guter Mensch sein«, versprach ich in kindlicher Leichtfertigkeit. Quälend langsam verstrich die Nacht.

Bei Sonnenaufgang eilten meine Eltern mit Aslı erneut zum Arzt. Dieses Mal erhielten sie endlich Hilfe. Meine kleine Schwester war zäh, und das war ihr Glück – und ihre Genesung war Allahs Güte zu verdanken, davon war ich überzeugt.

Im November 1981 brachte meine Mutter meinen Bruder Cem zur Welt. Noch immer verfolgten Angst und Unsicherheit die Menschen bis in ihre Herzen. Fast täglich wechselte der Brotpreis, meine Mutter schimpfte jedes Mal wie ein Rohrspatz, wenn sie vom Einkaufen nach Hause kam. Irgendetwas fehlte immer in ihrer Einkaufstüte. An manchen Tagen gab es kein Brot zu kaufen, an anderen war das Mehl oder Gemüse ausverkauft. Niemand konnte sich auf den Nachschub an Lebensmitteln verlassen. Auch Benzin war Mangelware. Nicht selten passierte es, dass der Kraftstoff sogar aus den Tanks parkender Autos geklaut wurde. Und der Strom an Todesnachrichten riss nicht ab. Noch heute erschauere ich bei dem Gedanken an diese düsteren Jahre in der Türkei, die in der restlichen Welt nur bescheidene Beachtung fanden.

Fast zwei Jahre dauerte der Ausnahmezustand im Land, erst 1982 kehrte Stabilität ins Land zurück. Generalstabschef Kenan Evren, der den Putsch anführte, wurde am 9. November desselben Jahres zum 7. Staatspräsidenten der Türkischen Republik gewählt. Parteien, Gewerkschaften sowie kommunistisch orientierte Studentenverbindungen, Vereine und Stiftungen waren verboten worden, für mich als Kind zählte jedoch nur eines: Mein Leben als stolze Schülerin konnte so ungestört weitergehen wie zuvor.

Warum wir Türken die schönsten Liebesbegriffe der Welt besitzen und meine Mutter sich scheiden ließ

Der Türkischen Republik wurde eine Verschnaufpause gewährt – doch in meiner eigenen Familie spitzte sich die Lage zu. Ich war acht Jahre alt, mein Vater war tot, und mein Stiefvater, den ich Papa nannte, war immer öfter fort. Tagelang bekam ich ihn nicht zu Gesicht. Meine Mutter tat so, als wäre nichts weiter dabei, aber ich sah, wie sehr sie litt. Sie rauchte eine Zigarette nach der anderen, während sie dasaß und in die Leere stierte. Sie sah aus wie jemand, der sich aufgegeben hatte.

Die Erziehung von uns Kindern war das Territorium meiner Mutter. Sie hat viel falsch gemacht, aber heute weiß ich, sie hat es nicht besser gewusst. Und noch viel mehr: Sie hat es nicht anders gelernt. So wie ich es als Kind nicht anders kannte, dass mir Verwandte mit den Fingern in meine Wangen kniffen – wohlgemerkt als Ausdruck der Verzückung. Ich war es anders gewohnt und zog daraus meinen eigenen Schluss: auch Liebe schmerzt.

Wenn wir Türken wütend auf jemanden sind, geht das ebenfalls unter die Haut. Wir sparen nicht an Schimpfworten und genauso bedingungslos, wie wir lieben, können wir auch hassen. Dann ist die ganze Familie des Kontrahenten dran: wie etwa mit dem Begriff *orospu cocuğu* (»Hurenkind«). Beliebt ist auch der Ausdruck *eşekoğlueşek* (sinngemäß übersetzt: »der Sohn eines Esels«). Aber das größte Streitpotenzial entsteht, wenn die Ehre ins Spiel gerät. *Namussuz*, unehrenhaft zu sein, gleicht einem moralischen Todesurteil.

Gleichzeitig haben wir Türken die schönsten Bezeichnungen für Liebkosungen. *Canım* (»meine Seele), *hayatım* (»mein Leben«), *sevgilim* (»meine Geliebte«) oder *tatlım* (wenn überhaupt zu übersetzen, dann am ehesten mit »zuckersüß«) sind nur wenige der Schmeicheleien, die wir Türken verwenden. Und jedes einzelne dieser Koseworte wird über alle Altersstufen hinweg ehrfürchtig benutzt. Kein Vergleich zu deutschen Flapsigkeiten wie »mein Liebling« oder »mein Schatz«. Wir Türken zelebrieren den Austausch von Nettigkeiten exzessiv und nehmen diese Begriffe todernst. Wir verniedlichen zwar, ähnlich wie es die Deutschen tun, im Türkischen aber hat der Besitzanspruch eine viel ergreifendere Bedeutung, er wird beinahe rituell zelebriert. Wir sagen nicht einfach Tante, wir sagen *teyzeciğim* (»meine geliebte Tante«), um unseren Respekt und unsere Liebe auszudrücken. Einen Verwandten nur beim Vornamen zu nennen gleicht dagegen einer Beleidigung. Selbst unter Geschwistern gibt es Regeln: Die große Schwester wird *Abla* genannt, der Bruder *Abi*. Fehlen diese Bezeichnungen in der Anrede einer Person, bedeutet das zumeist, dass man dem anderen böse ist – oder keinen Anstand hat, was noch viel schlimmer ist. Für gewöhnlich werden selbst Männer und Frauen, die der Familie nur freundschaftlich verbunden sind, als Tante und Onkel angesprochen. Mit den Verwandtschaftsverhältnissen nehmen wir es ohnehin nicht so genau, dafür sind unsere Familienstrukturen auch viel zu komplex. Entscheidend ist, dass man dem anderen im Herzen verbunden ist. Das alleine reicht. Dafür wird einem als Frau dann auch der Titel einer *Abla*, *Teyze* (mütterlicherseits) oder *Hala* (»Tante«, väterlicherseits) zuteil, als Mann wird man fortan *Abi* genannt.

Manchmal scheint es mir gar, wir Türken hätten die Emotionen erfunden. So werden bei fast jeder Alltagshandlung große Gefühle ausgedrückt. *Güle güle giyin*, sagen wir, wenn jemand sich etwas Neues zum Anziehen gekauft hat. »Lache, lache, wenn du es trägst«, heißt es wörtlich ins Deutsche übersetzt, was doch recht seltsam klingt. Im Türkischen ist es aber eine liebgemeinte Floskel. Selbst nach dem Duschen werden wir mit Nettigkeiten bedacht. *Güle güle kirlen,* bei diesem Wunsch sollen wir lachen, wenn wir uns den Schmutz vom Körper gewaschen haben. Wie schwer zu übersetzen die Sprachen und das Leben der verschiedenen Kulturen sind, wird an diesen Beispielen nur allzu deutlich. Eines aber haben wir Menschen alle gemein: Unsere Herzen verstehen sich am Ende auch über Sprachbarrieren hinweg, sofern wir es nur wirklich wollen und offen dafür sind.

Als meine Mutter meinen Vater heiratete, gaben ihr die Verwandten die besten Wünsche mit in die Ehe: *Hayırlı uğurlu olsun,* »Gott soll auf euch aufpassen«. Ebenso wünschten sie ihr Glück für die Ehe mit meinem Stiefvater, *bir yastıkta kocayın* (sinngemäß: »Ihr sollt immer in einem Bett schlafen.«). Dieses Mal aber sollte sich der Wunsch der Verwandtschaft nicht erfüllen. 1983 reichte meine Mutter die Scheidung ein. Eine Ungeheuerlichkeit für meine Familie. Die Gründe interessierten dabei nicht. Vielmehr: sie wurden ignoriert. Für sie galt die Scheidung als großes Problem, denn abermals war kein Mann da, der ihre Ehre garantierte. Wieder war das Ansehen meiner Mutter in Gefahr.

Viele Jahre später erst sollte ich die Wahrheit über die Trennung erfahren: Mein Stiefvater verlangte, dass meine Mutter eine zweite Frau neben sich akzeptierte. Nach islamischem Recht ist es dem Mann erlaubt, vier Frauen zu heiraten, vorausgesetzt, er kann sie versorgen. »Nur über meine Leiche«, hörte ich sie damals im Streit mit meinem Stiefvater schreien. Heute kann ich meine Mutter verstehen.

Kurz darauf erlaubte sich meine Mutter die nächste Frechheit: Sie setzte nach der Scheidung durch, mit ihren vier Kindern, aber ohne Mann in der Wohnung weiter zu leben. Die Verwandtschaft war brüskiert, aber meine Mutter gab nichts darauf. »Ich habe mein Leben lang bewiesen, dass ich eine anständige, ehrenhafte Frau bin«, betonte sie. Was das bedeutete, spürte ich bald: Meine Mutter wurde von ihren Verwandten auf der Straße nicht mehr gegrüßt, Einladungen blieben aus. Mir entging auch nicht, dass meine Mutter ihre Haare nicht mehr färbte. Dafür lag der Fokus ihres Interesses nun zunehmend auf mir. Es war mein Schicksal, dass ich nicht nur das älteste Kind war, sondern ein Mädchen, das zur jungen Frau heranzureifen begann.

Kapitel 3

Die Last der Jungfräulichkeit

Warum auch Muslime Dates haben – und türkischer Mokka über die Ehefähigkeit entscheidet

»Du hast deine Periode«, stellte meine Freundin sachlich fest, als hätte sie gerade das Ergebnis einer einfachen Mathematik-Aufgabe herausbekommen, und schob mich von der Turnhalle zur Mädchentoilette. In meiner weißen Turnhose, wie sie eben zur Schuluniform gehörte, war dies nicht mehr zu kaschieren. Ich fing an zu weinen. »Stell dich nicht so an, das ist normal«, beruhigte sie mich.

Es war der Tag, an dem ich erfuhr, was es mit der Periode auf sich hatte. Ich war inzwischen 14 Jahre alt, hatte aber keine Ahnung, wie Kinder entstehen. So etwas wie Sexualkundeunterricht gab es nicht. »Jetzt kannst du Babys bekommen«, erklärte mir meine Freundin schmunzelnd, »jetzt bist du eine Frau.« Erfreut über diese Nachricht lief ich nach Hause und berichtete meiner Mutter von dem aufregenden Ereignis. Sie schimpfte mich allerdings aus. »Sprich nie wieder so respektlos mit mir«, fauchte sie mir entgegen. Ich war wie vor den Kopf gestoßen. Was war an dem Wort »Periode« respektlos? Vor Kurzem wurde die Beschneidung meines Bruders Mehmetcan mit einem großen Fest gefeiert. Warum durfte er stolz auf seine Männlichkeit sein, ich aber sollte mich für meine Weiblichkeit schämen? Ich fragte nicht weiter und schwieg. Ich wusste nur eines: Ich war nun kein Mädchen mehr, sondern eine Frau. Und das bedeutete offensichtlich nichts Erfreuliches.

Wie demütigend es vor allem sein sollte, erfuhr ich, als ein Klassenkamerad mir Nachhilfe in Mathematik geben wollte. Ich lud ihn nach Hause ein, um mit ihm zu lernen. Ein großer Fehler. Als meine Mutter mich zusammen mit ihm in unserer Wohnung sah, rastete sie aus. »Du gehst sofort nach Hause«, zischte sie meinen völlig verschüchterten Schulkameraden an, der hastig seine Hefte zusammenpackte. Ich schämte mich in Grund und Boden für diese peinliche Situation. »Wie kannst du mich nur so blamieren?«, fragte ich empört. »Was bitte habe ich getan, was …?«

»Deine Ehre«, fiel sie mir ins Wort und geriet gleichzeitig doch in Erklärungsnot. »Männer wollen nur das Eine.«

Ich sah sie fragend an. »Und wenn sie dich bekommen haben, bist du nichts mehr wert, du bist dann eine Schande, kein Mann will mehr etwas von dir.« Nun war es heraus: Es ging um meine Jungfräulichkeit, die sie in höchster Gefahr erachtete. »Was sollen nur die Nachbarn denken«, wiederholte sie wieder und wieder. Und ich verstand: Meine Ehre wurde gewahrt, wenn ich keusch blieb, bis ich verheiratet war. »Tolle Aussichten«, dachte ich, gänzlich unwissend, was es mit Geschlechtsverkehr überhaupt auf sich hatte. Ich ahnte aber, dass es schlauer war, meine Mutter nicht danach zu fragen. Mit meinen 14 Jahren hatte ich ohnehin Probleme genug. Mein Busen und mein Po wuchsen unaufhaltsam, und meine Schuluniform spannte um meine Hüften wie ein zu kleiner Rettungsring. Ich hasste meinen Körper, alles veränderte sich und mir blieb nichts, als hilflos dabei zuzusehen. Die Periode tat ihr Übriges. Ich empfand sie als lästiges Übel, das mir zu meinem Verdruss jeden Monat aufs Neue widerfahren sollte. Es war mir nur ein schwacher Trost, dass diese blutige Heimsuchung auch alle anderen Frauen ereilte.

Die Last der Ehre

Von jenem Tag an, an dem meine Mutter mich aufgeklärt hatte, wie sie meinte, bestand sie darauf, dass ich ein privates Gymnasium besuchte und dass ich mit dem Taxi von zu Hause abgeholt und in die Schule gebracht wurde. Und das, obwohl wir kaum über die Runden kamen. Es durfte dabei immer nur ein und derselbe Taxifahrer sein. Altay war schon bald nicht mehr nur mein Fahrer, sondern so etwas wie ein *Abi*, ein Familienmitglied, das als ebenso harmlos wie vertrauenswürdig galt. Ich mochte Altay Abi sehr, denn er gestand mir weiterhin meine kleinen Freiheiten zu. Ich durfte mit meinen Freundinnen nach der Schule in unser Lieblingscafé gehen und durch den Stadtpark von Resatbey flanieren. Altay war mein Verbündeter. Dafür lernte ich fleißig und machte meine Mutter mit meinen guten Schulzeugnissen stolz.

Nicht selten passierte es aber, dass er viel zu spät mit mir zu Hause ankam, weil ich einmal mehr die Zeit vergessen hatte. Altay drückte immer ein Auge zu, er verstand, dass auch 14-jährige Mädchen im Herzen noch ohne Hintergedanken sein konnten. Er beschwichtigte die Ängste meiner Mutter damit, dass ich doch stets unter seiner Aufsicht stand. »*Abla*«, trällerte er, »deine Tochter ist eine gute Tochter. Der Straßenverkehr war heute eine Katastrophe.« Meine Mutter runzelte dann die Stirn, ahnte sie doch, dass Altays Ausreden meine kleinen Fluchten decken sollten. Altay genoss das Vertrauen meiner Familie, er wurde als ehrbarer Mann angesehen. Es verletzte mich aber, dass es meiner Mutter in ihrer Sorge um mich weniger um meine Unversehrtheit als um die Unantastbarkeit meines Jungfernhäutchens ging.

Das Lernen gestaltete sich in dieser Zeit zunehmend schwerer, bereits mit Tagesanbruch fiel Besuch aus der Nachbarschaft einem Vogelschwarm gleich in unserer Wohnung ein. Dabei ist es unter Verwandten üblich, dass man keine Verabredungen trifft. Der Besuch steht meist einfach vor der Tür, wenn ihm danach ist. Da kann das Geträller eines einzigen Vogels noch so lieblich klingen, im Chor aber wird es oftmals unangenehm laut. Meine Mutter jedoch war über jeden Gast, den sie begrüßen durfte, hocherfreut. Nach ihrer Scheidung war sie lange genug zur Außenseiterin abgestempelt worden, nun kehrte die Normalität des türkischen Alltagslebens zurück in unser Wohnzimmer.

Selbstverständlich handelte es sich bei den Gästen stets um weibliche Besucher. Niemals würde ein türkischer Mann eine Frau besuchen, wenn kein männlicher Verwandter anwesend war. »Was könnten sonst die Leute sagen, das gehört sich nicht«, trichterte mir meine Mutter ein. Ein Mann und eine Frau allein in einem Raum, das durften nur Eheleute sein, Bruder und Schwester oder Vater und Tochter. So war es Sitte.

Als 16-jähriger Teenager entdeckte ich dann meine Vorliebe für Make-up und Mode. Mein gesamtes Taschengeld gab ich für Kleider, Schminke und Schuhe aus. »Schon wieder ein neuer Rock, und dann auch noch so kurz«, klagte meine Mutter, aber an ihrem Lächeln konnte ich erkennen, dass sie sich freute, wenn ich mich vor dem Spiegel ausgiebig begutachtete und glücklich schien. Ich maß inzwischen 1 Meter 74, mein Po und mein Busen waren ziemlich gut geraten, wie ich zufrieden feststellte. Doch mein Aussehen sorgte nicht nur für Vergnügen. Wenn ich mit meinen Freundinnen nach der Schule im Café saß oder meine Mutter zum Einkaufen begleitete, spürte ich, wie Männer mich mit ihren Blicken musterten. Ich schämte mich und wusste nicht warum. Auch meiner Mutter entging das Interesse nicht. Schon bald nahm sie mich nicht mehr mit, auch die Treffen mit meinen Freundinnen wurden immer strenger reglementiert. Viel zu groß war ihre Angst, man könnte schlecht über mich reden. Der Ruf einer türkischen Frau war ein sehr fragiles Konstrukt, das mit übler Nachrede – etwa: »Hast du gesehen, wie Aylin diesem Mann schöne Augen gemacht hat?« Oder: »Was, Aylin wurde allein auf der Straße gesehen?« – nur allzu leicht zerstört werden konnte.

Wie die Menschen eben so sind. Sie können gehässig sein, vor allem diejenigen, die sich gern in den vermeintlichen Fehlern anderer suhlen, um so ihre eigene Tadellosigkeit hervorzuheben. Und als Opfer von Lästereien erfüllte ich alle Voraussetzungen. Ich galt als Schönheit im Viertel. Für die Frauen war ich eine Konkurrentin, für die Männer ein potenzielles Lustobjekt. Doch das machte mir nichts aus; viel schlimmer traf mich, dass meine Mutter nicht mehr wusste, ob sie sich für ihre »so gut geratene« Tochter freuen durfte oder ob sie Angst um sie haben musste. Ich fühlte mich wie ein Fremdkörper, wie eine tickende Zeitbombe, die für meine Familie unkontrollierbar und bedrohlich erschien.

Den einzigen Rückzugsort, den mir meine Mutter noch zugestand, war die Welt des Wissens, die ich in meinen Schulbüchern vorfand. Vor allem in Atatürks Lehren fand ich stillen Trost und die Aufmunterung, mich so rasch und diszipliniert wie möglich zu bilden. Eine Stelle aus seinen Tagebuchaufzeichnungen, eingetragen unter 6. Juni 1918, mochte ich besonders gern: »Sollte ich eines Tages großen Einfluss oder Macht besitzen, halte ich es für das Beste, unsere Gesellschaft schlagartig – sofort und in kürzester Zeit – zu verändern. Denn im Gegensatz zu anderen glaube ich nicht, dass sich diese Veränderung erreichen lässt, indem die Ungebildeten nur schrittweise auf ein höheres Niveau geführt werden. Mein Innerstes sträubt sich gegen eine solche Auffassung. Aus welchem Grund sollte ich mich auf den niedrigeren Stand der allgemeinen Bevölkerung zurückbegeben, nachdem ich viele Jahre lang ausgebildet worden bin, Zivilisations- und Sozialgeschichte studiert und in allen Phasen meines Lebens Befriedigung durch Freiheit erfahren habe? Ich werde dafür sorgen, dass sie auch dahin kommen. Nicht ich darf mich ihnen, sondern sie müssen sich mir annähern.«*

Das Lernen war meine stille Revolution, die Zukunft malte ich mir in bunten Farben aus und der Traum von einem Jurastudium beflügelte mich. Kurz nach dem Schulabschluss im Juni 1989 wurde ich 17 Jahre alt. Die Punktzahl der zentralen Aufnahmeprüfung aber reichte nicht aus, um an der renommierten Universität von Ankara zu studieren. Ich war zwar enttäuscht, aber so leicht wollte ich mich nicht geschlagen geben. Ich bewarb mich

* zitiert nach Dietrich Gronau, Mustafa Kemal Atatürk oder die Geburt der Republik. Fischer: Frankfurt am Main 1994, S. 125 f.

schließlich an der privaten Universität Doğu Akdeniz im türkischen Teil Zyperns in Nikosia (türkisch: Lefkoşa), wo ich mit meinen Noten bessere Chancen haben sollte. Auch meine Mutter schmiedete eifrig Pläne für meine Zukunft, von denen ich schon bald erfahren sollte. Sie liefen allerdings in die entgegengesetzte Richtung dessen, was ich mir erhoffte.

So entging mir nicht, dass die freundlich lächelnden Damen, die uns regelmäßig zu Hause besuchten, eines gemein hatten: Sie besaßen Söhne im heiratsfähigen Alter. Ich bemerkte es daran, dass mich meine Mutter jedes Mal aus dem Zimmer rief und darum bat, den Gästen türkischen Kaffee zu servieren. Ihrem Strahlen nach war sie mächtig stolz, und mit jeder Brautwerbung stieg ihr Ansehen.

Diese »soziale Marktwirtschaft« hatten wir türkischen Frauen, ohne es zu merken, schnell verinnerlicht. Das Prinzip ist einfach: Konkurrenz belebt das Geschäft, die Nachfrage bestimmt das Angebot. Auf dem türkischen Heiratsmarkt bedeutete das: Hauptsache die Ware ist rein und noch unberührt. Und je schöner die Braut, desto höher das Brautgeld. Auch Heiraten ist letztendlich ein Geschäft. »Du kannst dich glücklich schätzen, schön zu sein«, erwähnte meine Mutter in diesen Tagen gern und oft. »Vögel, die früh singen, fängt die Katze«, ein Satz, den mir meine Mutter oft vom Balkon aus zurief, als ich fünf Jahre alt war, an den ich mich nun erinnerte – und dessen Doppeldeutigkeit mir bewusst wurde. Mein frühreifes Gebaren sollte mir schneller, als ich es ahnte, die Flügel stutzen.

Doch ich wehrte mich jedes Mal, wenn ein Heiratsangebot im Raum stand. Die althergebrachten Sitten interessierten mich nicht, ich war voll und ganz von meinem Traum erfüllt, Jura zu studieren. Im August endlich flatterte das ersehnte Schreiben ins Haus. »Mama, ich habe eine Bestätigung für die Universität in Zypern«, verkündigte ich beglückt. 1974 besetzte die Türkei den Nordteil des Landes, 1983 wurde dort die – international nicht anerkannte – Türkische Republik Nordzypern proklamiert, die Hauptstadt des Landes, Nikosia, ist bis heute durch die sogenannte »grüne Linie« getrennt. Meine Mutter schien sich für mein Vorhaben tatsächlich ernsthaft zu interessieren. Ich fiel ihr freudestrahlend um den Hals.

Meine Großeltern sponserten den Flug für meine Mutter und mich, damit wir wenige Tage später an der Universität vorstellig werden konnte. Mein Herz schlug höher, als wir vom Direktor empfangen wurden. Der grauhaarige Herr im Anzug blickte uns freundlich lächelnd von seinem wuchtigen Schreibtisch aus an, und meine Mutter war sichtlich angetan. Sie selbst hatte nie eine Universität besucht.

Nach nur wenigen Worten kippte die fröhliche Stimmung allerdings. »Auf unserem Campus gibt es keine Trennung. Nein, Frauen und Männer leben nicht in getrennten Wohnhäusern«, hörte ich den Direktor sagen. Meine Mutter schwieg, sie verzog keine Miene, aber ich konnte an ihren Augen erkennen, dass sie bereits ihre Entscheidung getroffen hatte. Am Abend saßen wir wieder im Flieger, der uns zurück nach Adana brachte. Meine Mutter hatte ihr Veto eingelegt, die Freiheit an der Universität in Zypern ging ihr doch zu weit. »Mama, bitte«, bettelte ich, aber sie schüttelte nur unwirsch mit dem Kopf. Sie hatte beschlossen, dass diese Universität für eine Türkin nicht infrage kam. Eine unverheiratete Frau, die Tür an Tür mit Männern wohnte, das gehörte sich in ihren Augen nicht. Ich hatte keine Chance, da sie diejenige war, die meine Ausbildung finanzieren sollte. Mir blieb also nur, die staatliche Uni-Aufnahmeprüfung im folgenden Jahr zu wiederholen – das ist im türkischen Schulsystem tatsächlich möglich –, um meinen Notendurchschnitt zu verbessern. Dafür hatte ich wie unzählige andere Schüler, die es sich leisten konnten, schon all die Jahre zuvor eine sogenannte *dersahne*, eine Privatschule, besucht, um mich auf die Aufnahmeprüfung vorzubereiten. In der Türkei gibt der Abschluss einer *lise* (das türkische Pendant zum deutschen Gymnasium) bis heute keine Garantie dafür, sein Wunschfach studieren zu können. Alles hängt von dieser einen Prüfung ab, zu der alle Universitätsbewerber landesweit und zur selben Zeit, meist im Juni, antreten. Ich setzte also all meine Hoffnung in das kommende Jahr, diese für ihren Schwierigkeitsgrad berüchtigte Prüfung mit mehr Punkten zu bestehen. Doch meine Mutter schien das wenig zu kümmern. Sie gefiel sich immer mehr in der Rolle der Gastgeberin von Brautwerberinnen. Ich hingegen weigerte mich beharrlich, die potenziellen Schwiegermütter in unserem Haus zu begrüßen. Sie aber sorgte unbeeindruckt dafür, dass der Besucherstrom kein Ende nahm. Es war ein stiller Machtkampf zwischen meiner Mutter und mir, der an meinen Nerven zehrte.

Bei dem ganzen Geschwätz, das durch die Wände in mein Zimmer drang, konnte ich mich kaum konzentrieren. Ich entwickelte daraufhin meine eigene Lernstrategie. Ab sofort wälzte ich meine Schulbücher in der Nacht und schlief am Tag, mittags nach der *dersahne*. Meine Mutter tolerierte dies stillschweigend. Ich glaubte hoffnungsfroh, dass sie sich langsam damit abgefunden hatte, dass ich nicht heiraten wollte. Zumindest jetzt noch nicht.

Ich kostete diese Monate der Ruhe in vollen Zügen aus. Es war, als sei das Leben einfach stehen geblieben. Nichts veränderte sich, wenn ich aus dem Fenster sah, die Dunkelheit hing wie eine wohlig warme Decke am Himmel, und meine Gedanken schweiften in die Ferne. Die Liebe allerdings kam in diesen Tagträumen nicht vor. Mein Vater und Atatürk waren tot und die Jungs, die ich von der Schule kannte, interessierten mich nicht. Mit anderen Männern hatte ich keinen Kontakt, dafür hatten Altay Abi und meine Mutter gesorgt. Was wusste ich schon – weder was Liebe ist noch wie sich ein Kuss auf den Lippen anfühlt. Aber derartige Gedanken verdrängte ich mit aller Kraft. Das Leid, das die Liebe auslösen kann, hatte ich mit dem Tod meines Vaters noch zu schmerzlich in Erinnerung. Die unglückliche Ehe meiner Mutter mit meinem Stiefvater war noch zu nah. Niemals wollte ich so werden wie sie. So traurig, abhängig und enttäuscht. Ich nahm mir fest vor, mein Leben selbst in die Hand zu nehmen. Doch meine Mutter hing so hartnäckig an ihren Plänen wie ich an meinen Träumen.

Der Marktwert einer türkischen Jungfrau

Es ist einfacher, einen türkischen Tee zu kochen, als einen türkischen Mokka zuzubereiten. Wohl auch deshalb ist es Tradition, dass die Mädchen des Hauses Kaffee kochen, wenn Brautwerber zu Besuch kommen und die zukünftigen Bräute ihrer Söhne und Cousins bei einem vermeintlich harmlosen Kaffeeklatsch unter die Lupe nehmen. Es ist für jede Türkin eine Herausforderung, den richtigen Siedepunkt zu erreichen, sodass sich ein heller Schaum bildet.

Das Rezept für den Trank ist im Grunde genommen einfach: Man kocht das Mokkapulver mit Wasser und Zucker auf. Kocht man ihn allerdings zu kurz, gibt es keine Crema. Nur wenn der Schaum hell ist und bis zum Tassenrand reicht, haben der Kaffee und die künftige Braut bestanden. Wie gesagt, es kommt auf den richtigen Siedepunkt an. Verlaufen Kaffeeklatsch und Brautschau erfolgreich, sagt man *kahvesi içildi*, was einem Eheversprechen der Eltern an die künftigen Schwiegereltern gleichkommt. Mit gutem Grund hatte ich mich gegen das Mokkakochen stets gewehrt.

Das Verständnis meiner Mutter für meinen eigenwilligen Schlafrhythmus sank jedoch zunehmend. Immer öfter scheuchte sie mich aus dem Bett. »Dieses eine Mal kannst du nun wirklich den Mokka servieren«, forderte sie hartnäckig. »Komm schon, wenigstens begrüßen kannst du unseren Besuch.« Ich hatte ihre Zermürbungstaktik schnell durchschaut und ließ mich auf keine Diskussionen ein. Ich blieb stur. Meine Mutter leider auch. »Unsere Gäste haben einen wirklich gut aussehenden Sohn, sie haben mir ein Foto von ihm gezeigt«, wurde meine Mutter nicht müde, mich zu locken. Ich ließ sie unbeeindruckt ihre Lobpreisungen herunterspulen, und sie war jedes Mal schlau genug, rechtzeitig damit aufzuhören. Ich konnte schließlich nicht nur so stur wie meine Mutter sein, sondern auch so hysterisch wie sie. Und eine lautstarke Szene vor den Gästen wollte sich meine Mutter dann doch lieber ersparen.

Die Brautschau zog sich durch das ganze nächste Jahr. Stetig versuchte meine Mutter, mir die Ehe schmackhaft zu machen: »Die anderen Mädchen im Viertel wären glücklich, wenn dieser hübsche Kerl sie auswählen würde«, säuselte sie. Beliebt war auch der Spruch: »Hast du schon gehört, eine deiner ehemaligen Klassenkameradinnen heiratet? Sie ist sogar jünger als du und hat jetzt ausgesorgt ...«

»Mama, denk doch daran, wie unglücklich du in deiner letzten Ehe warst«, warf ich ihr wieder und wieder entgegen. Und jedes Mal kam dieselbe Antworten zurück: »Jede Frau braucht einen Mann. Ich selbst hatte einfach nur Pech. Aber du ... « Und wenn sie gar nicht mehr weiterwusste, brachte sie die Ehre der Familie ins Spiel. »Willst du Schande über uns bringen?«, lamentierte sie dann weinerlich. »Nur ein Mann kann deinen Ruf schützen.« So war es Sitte. So hatte sie es gelernt.

Auch wenn meine Mutter nie besonders gläubig war, lenkte die islamische Tradition ihre Gedanken. Die traditionellen Werte von Gut und Böse, von Ehre und Schande. Auch mein Handeln wurde an diesen Maßstäben gemessen. »Und du ergibst dich diesen Regeln einfach so, ohne sie zu hinterfragen?«, versuchte ich sie aus der Reserve zu locken. Die Antwort meiner Mutter war immer dieselbe: »Wir können uns unser Schicksal nicht aussuchen. Es liegt in Allahs Hand.«

Demnach galt auch für mich als Frau: »Die Männer stehen für die Frauen in Verantwortung ein, mit Rücksicht darauf, wie Allah den einen von ihnen mit mehr Vorzügen als den anderen ausgestattet hat, und weil sie von ihrem Vermögen (für die Frauen) ausgeben. Die rechtschaffenen Frauen sind demütig ergeben und sorgsam in der von Allah gebotenen Wahrung ihrer Intimsphäre. Diejenigen aber, deren Widerspenstigkeit ihr fürchtet, warnt sie, meidet sie in den Schlafgemächern und schlagt sie. Und wenn sie euch gehorchen, unternehmt nichts weiter gegen sie ...« (Sure 4, Vers 34) Der Koran besteht aus 114 Suren, die, mit Ausnahme der ersten Sure, der Textlänge nach sortiert sind. Für mich als

18-Jährige war die Auseinandersetzung mit dem Heiligen Koran und meiner Religion nie weiter von Bedeutung gewesen. Doch nun holte sie mich unaufhaltsam ein. Und meine Hoffnung, dass meine Mutter ihre Heiratspläne für mich irgendwann aufgeben würde, dass sie mich endlich verstehen könnte; diese heimliche Hoffnung schwand alsbald dahin.

Im Februar 1991 schien eine kurze Verschnaufpause in Sicht. Unsere Haushälterin trug es mir flüsternd zu: »Deine Mutter hat heute mit Altay Abi telefoniert. Sein Neffe aus Deutschland sucht eine Frau.« Mir stockte der Atem. »Nein, dieses Mal geht es anscheinend nicht um dich. Deine Mutter meinte, sie würde sich in der Nachbarschaft erkundigen, welche Frau infrage kommen könnte.« Ich atmete erleichtert auf. In den Wochen darauf war ich wie Luft für meine Mutter. Entweder sie hing am Telefon oder sie war bei unseren Nachbarn zu Besuch. Nur einmal rief sie mich zu sich. Ich war auf das Schlimmste gefasst, als sie mich mit strengem Blick musterte: »Ich finde, es wird jetzt Zeit …« »Bitte nicht schon wieder dieses Thema«, fiel ich ihr entnervt ins Wort. Sie lachte verschmitzt. »Mein Kind, ich kann mich nicht erinnern, dass ich mit dir schon einmal über den Führerschein gesprochen hätte.« Ich traute meinen Ohren kaum. »Zumindest eine von uns sollte doch Auto fahren können. Als alte Frau kann ich die Einkäufe ohnehin nicht mehr allein bewältigen«, sagte sie. Bereits in der Woche darauf absolvierte ich meine erste Fahrstunde und einen Monat später hatte ich den Führerschein in der Tasche. Aber ich sollte nicht mehr dazu kommen, meine Mutter zum Einkaufen zu fahren.

Die Macht der Mütter

Es war der 21. März 1991, und der Himmel stellte sein strahlend blaues Frühlingsgesicht zur Schau. »Morgen kommt Gülseren Hala zu Besuch«, erwähnte meine Mutter beiläufig beim Abendbrot. Ich lächelte erfreut, denn ich mochte die Lieblingsschwester meines verstorbenen Vaters sehr. »Altay Abi wird ebenfalls vorbeischauen, er bringt seinen Neffen aus Deutschland mit«, schob sie mit monotoner Stimme hinterher. Ich lächelte scheinheilig. »Wie schade für den Neffen, dass er keine Frau findet. Aber wie selbstlos von dir, dass du dem armen Kerl hilfst.« Ihre Augen verengten sich gefährlich. »Hüte deine Zunge«, zischte sie. »Wage es ja nicht, dich darüber lustig zu machen.« Ich senkte artig meinen Blick und schluckte meinen Spott hinunter. Wie leid taten mir diese Frauen schon jetzt, die bald Mokka kochen mussten und vielleicht genauso wenig heiraten wollten wie ich. Wie sehr verachtete ich diese arrangierte Kuppelei. Ich selbst aber fühlte mich erst einmal in Sicherheit.

Es entging mir allerdings nicht, dass meine Mutter plötzlich damit anfing, penibelst für die Sauberkeit der Wohnräume zu sorgen. Jedes Staubkorn wurde von ihr pflichtbewusst aus der Wohnung verbannt. Wenn Mehmetcan oder ich aus der Toilette kamen, wischte sie uns hinterher. Der Putzfimmel meiner Mutter wurde mir zunehmend unheimlich, und ihre ungewohnt gute Laune dabei empfand ich fast schon als aufdringlich.

Zwei Tage später saß Altay Abi mit seinem Neffen aus Deutschland in unserem blitzblank geputzten Salon. Ein metallicsilberner Mercedes stand vor unserer Tür, und ich gebe zu, ich war sichtlich beeindruckt von dem, was da aus Deutschland kam. Das Land, in dem alles, auch die Autos, größer und prächtiger zu sein schien. Alles, was aus Deutschland kam, galt bei uns als fortschrittlich und schick. Gülseren Hala kam ins Zimmer und drückte mich herzlich an sich. »Du solltest aber auch Altay Abi und seinen deutschen Besuch begrüßen«, mahnte sie lächelnd. Meine Tante selbst hatte nie geheiratet. Mit ihren mittlerweile 45 Jahren wurde sie von meinen Verwandten nur noch mitleidig belächelt. Für mich aber war sie insgeheim ein Vorbild, sie hatte sich ein selbstbestimmtes Leben erkämpft. Allerdings hatte sie es auch viel leichter gehabt als ich: Mein Vater hatte zeit seines Lebens seine Hände schützend über sie gehalten und sie vor der Familie verteidigt. Er hätte dasselbe sicherlich auch für mich getan. Doch mein Vater war nicht mehr am Leben.

»Komm schon, sag wenigstens kurz Guten Tag«, drängte Gülseren und schob mich in den Salon. Schüchtern grüßte ich mit der türkischen Standardfloskel *hoş geldiniz* (»Herzlich Willkommen«). Ich nickte Altay Abi freundlich zu, hielt aber meinen Blick gesenkt, als ich vor dem Mann aus Deutschland stand. Ich wagte nicht, Altays Neffen ins Gesicht zu sehen, aber ich registrierte, wie nervös er war, als er vom Sofa aufsprang und beinahe den Beistelltisch mit sich riss. Ich lächelte in mich hinein. Wenigstens war ich hier nicht der einzige Mensch, der sich fehl am Platz fühlte.

Nach dem erfolgreich absolvierten Pflichtprogramm wollte ich in mein Zimmer zurück, doch Gülseren Hala fing mich im Flur ab und zog mich in die Küche. »Jetzt kannst du doch auch den Mokka kochen«, drängte sie aufmunternd. Ich glaubte, nicht recht zu hören, schlagartig wurde mir klar, warum meine Mutter Gülseren eingeladen hatte: sie wusste, dass ich meiner Tante gehorchen würde, denn ich vertraute ihr. »Was spielst du für ein Spiel,

Gülseren Hala?« Ich schüttelte fassungslos den Kopf, weil ich blindlings in die Falle meiner Mutter hineingetappt war. »Warum hast du dich zusammen mit Mama gegen mich verschworen?«

»Aylin, hör mir bitte zu.« Gülseren sprach ruhig und bedacht: »Ich habe heute Nacht von dir geträumt und ich habe nur Gutes gesehen. Gib diesem Mann wenigstens eine Chance.« Ich blickte sie ungläubig an. Gülserens Träume wurden selbst von den männlichen Familienmitgliedern ernster genommen als der Wetterbericht. Zu oft hatten sie sich in der Realität schon bewahrheitet. Gülseren hatte mir bereits die Dose mit dem Mokkapulver in die Hand gedrückt und lächelte versöhnlich. »Danach kannst du immer noch Nein sagen.« »Warum auch nicht«, seufzte ich müde. Gülseren Hala nickte zufrieden, da warf unsere Haushälterin auch schon den Gasherd in der Küche an und zeigte mir routiniert, wie ich das Pulver anzurühren hatte. Lustlos folgte ich ihren Anweisungen.

Auf einmal stand der Neffe von Altay Abi im Türrahmen der Küche. Erschrocken wandte ich mich ab. »Wo ist die Toilette?«, stotterte er. »Aylin zeigt dir den Weg«, hörte ich Gülseren schon antworten. Mir blieb nichts anderes übrig. Verschämt lotste ich ihn durch den Flur. Ich war mir sicher, dass in Deutschland alles so modern war, dass ihm unser Bad wie ein schäbiges Loch vorkommen musste. Nicht einmal der Wasserhahn funktionierte. Nachdem er die Tür der Toilette wieder geöffnet hatte, reichte ich ihm pflichtschuldig eine Wasserflasche, damit er sich die Hände waschen konnte. Ich zitterte vor Aufregung, als ich das Wasser über seine Hände laufen ließ. Er nickte mir dankbar zu, ich sah krampfhaft weg. Es gehört sich nicht, Männern schöne Augen zu machen, ermahnte ich mich.

Auch den Mokka servierte ich ohne Blickkontakt. »Das ist lieb von dir, meine Tochter«, flötete meine Mutter stolz, und ich war endlich erlöst. Erleichtert eilte ich in mein Zimmer zurück. »Und wie findest du ihn?«, fragte meine Tante neugierig, als sie sich von mir verabschiedete. Ich zuckte ratlos die Schultern. Ich hatte kein Wort mit ihm gewechselt. Das Einzige, was ich nun wusste, war, dass er nicht besonders groß war und schwarzes Haar hatte, nichts wirkliches Ungewöhnliches für einen Mann in meinem Land.

Nachdem Altay Abi und sein Neffe gegangen waren, rief mich meine Mutter in den Salon. Ein Raum, der für jede türkische Familie ein unverzichtbarer Bestandteil des gesellschaftlichen Lebens ist. Auch unser Salon war mit einer edlen Couchgarnitur und einem prächtigen Esstisch bestückt. Der Salon war das Aushängeschild der Familie für die Außenwelt, er galt als Vorzeigezimmer, in dem man Besuch empfing oder Feste feierte. War die Familie allerdings unter sich, musste es der kleine Tisch im Wohnzimmer tun. Ich fand es immer lächerlich, diese Show für andere abzuziehen. Nicht einmal das Sofa im Salon durfte ich benutzen, geschweige denn das gute Geschirr. Der schöne Schein war nur für den Besuch bestimmt.

Am nächsten Tag rief mich meine Mutter erneut in den Salon. »Altays Neffe möchte eine Familie mit dir aufbauen«, verkündete meine Mutter feierlich. »Nein!«, platzte es aus mir heraus. »Bitte denke darüber nach«, versuchte meine Mutter mich zu beschwichtigen. »Er lebt in Deutschland, dort könntest du auch studieren. Triff ihn doch einfach einmal«, beharrte sie. Ich verstand gar nichts mehr. Ich, die nicht einmal einen Nachhilfelehrer mit nach Hause bringen durfte, sollte nun mit einem fremden Mann meine

Zeit verbringen? »Ich erlaube es dir«, drängte meine Mutter. »Und mein Ruf? Was denken die Leute dann von mir?«, rang ich um eine Ausrede. »Er ist der Neffe von Altay Abi, damit gehört er so gut wie zur Familie. Das ist etwas anderes«, erwiderte sie trocken. Ich wusste nicht weiter.

»Lass uns morgen darüber reden.« Meine Mutter nickte gönnerhaft, und ich war fest davon überzeugt, zumindest ein wenig Zeit gewonnen zu haben. Wie sehr sollte ich mich irren.

Mein erstes und letztes Date

Am Tag darauf stand der Mann mit seinem Mercedes schon wieder vor unserer Haustür. »Er ließ sich einfach nicht abwimmeln«, log meine Mutter, als sie mich in meinem Zimmer zu beruhigen versuchte. Es war der 24. März, und meine Laune war miserabel. »Bitte blamiere mich nicht«, bettelte sie. »Nur diese eine Verabredung«, lenkte ich schließlich entnervt ein.

In gewisser Weise war ich doch gespannt. Das Angebot, mit 18 Jahren einmal ausgehen und so etwas wie eine Verabredung haben zu dürfen, war doch recht verlockend. Eilig streifte ich mir mein Lieblingskleid über. Wenn schon unsere Toilette nicht viel hermachte, sollte er wenigstens sehen, welch Schönheit die Tochter des Hauses war. Zufrieden betrachtete ich mich im Spiegel: Gelbe Seide umspielte meinen Körper, aber der Ausschnitt war dezent und der Saum reichte über die Knie. Das Kleid wirkte wie eine Botschaft: Ich hatte Geschmack, eine schöne Figur und Anstand. Vorsichtshalber band ich mir die Haare zum braven Pferdeschwanz, obwohl ich sie sonst viel lieber offen trug. Auch die

Schuhe wählte ich sorgsam aus. Schweren Herzens verzichtete ich auf meine High Heels und wählte stattdessen flache Sandaletten, denn schon bei unserer ersten Begegnung hatte ich bemerkt, dass Altay Abis Neffe kleiner war als ich. Diesen Unterschied in der Öffentlichkeit auch noch zu betonen, erschien mir dann doch als zu provokativ.

»Welch Glück, dass das Schicksal dir Schönheit geschenkt hat«, urteilte meine Mutter selbstgefällig, als ich aus dem Zimmer trat. »Allah sei Dank«, schickte sie mir hinterher, als ich aufgeregt die Treppenstufen hinunter auf die Straße sprang, wo mein Brautwerber bereits wartete. Aus den Augenwinkeln heraus erspähte ich die neugierigen Nachbarsfrauen auf ihren Balkonen. Jetzt haben sie endlich einmal wieder neuen Gesprächsstoff, dachte ich böse.

Da wurde mir schlagartig bewusst: Ich kannte noch nicht einmal den Namen des Mannes, mit dem ich die nächste Stunde verbringen sollte. Jetzt aber war es zu spät, danach zu fragen. Was sollte er von mir denken? Eine Frau, die sich zu einer Verabredung mit ihm überreden lässt und noch nicht einmal seinen Namen kennt? Unbeholfen ließ ich mich auf dem Beifahrersitz nieder, nervös kaute ich auf meinen Lippen. Er musterte mich verstohlen. »Wohin willst du fahren?«, durchbrach mein Brautwerber die angespannte Stille. In meinem Kopf rumorte es: Wie schrecklich einfach müssen ihm die Restaurants in Adana erscheinen, einem Mann, der aus dem reichen Deutschland kommt. Aus dem weit entfernten Europa, wo das Geld auf den Straßen zu liegen scheint. Ich genierte mich. »In Adana gibt es nichts Besonderes«, stotterte ich. »Gut, dann fahre ich nach Gaziantep, in meine Heimatstadt«, sagte er und drückte übermütig auf das Gaspedal.

Mein Magen krampfte sich zusammen und mein Herz raste. Gaziantep war über dreihundert Kilometer von Adana entfernt. »Nein«, hüstelte ich und klammerte mich am Türgriff fest, wild entschlossen, notfalls aus dem fahrenden Wagen zu springen. So lange allein mit einem fremden Mann unterwegs zu sein, hätte mich in Erklärungsnot gebracht und meinen guten Ruf aufs Spiel gesetzt. Meine Gedanken überschlugen sich: Niemand würde mir mehr glauben, dass ich noch Jungfrau war. Die Nachbarn würden hinter meinem Rücken Gerüchte über mich verbreiten, meine Familie würde in Verruf geraten. Lieber wollte ich tot sein als entehrt. Mein Brautwerber sah mich erschrocken an, ich muss kreidebleich im Gesicht gewesen sein. Augenblicklich riss er das Steuer herum und bog zurück auf die Straße in Richtung Altstadt. Ich atmete erleichtert auf. »Tut mir leid«, flüsterte er beschämt.

Verstohlen musterte ich ihn aus den Augenwinkeln. Seine Augen verfolgten konzentriert den Straßenverkehr, doch seine schmalen Lippen zitterten, als würden sie sich nicht entscheiden können, ob sie reden, lächeln oder doch lieber schweigen sollten. Nervös rieb er mit der linken Hand an seiner Nase, die viel zu groß war für das schmale Gesicht. Sein Pony hing ihm bis zu den Augenbrauen, am Hinterkopf reichten die Haare bis zu den Schultern. Nun gut, eine Schönheit war er nicht gerade, aber als hässlich konnte man ihn auch nicht bezeichnen. Bald schien Altay Abis Neffe meine heimlichen Blicke doch zu spüren. Er zog die Augenbrauen zusammen, seine braunen Pupillen starrten mich irritiert an. Ich wandte mich peinlich berührt ab. »Hast du Hunger?«, versuchte er den peinlichen Moment zu überspielen. Ich nickte stumm.

Zehn Fahrminuten später hielten wir an einem Straßenrestaurant. Bei Ayran und *Adana Kebap* begann unser erstes Gespräch. Rückblickend war es wohl doch mehr ein Monolog seinerseits. Und ich verstand kaum ein Wort. Sein Türkisch war durchsetzt von Worten, die ich noch nie zuvor gehört hatte. Ich lauschte angestrengt und tat so, als würde ich seinen Sätzen Aufmerksamkeit schenken, aber ich verstand die Zusammenhänge nur mühevoll. Er erzählte von seiner langen Autofahrt von Deutschland nach Adana, von seinem Leben, aber ich konnte ihm kaum folgen. Ich konzentrierte mich also auf seine Augen, die sich zu Schlitzen verzogen, wenn er lachte, und die mich fragend anstarrten, wenn er eine Antwort verlangte. Ich reagierte instinktiv mit Ja und Nein. Andere Antworten verlangte er ohnehin nicht. Ich tat seinen unaufhaltsamen Redefluss damit ab, dass er wohl ebenso aufgeregt war wie ich. Nach einer Stunde lächelte er zufrieden. Offensichtlich hatte ich stets an den richtigen Stellen Ja gesagt. Ich aber fühlte mich hilflos in meinem eigenen Land, in dem es offensichtlich noch eine andere Wahrheit, aber vor allem noch eine andere Sprache gab. Warum hatte mir niemand davon erzählt?

»Ich bin Kurde«, erwähnte mein Brautwerber irgendwann beiläufig, als hätte er gerade festgestellt, dass die Sonne über Adana langsam unterging. Ich schämte mich, ihn um eine Erklärung zu bitten. Ich wusste ja noch nicht einmal seinen Namen. Als er mich zwei Stunden später wieder zu Hause absetzte, zwang ich mich, ihm höflich zuzunicken, hastete dann aber schnell in die Wohnung zurück.

»Mama, er spricht nicht einmal unsere Sprache. Was heißt Kurde? Ich verstehe überhaupt nichts mehr!« Meine Worte überschlugen sich. »Er ist Türke«, beharrte meine Mutter. »Mama, ich bin kein kleines Kind mehr«, kreischte ich zornig. »Na und, er hat einen Akzent. Ob Kurde oder nicht, wir sind Türken und leben im selben Land«, wehrte meine Mutter meine Worte ab. »Hauptsache er ist kein Alevit«, schob sie hinterher. Jetzt verstand ich gar nichts mehr. Meine Mutter legte kaltschnäuzig nach: »Er ist Sunnit, du bist Sunnit. Alles andere ist unwichtig.« Doch so leicht wollte ich mich damit nicht zufriedengeben. Hatte ich nicht ein Recht darauf, zu erfahren, wen man mir da als Ehemann anzudrehen versuchte? Bislang hatte ich den Begriff »Kurde« lediglich im Zusammenhang mit der PKK gehört. Der Partei, die in meinem Land als terroristische Vereinigung verfolgt wurde. Daher war dieser Begriff für mich nicht gerade mit positiven Attributen belegt.

Und die Aleviten – bis heute ein Thema, über das ich mit meiner Mutter nicht reden kann. Ganz nach dem Motto: Worüber man nicht spricht, das gibt es auch nicht. Für sie sind die Aleviten Andersgläubige, keine »richtigen« Muslime. Es gab nur eine Identität für sie, die türkische. Genauso hielt es meine Mutter auch bei meinem künftigen Ehemann. Viel entscheidender war jedoch: Er lebte im reichen Deutschland und war folglich eine vielversprechende Partie, die der Tochter des Hauses Wohlstand versprach. Für meine Mutter konnte das Leben trotz aller Gegensätze schrecklich einfach sein. Vielleicht auch eine Strategie, die wir Türken mit der Muttermilch aufsaugen, und die uns Widersprüche nur allzu gern ausblenden lässt.

Kapitel 4

Der fremde Bräutigam

Türkische Liebeslieder und Lügen, muslimische Hochzeitsrituale oder mein erstes Mal

Einen Tag nach dem Rendezvous rückte meine Mutter mit der Wahrheit heraus: »Allah sei Dank, für den 26. März haben wir einen Termin beim *hoca* bekommen.« Ich rang nach Luft. »Nein Mama, das sind nur noch zwei Tage. Bitte gib mir noch etwas Zeit«, flehte ich. Ich bekam Panik.

»Sei doch vernünftig, er wird dir ein gutes Leben in Deutschland bieten.« Meine Mutter beugte sich über mich und streichelte mir versöhnlich über den Kopf. »Er meinte, du könntest dort sogar studieren.« Ich stieß sie von mir weg. Der *hoca* war wie ein Scharfrichter, der meine Ehe vor der höchsten Instanz besiegeln sollte. Die Verlobungsfeier und die Hochzeitszeremonie dagegen nur reine Pro-forma-Angelegenheiten.

»Du kannst mich nicht zwingen«, sperrte ich mich. Das Ganze ging mir viel zu schnell, und ich wünschte mir nichts sehnlicher, als dass es sich nur um einen schlechten Traum handelte. Aber dann brachte meine Mutter eine unabänderliche Wahrheit zutage: »Jetzt ist es ohnehin zu spät für eine Absage. Du warst über zwei Stunden mit ihm zusammen, wenn du jetzt nicht heiratest, glaubt dir ohnehin kein Mensch mehr, dass du noch Jungfrau bist.« Das bedrohliche Wort, vor dem ich solch große Angst hatte, ja, für das ich beinahe aus einem fahrenden Auto gesprungen wäre, stand nun im Raum. Die Wahrheit schmerzte: Meine Jungfräulichkeit war so oder so kaum mehr eine Lira wert. Zuletzt versagte mir die Stimme.

Drei Stunden später saß Gülseren Hala neben mir auf dem Bett. Ich hielt die Decke wie ein Schutzschild über mich. »Deine Mutter hat mich angerufen. Mein Mädchen, es zerbricht mir das Herz, dich so verzweifelt zu sehen.« Ihr Mitleid klang aufrichtig, und doch konnte ich ihr nicht verzeihen. »Verräterin«, keuchte ich, und die Worte versanken in meinen Tränen. »Deine Mutter und ich wünschen uns doch nur das Beste für dich.« Schluchzend ließ ich die Decke fallen und warf mich in ihre Arme. »Was kann dein künftiger Mann denn tun, damit du dir sicher bist, wie sehr er dich liebt?« Auch ihre Stimme schien der Tränen nicht Herr zu werden. Ein letztes Mal hielt ich dagegen: »Gut, dann soll er mir wenigstens einen echten Diamantring kaufen, Goldohrringe, Armreifen und eine neue Garderobe.« So war es schließlich Brauch. Wenn ich schon keine Wahl mehr hatte, dann wollte ich auch nicht auf die Vorteile verzichten. Der Schmuck war eine finanzielle Absicherung, und die Brautgabe war schriftlich im Koran manifestiert: »Und gebt den Frauen ihr Brautgeld wie ein Geschenk. Und wenn sie euch etwas davon aus freien Stücken erlassen, so genießt es nach Belieben und ohne Bedenken.« (Sure 4, Vers 4)

Eine weitere Stelle der sogenannten an-Nisā'-Sure (»Die Frauen«) kam mir in den Sinn, sie ermutigte mich geradezu: »Und wenn ihr eine Gattin anstelle einer anderen nehmen wollt, so nehmt nichts von ihr fort, selbst wenn ihr der ersteren einen ganzen Schatz gegeben habt. Wollt ihr es etwa fortnehmen mittels Verleumdung und damit offenbarer Sünde?« (Sure 4, Vers 20) Vor allem dieser letzte Satz bedeutete nichts anderes, als dass ich die Geschenke auch dann behalten konnte, wenn die Ehe in die Brüche gehen sollte. Ich lächelte bitter. Eine andere Hoffnung als der Koran blieb mir wohl nicht. Und das, obwohl ich mich noch nicht einmal für besonders gläubig hielt.

Als mein Brautwerber am darauffolgenden Tag seinen Mercedes vor der Tür parkte – er hatte neben seiner Schwester auch Altay Abi mitgebracht –, triumphierte meine Mutter: »Mehmet lädt dich zum Stadtbummel ein.« Bereitwillig stieg ich mit ihr und einer Freundin der Familie in den Wagen und ließ mich in die Altstadt von Adana kutschieren. In der erstbesten Boutique suchte ich mein Verlobungskleid aus, ein schwarzes Kostüm. Für meinen Polterabend wählte ich ein rotes Kleid, wie es die Tradition gebot. Im Schuhgeschäft verlangte ich nach roten High Heels, passend zum Kleid, dazu suchte ich noch drei weitere Paar Schuhe aus. In der Parfümerie deckte ich mich mit einem Vorrat an Kosmetikartikeln für die nächsten sechs Monate ein. Diese Einkäufe von umgerechnet 350 Euro überstiegen das Monatsgehalt eines türkischen Arbeiters bei Weitem. Verstohlen beobachtete ich meinen zukünftigen Ehemann in den Momenten, in denen er seine Geldbörse hervorkramen musste. Aber er zuckte kein einziges Mal mit den Wimpern, stoisch zahlte er Rechnung für Rechnung. Dann ging es zum Juwelier, und ich forderte ihn ungerührt heraus. Zielsicher griff ich nach einem Diamantring, der umgerechnet tausend Euro wert war. Doch er legte die Geldscheine so unbeeindruckt auf den Tisch, als handelte es sich um wertloses Papier. Ich erhielt auch die Perlenkette, die ich ausgewählt hatte, und ein Dutzend goldener Armreifen. »Sieh nur, wie großzügig er ist«, raunte mir meine Mutter freudestrahlend zu. Ich lächelte gequält. Die Hochzeit war nun so gut wie besiegelt, mein Brautwerber war auf alle Bedingungen eingegangen. Zumindest hatte ich inzwischen den Gesprächen entnehmen können, wie er hieß: Mehmet. Er sollte mein Schicksal sein. Was ich noch nicht ahnte: Bereits 24 Stunden später sollte ein *hoca* mein Eheversprechen vor Allah einholen, damit meine Familie die Verlobungsfeier ausrichten konnte. Und auch der Termin für die offizielle Hochzeitsfeier stand schon fest: Am 4. Mai würde ich für immer mein Elternhaus verlassen müssen.

Dreimal Ja vor Allah

Nach dieser ausgiebigen Einkaufstour wog ich mich zunächst in Sicherheit, bis zum Jawort sollte mir noch etwas Zeit bleiben. Doch meine Mutter machte mir einen Strich durch die Rechnung. »Morgen bekommen wir Besuch vom *hoca*«, sagte sie mit belegter Stimme. »Das ist nicht dein Ernst?« Die Wut schnürte mir die Kehle zu. Nach Atem ringend, schleuderte ich eine Teetasse gegen die Wand. Meine Knie sackten ein, und meine Mutter musste mich auffangen. »Du hast seine Geschenke angenommen, was machst du für ein Theater«, schimpfte sie ungerührt. »Ob morgen oder in drei Tagen, das ist doch nun auch egal«, redete sie auf mich ein.

Glückliche Kindheit in Adana: Aylin 1973 im Alter von 14 Monaten (Die Bilder stammen, wenn nicht anders angegeben, aus dem Privatbesitz von Aylin Korkmaz.)

Aus dem Familienalbum: Aylin (vorne Mitte) mit ihren Eltern und den Geschwistern ihrer Mutter Nurten (vorne links) und Yusuf

Zu Aylins 5. Geburtstag richtete die Familie ein großes Fest aus. Das Foto zeigt den westlich modernen Lebensstil, den die Familie pflegte.

Ehrgeizige Schülerin: Aylin (im Alter von zwölf Jahren) mit ihren Freundinnen in der 5. Klasse. Im Hintergrund eine Büste des »Vaters der Türken«, Mustafa Kemal Atatürk

Aylin Korkmaz und ihre erste Tochter Melanie (im Alter von zwei Monaten) im Kurpark von Baden-Baden, Anfang 1993

Herausgeputzt: Aylins Kinder Zeynep, Melanie und Metin. Die Jüngste, Zeynep, feiert ihren 3. Geburtstag (Aufnahme aus dem Jahr 2000).

Versöhnungsurlaub: Aylin Korkmaz in Monaco, 1998

Aylin Korkmaz arbeitete in der Tankstelle an der Autobahnraststätte Baden-Baden – der Tatort – als Kassiererin.

Engagierte Ehefrau und Mutter: Aylin Korkmaz in Berlin beim »Wettbewerb zur Integration von Zuwanderern«, 2001

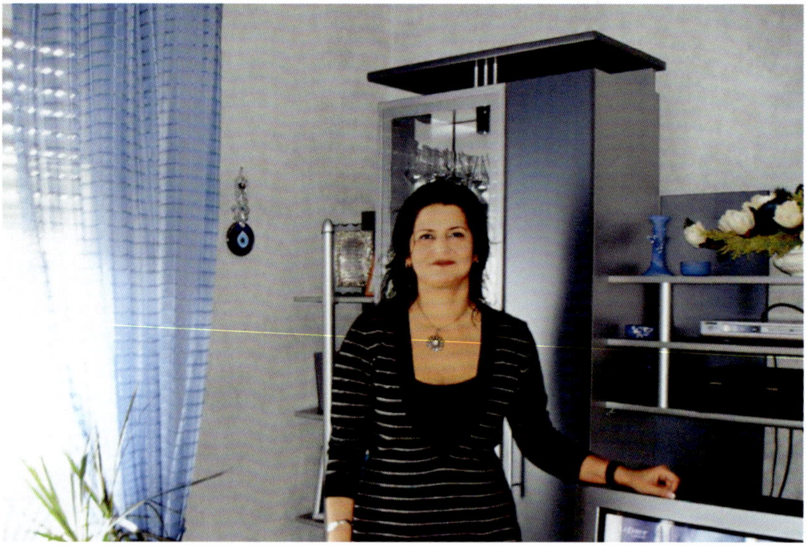

Schöne Fassade: Aylin Korkmaz in ihrer Wohnung im Briegelacker, Baden-Baden, 2005

Eine der letzten Aufnahmen vor dem Mordversuch, Juni 2007

Stolz und schön: Aylin Korkmaz auf einer Hochzeitsfeier in Adana, Anfang 2007

Schluchzend vergrub ich mein Gesicht unter meinen Händen. Ich wollte lieber sterben als heiraten. »Denk doch nur an Gülserens Traum«, ließ meine Mutter nicht nach. Gülserens Traum. »Inşallah, so Gott will, möge er in Erfüllung gehen«, flüsterte ich. Ich zwang mich, zu lächeln. Ich war des Kämpfens müde, ich hatte mich genug gewehrt und doch verloren. Da wollte ich wenigstens hoch erhobenen Hauptes dem Unausweichlichen entgegentreten.

24 Stunden später half mir meine Mutter in einen grünen Rock, der bis zu den Fußknöcheln reichte. Mein Oberkörper war von einer langärmeligen Bluse bedeckt, extra weit geschnitten, um meinen Busen zu kaschieren. Dafür klebte das Kopftuch straff an meinem Haar. Wann immer muslimische Zeremonien stattfanden, hatte ich mir das Kopftuch überzuziehen. Bei Beerdigungen, in der Moschee, wenn ich mit dem Koran in Berührung kam oder einem Gelehrten gegenübertrat. Das gebot der Respekt vor der Religion, und dieser war mir, wie mein Name, bereits in die Wiege gelegt worden.

Der *hoca* wartete bereits im Salon. Er sollte meine Ehe vor Allah bestätigen. Nach islamischer Tradition war es *haram* (»Sünde«), wenn sich Paare vor der Hochzeit berührten. Aber gänzlich ohne Körperkontakt zwischen den künftigen Eheleuten hätte sich eine Verlobungsfeier wiederum schwerlich über die Bühne bringen lassen. »Also nun auch noch die höchste Instanz, die ihren Segen geben muss«, zischte ich spöttisch, als mich meine Mutter in den Salon geleitete. Nur eine Handvoll Verwandter wohnte der Zeremonie bei, von Mehmets Familie war lediglich Altay Abi anwesend. Da hörte ich mich auch schon *kabul ediyorum* sagen, im Deutschen vergleichbar mit dem Ausspruch »Ja, ich will«. Doch einmal war nicht genug. Der muslimische Gelehrte fragte wiederholt: »Willst du diesen Mann vor Allah zu deinem Mann nehmen?« Dreimal fragte er mich, dreimal bestätigte ich mit ausdruckslosem Gesicht. Auch Mehmet musste dreimal bejahen, so war es Brauch.

Ich erlebte diesen Tag wie in Trance. Ich kam mir vor wie ein gefangener Vogel. Wohin hätte ich auch fliehen können? Zu wem? Wer hätte mir geholfen? Was für eine Alternative hätte ich gehabt? Meine Schulbücher waren bereits in einer Kiste verpackt, und meine Mutter nähte schon die Insignien meiner künftigen Ehe in Bettlaken und Handtücher ein. Die Verwandtschaft half fleißig mit. Sämtliche Cousinen stickten und strickten unermüdlich in der Wohnung, um meine *ceyiz* (»Aussteuer«) für die Hochzeit anzufertigen. Was andere in Monaten und Jahren vollbrachten, sollte nun innerhalb von Tagen geschehen. Ich saß unbeteiligt daneben und versuchte meine Gedanken zu ordnen. Ich versuchte mich mit meinem Schicksal abzufinden. Ich versuchte mir einzureden, dass dieser Mann mich vielleicht doch glücklich machen würde. Im nächsten Augenblick brach ich in Tränen aus. Einen Tag nach dem Jawort vor Allah stand bereits die Verlobungsfeier an. Die Termine waren wohl nicht zufällig so eng gesteckt. So konnte meine Familie zumindest darauf bauen, dass ich keine Gelegenheit mehr finden würde, es mir doch noch anders zu überlegen.

Der 27. März begann so hektisch wie der vergangene Tag geendet hatte. Die Gäste strömten in den Salon, die bestellten Musiker stimmten ihre Instrumente. Das Verlobungsfest ähnelte einer ganz normalen, einer heiteren Familienfeier. »Lächle doch, meine Tochter. Alle sind nur für dich gekommen.« Meine Mutter ließ mich nicht eine Sekunde aus den Augen. Ich fühlte mich wie ein

Kleinkind, das man aufzumuntern versuchte, damit es nicht zu schreien anfing. Ich sprach den Gedanken nicht aus und tat, wie meine Mutter mir befahl. Meine Schwester Aslı sprang mir entgegen und lachte mich stolz an. »Ich will auch einmal eine so schöne Braut sein wie du.« Ich drückte ihr einen Kuss auf die Wange. Mit ihren zehn Jahren konnte sie noch nicht verstehen, wie ich fühlte. Und ich wollte ihr die Illusion von der Heirat nicht nehmen. Wenigstens ihr zuliebe wollte ich mich zusammennehmen und eine glückliche Braut abgeben.

Dann betrat Mehmet zusammen mit seiner Sippe die Wohnung. Die Familie war mit zwei Kleinbussen aus Gaziantep angereist. Ich starrte die Gemeinschaft entgeistert an und glaubte meinen Augen nicht zu trauen. »Hast du ihre Kleidung gesehen?«, flüsterte ich meiner Mutter aufgebracht ins Ohr. »Die Frauen tragen noch Kopftuch.« Ich konnte mich kaum beruhigen. Mehmets Verwandtschaft schien einem anderen Jahrhundert zu entstammen. Nicht nur in Sachen Mode lebten sie in einer völlig anderen Welt, auch die Geschlechtertrennung schienen sie viel dogmatischer als meine Familie handzuhaben. Allein Mehmets Schwester, die uns bereits zum Einkaufen begleitet hatte, trug ein ansehnliches Kleid. Kein Wunder, dass Mehmet den Rest seiner Familie bis jetzt vor mir verborgen gehalten hatte. »Beherrsche dich«, mahnte meine Mutter und lächelte peinlich berührt, als ich fassungslos den Kopf schüttelte. »Das sind die Nerven«, hörte ich sie zu meinen neuen Verwandten sagen. »Ist ja auch alles sehr aufregend für eine junge Braut.« Mehmets Mutter nickte verständnisvoll. Da setzte auch schon die Band ein und spielte ihre türkischen Volkslieder.

Ich glaubte fast, aus meinem Körper heraustreten und mir von außen dabei zusehen zu können, wie Mehmet nach meiner Hand griff und mich zum Sofa zog. Wir sprachen den ganzen Abend über kaum ein Wort. Ich merkte, wie unangenehm ihm dieses Aufeinandertreffen unserer Familien war. Er saß regungslos neben mir, während die Gäste zur Musik in die Finger schnippten. Auf zahllosen Tabletts wurde *Köfte, Baklava* und *Cay* gereicht. Ich hatte den ganzen Tag über noch nichts gegessen, und doch fühlte ich mich unerträglich satt. »Ich kann diesen Mann niemals lieben«, schoss es mir durch den Kopf, und meine Füße zappelten nervös, als wollten sie jeden Moment aufspringen und davonlaufen. Doch mein Verstand war wie gelähmt. Meine Mutter hingegen tat so, als sei der Aufzug von Mehmets Verwandten das Normalste der Welt. »Du wirst ja nicht mit ihnen leben müssen, du gehst mit Mehmet nach Deutschland«, flüsterte sie mir aufheiternd zu. »Denk einfach nur daran, wie gut du es bald haben wirst«, versuchte sie mich zu motivieren – oder vielmehr, sich selbst zu beruhigen. Ich hatte ohnehin keine Kraft mehr, aufzubegehren. Ich war zu müde, um für weiteren Aufruhr zu sorgen; mein Brautkleid für die Hochzeitsfeier am 4. Mai hing bereits im Schrank.

Mein erster Kuss

Mehmet ging von da an in unserer Wohnung ein und aus, als gehörte er bereits zur Familie. Wie selbstverständlich setzte er sich zu mir auf das Sofa, während ich verbissen in Richtung Fernseher starrte, in dem wie üblich irgendein türkischer Liebesfilm lief. Meine Mutter und zwei Tanten saßen auf dem Teppichboden und stickten für meine Aussteuer aufwendige Muster in Bettwäsche und Handtücher. Für alle Beteiligten schien diese absurde Situation völlig normal. Nur ich selbst fühlte mich fehl am Platz. Ich konnte mich kaum auf die Bilder im Fernseher konzentrieren. Und dennoch war mir das Geschehen bereits bekannt: Die Geschichten dieser türkischen Liebesfilme drehen sich immer und ausschließlich um die große Liebe und die dazugehörigen Tränen. Wir Türken lieben gefühlsbetonte, dramatische Beziehungsszenarien – vielleicht, weil wir uns nur allzu oft in ihnen wiederfinden. Und wehe, es fließen keine Tränen, noch bevor sich das Liebespaar in die Arme schließen darf – oder am Ende stirbt. Doch dieses Mal spielte sich das Drama nicht im Fernseher ab, dieses Mal war ich selbst ein Teil davon.

»Komm schon«, bettelte Mehmet und schlängelte seine Zunge wie eine Natter vor meinem Gesicht auf und ab. Angewidert wandte ich mich ab. Da schnellten seine Arme auch schon hastig um meinen Hals und seine Lippen klebten auf meinem Mund. Panisch befreite ich mich aus der Umklammerung. »Lass das! Hörst du …« Meine Stimme war schrill vor Empörung. Meine Mutter, die nur wenige Meter entfernt von uns saß, stellte sich taub und tat so, als sei sie blind. »Nur ein Kuss«, erwiderte Mehmet unbeeindruckt und zog mich wieder zu sich heran. »Nein«, sagte ich bestimmt. »Keine Angst, ich küsse dich nicht mehr, wenn du es nicht willst«, säuselte er selbstgefällig. Aus den Augenwinkeln sah ich den unbeteiligten Blick meiner Mutter. Auch meine Tanten, die ihr zur Hand gingen, verspürten keinen Handlungsbedarf. Im Gegenteil: »Ach, so frisch verliebt«, seufzte eine der beiden scheinheilig. Mehmet lächelte bittersüß. Ich konnte nicht mehr. »Lasst mich doch endlich in Ruhe«, schrie ich. Weinend sprang ich vom Sofa auf und lief in mein Zimmer. »Es sind die Nerven«, hörte ich meine Mutter noch sagen. »Waren wir nicht alle genauso nervös, als wir geheiratet haben?«, verfolgten mich die gut gemeinten Worte der Verwandten. Ich hasste sie allesamt.

Immerhin war es weiterhin tabu, mit Mehmet allein in einem Raum zu sein. Meine Jungfräulichkeit hatte schließlich noch nicht die offizielle Hochzeitsfeier überlebt, auf die sie sich berufen konnte. Mehmet war allerdings äußerst erfinderisch. Um mich aus dem Hoheitsgebiet meiner Familie zu locken, lud er mich in eine Disco ein, die zu jener Zeit in Adanas höheren Gesellschaftskreisen als äußerst angesagt galt und ebenso teuer war. »Deine Cousinen begleiten dich auch«, pflichtete meine Mutter bei. Ich war hin und her gerissen. Welche Frau mit 18 Jahren, die noch nicht einmal eine Bar von innen gesehen hatte, geschweige denn ein Lokal zum Tanzen, hätte da leichtfertig Nein gesagt? Selbst wenn sie die Absicht hinter dieser Einladung erahnte? Das Angebot war einfach zu verlockend. »Na, dann kann ich wenigstens noch einmal lachen, bevor der Spaß vorbei ist«, gab ich spöttisch nach.

»So übel ist Mehmet doch gar nicht«, raunte mir eine Cousine ins Ohr. »Er ist wirklich sehr großzügig«, stimmte die andere ein, als wir in einer Seitennische des Clubs Platz nahmen. Fasziniert beobachtete ich das Meer aus Menschen, die mit Cocktailgläsern in den Händen ausgelassen feierten. Mehmet diktierte dem Kellner eifrig unsere Getränkebestellung. Als er mich kurz darauf in den Arm nahm, bebte sein Brustkorb vor Stolz. Ich nickte ihm dankbar lächelnd zu. Ich wusste selbst nicht warum und ärgerte mich darüber. Die Musik drang lautstark aus den Boxen, die Discokugel an der Decke wechselte die Farbe im Sekundentakt. Frauen, die nicht viel älter waren als ich, drehten sich Händchen haltend mit ihren Freunden im Kreis. Ich sog diese Eindrücke gierig auf. Es gab da ein Leben in diesem Land, das jenseits meiner bisherigen Vorstellungen existierte. Ein Versprechen von Abenteuer und Freiheit. Übermütig stürmte ich mit meinen Cousinen die Tanzfläche. Mehmets Blicke verfolgten mich in jedem Augenblick.

Es war ein hastiger Atemzug, den ich in diesem Schein der Leichtigkeit aufsog. Ein kurzer Ausflug in eine Illusion weit weg von der Realität, in der mein Hochzeitstag unerbittlich näherrückte. Aber immerhin stand mir die Tür zu einem solchen Leben ohne Zwänge durch den zukünftigen Mann an meiner Seite einen Spalt weit offen. Mehmet war nur ein Schlüssel, aber der einzige, den ich in Händen hielt. Die Chance, dem goldenen Käfig meiner Mutter zu entfliehen und mir im Ausland meinen Traum von einem Jurastudium vielleicht doch noch zu erfüllen. Mehmet schien meine Gedanken zu erahnen. »Du in Deutschland Universität gehen kannst«, sprudelte es aus ihm heraus. »Und natürlich werden wir auch in Disco gehen dort«, quälte er sich durch das türkische Vokabular. »Ich werde gutes Leben dir bieten, ich werde glücklich machen dich.« Diese Worte begleiteten mich durch die Nacht. Dass die Schmetterlinge in meinem Bauch nicht flattern wollten, blendete ich ebenso gefällig aus wie seine bescheidenen Türkischkenntnisse.

Als ich am nächsten Morgen erwachte, spürte ich, dass das mit dem Verdrängen doch nicht so einfach war.

Meine Mutter platzte beinahe vor Neugierde, als ich mich an den Frühstückstisch setzte. »Und, wie war der Abend?« Ich schwieg. Um weiteren Fragen zu entgehen, vergrub ich meinen Kopf hinter der Tageszeitung. Es war mein Ritual: Jeden Tag studierte ich die *Hürriyet*, so wie es mein Vater getan hatte – wenn schon meine Schulbücher verschwunden waren. Vor allem suchte ich nach Artikeln, die aus dem Ausland berichteten. Diese fernen Länder, die ich mir nur in meinen Gedanken ausmalen konnte. Ich hatte meine Heimat noch nie verlassen (der nördliche Teil von Zypern gilt für uns Türken als »zweite Heimat«). »Du kannst die Welt verändern, glaube an dich«, hatte mir mein Vater als Kind mit auf den Weg gegeben. Ich hatte seine Worte nicht vergessen, auch wenn sie in weite Ferne gerückt waren.

Seit Turgut Özal im Oktober 1989 zum Staatspräsidenten gewählt worden war, herrschte Zuversicht bei den Menschen in der Türkei. Özal trieb die wirtschaftliche Öffnung des Landes voran, aber auch dessen Re-Islamisierung. Um die Kurdenproblematik zu entschärfen, verhandelte er mit der PKK über eine Waffenruhe. Zur damaligen Zeit betonte er sogar, dass seine Großmutter Kurdin sei. Und ich vertraute darauf, dass der Unterschied zwischen den Völkern auch für Mehmet nicht weiter von Bedeutung sei, als er seine Herkunft betonte. Ich würde einen Kurden heiraten, und er würde trotzdem Türke sein. Ich dachte, wir wären alle gleich.

Am 27. April wurde die Eheschließung auf dem Standesamt vollzogen. Die Prozedur glich einem alltäglichen Behördengang. Ich saß in einem kahlen Büro vor dem zuständigen Beamten und sagte Ja. Darin hatte ich ja bereits reichlich Übung. Dann setzten Mehmet und ich unsere Unterschriften unter das vorgelegte Papier. In den Augen meiner Verwandten war dieses ohnehin kaum etwas wert. Für sie sollte die Eheschließung erst besiegelt sein, wenn die Hochzeitsnacht vollzogen war. Mir selbst blieb dabei nur zu hoffen, dass Mehmet seine Versprechungen, die er in der Disco geäußert hatte, halten würde. Und so fügte ich mich ohne Widerworte und hoffte still.

Henna-Nacht oder der türkische Polterabend

Am 3. Mai 1991, dem Tag vor meiner Hochzeitsfeier, galt es die letzte Hürde zu bewältigen. Die Henna-Nacht war der letzte Schritt ins Ziel. Ebenso routiniert wie die bisherigen Zeremonien nahm ich nun die türkische Version des Polterabends hin. Üblicherweise wird dieses Fest von Männern und Frauen getrennt gefeiert. Aber wie bei meinem ersten Date nahmen es unsere Familien mit den Regeln nicht so genau.

Meine Mutter scheuchte mich aufgedreht aus der Wohnung, der obligatorische Friseurbesuch stand an, und Mehmet wartete bereits vor der Tür. Zusammen mit meiner Tante und einer Cousine setzte er mich kurz darauf vor dem Geschäft ab. Die Friseurin begann sogleich mit ihrer Arbeit. Lockenwickler um Lockenwickler schwand der Mut, mich dagegen zu wehren.

Vier Stunden später war nichts mehr von meiner wilden Mähne übrig, aus meiner Haarpracht war ein Turban entstanden und mein Gesicht von Dutzenden Schichten Puder bedeckt. Ich war bereit für den Zieleinlauf. Der Einzige, der fehlte, war mein künftiger Mann. Gelangweilt rutschte ich auf meinem Stuhl hin und her. Wo war er? Da trat er endlich in den Raum – ohne Entschuldigung, ohne ein Wort des Bedauerns. Stattdessen ließ er sich seelenruhig auf einem der Friseurstühle nieder, um sich seine krausen Haare glatt föhnen zu lassen. »Ich werde die Hochzeit absagen«, empörte ich mich und wusste doch, wie lächerlich diese Worte klangen. Die Gäste warteten bereits in der Wohnung meiner Mutter, eine Absage der Hochzeit käme einem unverzeihlichen Eklat gleich. Die Nachbarn tratschten ohnehin schon genug, weil ich mit meinem zukünftigen Ehemann noch vor der offiziellen Verlobung einen ganzen Nachmittag allein gewesen war. Dass wir an diesem Tag lediglich in einem Restaurant saßen, war nicht von Belang. Für sie hätten wir in diesen Stunden auch intimer sein können, sowohl das eine als auch das andere gehörte sich für eine unverheiratete Frau nicht.

Als Mehmet sich schließlich aus dem Friseurstuhl erhob und die Rechnung bezahlte, hätte ich ihn am liebsten erwürgt. Im Auto würdigte ich ihn keines Blickes. Auch die Stimmung meiner Tante und meiner Cousine auf dem Rücksitz hatte ihren Tiefpunkt erreicht. »Mach den Kassettenrekorder an«, befahl Mehmet ungerührt, als er aufs Gaspedal trat. Ich zögerte, die Empörung über seine Unverschämtheit steckte mir wie ein Kloß im Hals. »Mach schon«, drängte er, »wie konntest du mich nur so lange warten lassen?«

Ich schluckte die Tränen mühsam hinunter. Mehmet starrte teilnahmslos auf die Straße. Widerwillig drückte ich den Knopf des Kassettenrekorders und hörte meinen Namen aus den Lautsprechern schallen. Die Worte trafen direkt in mein Herz: »Aylin, ach Aylin, du leuchtest hell wie die Sonne. Aylin, meine Aylin. Du bist so wunderschön, deine Haut ist weiß wie Schnee, deine Mandelaugen berühren mein Herz, deine Seele ist erfüllt von Schmerz. Bitte gib mir eine Chance …« Eine helle Männerstimme sang im Rhythmus einer Trommel. Eine *saz*, eine türkische Gitarre, sorgte für Gänsehaut. »Aylin, ach Aylin …«, mein Name hallte durch das offene Autofenster hinaus in die Weite Adanas und verlor sich am Horizont. Tränen der Rührung liefen über mein Gesicht.

Mein zukünftiger Ehemann hatte ein Lied für mich aufgenommen. Meine Tante und meine Cousine auf dem Rücksitz waren sichtlich bewegt. Ich biss mir auf die rot geschminkten Lippen und nestelte nervös an meinem Kleid. Meine Augen suchten angestrengt einen Punkt, auf den ich mich konzentrieren konnte, um nicht zu weinen. Ich spürte aber, wie mein Gesicht vor Aufregung zu glühen begann. »Danke«, flüsterte ich geschmeichelt. Mehmet drückte mir einen Kuss auf die Wange, dann stiegen wir aus dem Auto und traten in unsere gemeinsame Zukunft. Ich kannte diesen Mann erst seit einem Monat, aber in diesem Augenblick war ich dankbar, seine Hand zu spüren.

Meine Familie hatte wie schon bei der Verlobung eine Musikkapelle organisiert, welche die bekanntesten Liebeslieder zum Besten gab. In der Wohnung schien alles in Bewegung zu sein, aufgeregte Freude beherrschte die Gäste. Ich erhob mich, schnippte unbeholfen mit den Fingern und tanzte mit den Frauen im Kreis. Ich war nie eine gute Tänzerin, die Schulbücher waren meine Welt gewesen. Auch Mehmet stand nun auf und bewegte sich mit mir im Takt. Ich genoss die Aufmerksamkeit und musste unwillkürlich an meinen Vater denken, als er damals an meinem sechsten Geburtstag mit mir auf dem Arm durch den Raum tanzte. Wie eine weiche Woge schwappte diese Erinnerung in mein Herz. »Meine kleine Prinzessin, möge dein Leben immer so leicht und unbeschwert wie heute sein«, hatte er mir damals ins Ohr geflüstert. Auf einmal fiel mir wieder ein, wie mein Vater plötzlich stolperte und mich beinahe aus seinen Armen verlor. Wie ich ängstlich aufschrie. »Keine Angst, Papa passt doch auf dich auf«, beruhigte er mich. »Papa, ich habe doch keine Angst gehabt, dass du mich fallen lässt«, erwiderte ich. »Ich habe doch nur Angst gehabt, dass dir etwas passiert.«

Ein Trommelwirbel riss mich aus meinen Gedanken. Aus der Prinzessin war nun eine Braut geworden. Zwei Stühle wurden in die Mitte des Raumes gestellt. Mehmet und ich nahmen darauf Platz. Ein rotes Tuch wurde über meinen Kopf gelegt – es sollte eine glückliche Ehe und Wohlstand symbolisieren. An mein Kleid waren bereits Dutzende Lira-Noten geheftet, meine Arme wogen schwer ob der vielen Ringe und Goldarmreifen. Die Musik wurde lauter, und die Gäste klatschten aufgekratzt im Takt. Über meinem Haupt wurde ein Zuckerkegel zerschlagen. »Möge deine Ehe so süß werden wie der Zucker, der über dir niederprasselt«, riefen die Umstehenden. Auch Goldmünzen, die meine Verwandtschaft in die Luft warf, fielen über mir herab. Die Gäste schnalzten mit ihren Zungen, jubelten, und ich spürte den Windzug, den die tanzenden Frauen entfachten. Sodann bestrich eine Frau meinen kleinen Finger mit Henna und wickelte ihn in ein weißes Tuch, damit der Farbstoff besser einziehen konnte. Schon bald sollte sich mein Finger orange färben. Gegen die Bemalung der Handinnenflächen, wie es eigentlich Brauch ist, hatte ich mich gewehrt. Selbst wenn diese Zeremonie Glück bringen soll, befand ich, dass mein kleiner Finger für ein erfülltes Eheleben genügen musste.

Die Frauen aus seiner Familie brachen in schrilles Geheul aus. Dies war der Moment, in dem ich daran erinnert wurde, dass ich nicht nur einen Mann, sondern auch einen Kurden heiratete. Gilt es doch seit jeher als Ausdruck kurdischer Frauen für Freude, Tränen, Rebellion und Trauer. Zu hören ist es auf Demonstrationen, auf Hochzeiten, bei Totenfeiern. Oder auf meiner Hochzeit.

Auch Mehmet musste das Henna-Ritual über sich ergehen lassen, er weigerte sich aber, seine gefalteten Hände zu öffnen. Ein Zeichen dafür, dass er von meiner Familie weitere Geschenke für sich und unsere Ehe erwartete. Und dann schlugen sie ihn. Ich hörte die dumpfen Geräusche, welche die Handflächen der umstehenden Gäste auf seinem Kopf verursachten. Mehmet hatte wohl eine Goldmünze in seine Hand gelegt bekommen, die ebenfalls den Wohlstand symbolisieren sollte. Die Gäste sparten nicht mit ihren Hieben und forderten so das Öffnen der Hände. Immer wieder zuckte Mehmet unter den Schlägen zusammen.

Kurz darauf wurde mir das Tuch vom Kopf gezogen, und man erwartete nun, dass ich zu heulen begann. Auch das verlangte der Brauch. Eine Tochter, die das Haus ihrer Eltern verlässt, sollte mit ihren Tränen zeigen, wie schwer ihr der Abschied fiel. Aber ich war viel zu aufgeregt, um auf Kommando zu funktionieren. Zu affektiert wirkte das Szenario auf mich, als dass ich Tränen der Wehmut hätte vergießen können. Ich empfand dieses Ritual als reine Qual. Warum sollte ich weinen? Warum erwarteten die Eltern, dass man – sichtbar für alle Beteiligten – unter dem Abschied litt, wo doch jeder wusste, dass sie froh waren, ihre Tochter und damit die Verantwortung in fremde Hände geben zu können?

Um des Friedens willen aber versuchte ich zu tun, was man von mir verlangte. Glücklicherweise nahm mich bald meine kleine Schwester Aslı in den Arm. Ich wusste, ich würde jetzt nicht mehr auf sie aufpassen können. Und endlich brachen die geforderten Tränen aus mir heraus. Meine Mutter atmete erleichtert auf, ich hatte auch diese Tradition hinter mich gebracht. Dieses ganze Theater fühlte sich schrecklich lächerlich an. Aber es musste sein. So war es vorgesehen.

Hochzeitsnacht

»Aylin, lauf weg, lauf!« Mein Vater verfolgte mich, er lief schreiend hinter mir her. »Aylin, warum läufst du vor mir weg?«

Ich schreckte schweißgebadet aus meinem Traum auf und schnappte nach Luft. Mit zitternden Händen strich ich mir über die Stirn. Der 5. Mai war noch von Dunkelheit umhüllt, als ich aus dem Fenster sah. Mein Hochzeitstag, an dem ich mein Elternhaus verlassen würde. »Papa, bitte wünsche mir Glück für meine Ehe«, rief ich den Himmel an. Doch er antwortete nicht.

Mit den ersten Sonnenstrahlen kehrte das Leben in die Wohnung zurück. Meine Mutter holte glücklich das Brautkleid aus dem Schrank und streifte es mir vorsichtig über. Ich betrachtete mich im Spiegel und war mir seltsam fremd. Ein Meer aus weißer Spitze umhüllte mich. Eine Friseurin machte mir die Haare zurecht und schminkte mich rasch. Da hörte ich auch schon das Hupen der Hochzeitskarawane vor der Tür. Mit gesenktem Haupt trat ich aus dem Haus, so wie es mir von meiner Mutter angewiesen worden war. Mein Bruder Mehmetcan knotete mir ein rotes Band um die Hüften, als Zeichen, dass ich mein Elternhaus jungfräulich verließ. Mehmet öffnete die Autotür, und mit gesenktem Blick stieg ich ein. Mit gesenktem Blick hatte ich von nun an eine stolze Frau zu sein.

Zwischen Adana und Gaziantep, Mehmets Geburtsort, lagen nur drei Autostunden. Aber die beiden Orte trennten Welten. Das Geheul der Frauen war schon am Ortseingang zu hören, die ganze Stadt schien auf den Beinen zu sein. Trommelwirbel begleiteten Mehmet und mich, als wir den Wagen verließen. Teller zerschellten vor meinen Füßen, ich stieg über ein blutendes

Schaf, das mir zu Ehren geschächtet worden war. Ich kniff die Augen zusammen, so sehr ekelte ich mich. Das Schaf zuckte noch, es rang um seine letzten Atemzüge. Ein unwürdiger Tod, wohingegen ich in ein neues Leben trat. Ich wurde in das Elternhaus meines Mannes geführt. Jetzt gab es kein Entkommen mehr.

Bis zu diesem Tag ging es für mich allein darum, keusch zu bleiben, und nun kam es nur noch darauf an, Sex zu haben. Ein türkisches Sprichwort besagt: »An einer Wassermelone kannst du riechen, du kannst gegen ihre Schale klopfen, um etwas über ihren Reifegrad zu erfahren. Bei einem zukünftigen Ehemann geht das nicht.« Ich ertappte mich, wie ich bei der Vorstellung daran in mich hinein zu lachen begann. Aber gleichzeitig kämpfte ich gegen meine Tränen an.

Ich stand vor meiner Schwiegermutter, die ihr Haar unter einem Kopftuch verbarg und in bunt gemusterten Pluderhosen und einer altbackenen Bluse vor mir stand. Neben ihr türmte sich Mehmets Vater auf. Ein stolzer, aufrechter Mann. Wie es die Tradition verlangte, küsste ich ihre Hände, da zerrte mich Mehmet auch schon ungeduldig weiter hinauf in die obere Etage seines Elternhauses. Ich stolperte mit meinem langen Kleid hilflos hinterher. Er öffnete die Tür und verkündete feierlich: »Hier wohnst du so lange, bis ich dich nach Deutschland hole.«

Mein neues Zuhause bestand aus drei Zimmern, die mit neuen Möbeln eingerichtet worden waren. Vom Flur aus erblickte ich eine kleine Küchennische und das angrenzende Bad. Eine Tür weiter erstreckte sich ein kleiner Salon mit Esstisch und einer Sofa-Ecke. Ein schlichtes Ehebett und ein massiver Holzschrank standen im Schlafzimmer.

»Freust du dich?« Ich nickte pflichtbewusst. »Ich muss jetzt zurück zu meiner Familie, du wartest hier, meine Schwestern und Cousinen leisten dir Gesellschaft«, erwiderte er, ohne eine Antwort abzuwarten. »Ich bin bald zurück, und dann ...« Seine Worte überschlugen sich. Ich hatte Mühe, ihm zu folgen, sein Kauderwelsch aus Türkisch und Kurdisch war für mich immer noch schwer zu verstehen. Ich trat ans Fenster und sah auf den Hof. Die Frauen auf der Straße waren verschwunden, aber der Trommelwirbel hallte noch in meinen Ohren, mein Hochzeitskleid klebte nass vom Schweiß an meiner Haut. Die Sonne zog sich bereits zurück, und ich ließ mich auf das Bett fallen. »Ach Aylin«, summte ich, »ach Aylin ...« Ich schloss die Augen und schlief ein.

Da stand Mehmet auch schon wieder im Raum. »Keine Angst«, flüsterte er und streifte sich die Hose herunter. Ich zitterte am ganzen Körper. Mein Brustkorb krampfte sich zusammen. »Bitte nicht«, presste ich hervor. Mehmet erwiderte nichts. Jetzt sollte also das geschehen, was mich endgültig zu seiner Frau machte. »Ich bin müde«, winselte ich. Mehmet umschlang mich wortlos mit seinen Armen. »Ich tu dir doch nichts«, versicherte er und gähnte laut. Unsicher drehte ich ihm den Rücken zu. Fordernd griff er nach meiner Hand. »Ich liebe dich«, flüsterte er müde, da hörte ich ihn auch schon leise schnarchen. Ich atmete erleichtert auf.

Der fehlende Blutfleck im Ehebett

Eine Tür schlug ins Schloss. Verworren blinzelte ich gegen die Dunkelheit an. »Einbrecher«, war mein erster Gedanke, und ich klammerte mich ängstlich an Mehmets Rücken. »Sei still«, herrschte er mich schlaftrunken an und quälte sich aus dem Bett. Dann hörte ich Frauenstimmen vor der Schlafzimmertür, Worte drangen an meine Ohren, die ich nicht verstand. Kurz darauf stand Mehmet wieder im Raum. »Es sind nur meine Mutter und eine Nichte gewesen«, sagte er genervt. Ich begriff sogleich. Sie warteten auf den Beweis, dass ich als Jungfrau in die Ehe gegangen war. Aber mit einem blutbefleckten Bettlaken konnte ich nicht dienen, denn es war noch nichts passiert. »Mach dir keine Sorgen«, beruhigte er mich und streifte sich die Anzughose über. »Ich bin gleich zurück, schlaf du nur.« Dann war Mehmet auch schon wieder verschwunden.

Am nächsten Morgen sollte ich erfahren, was vorgefallen war: Pflichtschuldig hatte Mehmet den Familienältesten bestätigt, dass der Geschlechtsakt vollzogen war. »Das bleibt aber unter uns«, ermahnte er mich, als wir beim Frühstück saßen. Und doch deckten seine Nichten unsere Lüge schon bald auf. Während ich Mehmet vom Fenster aus dabei beobachten konnte, wie er sich mit seinen Brüdern angeregt unterhielt, standen sie auch schon in der Wohnung. »Heute müssen wir wohl keine Bettwäsche waschen«, hörte ich die Frauen gehässig tuscheln, als sie das Schlafzimmer inspizierten. Intimsphäre war im Haus meines Ehemannes offensichtlich ein Fremdwort. »Was bildet ihr euch ein, hier herumzuspionieren«, herrschte ich Mehmets Verwandte wütend an. Ihr Gelächter verstummte, peinlich berührt machten sie auf dem Absatz kehrt.

Mehmet kam wieder nach Hause. »Ich werde in acht Tagen nach Deutschland zurückkehren«, gab er tonlos von sich. »Und was wird aus mir?«, fragte ich erschrocken. »Ich muss erst noch den Papierkram für dich klären.« Da begriff ich, dass ich erst einmal allein in seinem Elternhaus bleiben würde. In einer Familie, die mir völlig fremd war. »Mach dir keine Sorgen, alles wird gut«, versuchte er mich zu beruhigen. Ich liebte Mehmet zwar nicht, aber er war nun mal mein Schicksal und mein Mann, und ich glaubte ihm.

Meine Schwiegermutter tauchte mit einem Fotoalbum in der Hand in unserem Wohnungsbereich auf. Ich blätterte, dankbar für diese willkommene Ablenkung, das Album durch. Bilder von Mehmet als kleiner Junge waren darin eingeklebt, Bilder von Mehmet als junger Mann. Ich stutzte: Mehmet hielt ein kleines Mädchen im Arm. »Wer ist dieses Kind?« Doch meine Schwiegermutter lächelte nur vielsagend und verließ mit dem Album im Arm den Raum. Den ganzen Tag über gingen mir diese Fotos nicht mehr aus dem Kopf. Abends im Bett traute ich mich: »Wer ist dieses Kind?«, fragte ich vorsichtig nach. Mehmet drehte sich weg. Dann brach es aus ihm heraus. »Meine Tochter Yasemin«, antwortete er knapp. »Ich war schon einmal verheiratet.« Ich lachte hysterisch, ich wollte an einen schlechten Scherz glauben. Aber das war nur der Anfang der Ernüchterung. Die Worte sprudelten nur so aus ihm heraus. »Ich bin geschieden«, erzählte er. »Sie ist Deutsche. Aber es ist vorbei, ich sehe nur Yasemin regelmäßig. Du wirst sie in Deutschland kennenlernen.« Schlagartig fiel mir der Tag unserer standesamtlichen Hochzeit wieder ein, als er mir seinen Ausweis aus den Händen riss. Befürchtete er doch, dass ich mit meinen 18 Jahren einen 32-jährigen Mann für zu alt halten könnte. »So viele Lügen!«, schrie ich entsetzt. Ich zog die Knie ganz nah an mich heran und heulte hemmungslos. Mehmet presste seine Arme um mich. »Aylin, bitte verzeih mir.« Er überhäufte mich mit Küssen in mein verweintes Gesicht. »Ich hatte Angst«, flüsterte er. »Wie sollte ich es sagen, wann?« Ich sollte nicht mehr dazu kommen, mit ihm darüber zu sprechen.

In einem fort klopften Frauen aus der Umgebung an die Tür, um mich willkommen zu heißen. Mir kam jede Ablenkung gelegen, auch wenn sie aus den immer gleichen Gesprächen bestand. »Zeig uns deine Aussteuer, Aylin«, forderten sie mich auf. »Du fühlst dich doch wohl bei uns?«, fragten sie und erwarteten doch nur die immer gleiche Antwort. Gefällig zeigte ich dem Besuch meinen Brautschmuck, artig kochte ich *cay* und gelangweilt wartete ich, bis Mehmet abends vom Teehaus nach Hause kam. Wenn weiblicher Besuch anwesend ist, ziehen sich die Männer nur allzu gern in ihre Teestuben zurück, schließlich schickt es sich für einen gestandenen Mann nicht, mit den Frauen zusammenzusitzen. Frauen war es nicht gestattet, in diesen Läden zu verkehren.

Nachdem wir zu Abend gegessen hatten, schliefen wir nebeneinander ein. Wie ein altes Ehepaar saßen wir am nächsten Morgen beim Frühstück am Küchentisch. Fast hatte ich vergessen, dass die Hochzeitsnacht noch immer nicht vollzogen war. Doch Mehmets Verlangen war schon bald stärker als seine Geduld.

Mein erstes Mal

Ich trat aus der Dusche, da lehnte Mehmet plötzlich gierig grinsend in der Tür. Die Hochzeit lag bereits 13 Tage zurück. Bis zum Tag meiner Verlobung durfte ich einem Mann noch nicht einmal die Hand reichen, jetzt sollte ich Lolita spielen. »Warte, bitte«, flehte ich. Doch er hatte mir bereits das Handtuch aus den Händen gerissen. Beschämt floh ich ins Bett und versteckte mich unter der Decke. Ich versuchte mich zur Seite zu drehen, aber Mehmet hielt meine Handgelenke wie ein Schraubstock umklammert. Ich spürte, wie erregt er war. Ekel und Abscheu schnürten mir die Kehle zu, meine Stimme versagte. Ich versuchte, mich gegen sein Gewicht zu stemmen, die Beine zusammenzupressen, und wusste doch: Ich hatte keine Chance. Jetzt war es so weit. Niemand hatte mich auf diesen Moment vorbereitet. Ein stechender Schmerz brannte in mir auf. Mehmet keuchte und bewegte seinen Körper schwer atmend über mir. Ich schloss die Augen und presste die Lippen zusammen, er stöhnte laut. Dann wurde es plötzlich still. Mehmet rollte sich von mir herunter und lief in die Dusche. Es war geschehen, es war vorbei.

Nach Mehmet wusch auch ich mir die Spuren des Geschehens ab. Auch das war Tradition, trotzdem fühlte ich mich schmutzig. Ich wollte nur noch schlafen und am liebsten wäre ich niemals wieder aufgewacht. Am nächsten Morgen sah ich das Blut, das sich auf dem Bettlaken ausgebreitet hatte. Jetzt war es offiziell. Ich war eine Jungfrau gewesen, bevor ich Mehmet heiratete. Für meinen Mann, in dessen Familie die Bräuche wesentlich strenger gelebt wurden, war dies Beweis genug, und Mehmet grinste wie ein satter Kater, der einen besonders großen Fisch verschlungen hatte. Ich sollte mich dabei noch glücklich schätzen, aber ich weinte laut.

Wie viele Türkinnen landen noch heute in ihrer Hochzeitsnacht im Krankenhaus, weil sie keine Ahnung davon haben, was in dieser Nacht mit ihnen geschieht. Sie verkrampfen und geraten in Panik. Nur allzu oft sind die Blutungen und Verletzungen so heftig, dass sie davon regelrecht traumatisiert werden. Aufgeklärt wurde keine von ihnen, genauso wenig wie ich. Und dann soll man von der einen auf die andere Minute funktionieren. Lediglich das verschämte Geflüster der Älteren lässt erahnen, was in der Hochzeitsnacht passiert. Aber offen über Sex zu sprechen, gehört sich nicht – schon gar nicht, wenn man noch unverheiratet ist. Auch für mich war 18 Jahre lang allein schon der Gedanke an meine Sexualität tabu. Immerhin hatte ich es nun hinter mich gebracht.

»Jetzt bist du die Frau eines Kurden«, kommentierten meine neuen Schwägerinnen stolz, als sie meine Bettwäsche wechselten, um sie auf dem Hof in einem Kessel zu waschen – eine Waschmaschine gab es nicht. Ich sah in ihren Augen, wie schadenfroh sie waren. Lange genug hatten sie auf den verräterischen Blutfleck gewartet. Wohl auch deshalb boten sie sich seit meiner Hochzeitsnacht so eifrig bemüht an, meine Bettwäsche abholen zu dürfen. »Jetzt bist du die Frau eines Kurden«, noch lange hallte dieser Satz in meinen Ohren nach.

Von da an wollte ich mehr über die Kurden erfahren, schließlich war ich nun mit einem von ihnen verheiratet. Ich passte eine günstige Gelegenheit ab, als meine Schwägerinnen mir die gewaschene Wäsche brachten. Freundlich lud ich sie zu einer Tasse Tee ein und verfiel mit ihnen alsbald in belangloses Palaver, bis das Eis gebrochen war. Dann fiel sein Name: Abdullah Öcalan. Der Gründer der PKK wurde von ihnen wie ein Gott verehrt. Er sei der Erste gewesen, der allen kurdischen Stämmen und Gruppen zwischen dem Irak, Syrien, dem Iran und der Türkei eine einheitliche Stimme verlieh. Ich war verwirrt, denn für uns Türken galt er als Feind. Doch wer war ich, um mir ein Urteil zu erlauben. Ich war keine Politikerin, ich war keine Rebellin und auch keine Menschenrechtlerin. Ich war 18 Jahre alt, ich glaubte an mein Land und hoffte nur eines: glücklich mit meinem Mann zu werden. Mehr erwartete ich nicht.

Vorübergehende Trennung von meinem Ehemann

Ich saß auf der Terrasse und sah den Kindern beim Spielen zu. Ein Lächeln huschte mir über die Lippen, als sie ihre Seile auspackten. Wie sehr hatte ich dieses Spiel geliebt. Die Schwägerinnen grüßten mich seit jenem Gespräch überaus freundlich. Sie waren mir dankbar, dass ich ihnen zugehört hatte. So etwas waren sie offensichtlich nicht gewohnt. Doch meine Schwiegermutter hatte ihre Familie zu fest im Griff, als dass uns weitere Zeit zu einem Plausch vergönnt gewesen wäre. Ich war zum Nichtstun verdammt. Mehmet hatte angeordnet, mich von allen Haushaltspflichten zu entbinden. Einmal bekam ich einen fürchterlichen Streit zwischen ihm und seiner Mutter mit: »Aylin wird hier im Haus keinen Finger rühren, sie ist ohnehin bald in Deutschland bei mir. Wehe, du wagst es, sie hier bei der Arbeit einzuspannen.« Ich konnte nicht verstehen, was meine Schwiegermutter ihm entgegenhielt, doch ihre Stimme krächzte hysterisch. In ihren Augen war ich ohnehin eine Ehrlose, weil ich kein Kopftuch trug. Sie sprach es nie aus, aber ich spürte ihre verachtenden Blicke. Und auch mein Schwiegervater hielt sich zurück.

Wenige Tage später rief mich meine Mutter an. Sie wollte wissen, wie es mir ging. Ich log. »Alles ist gut«, beschwichtigte ich. »Wie ist deine neue Familie zu dir?« »Sie sind alle nett.« »Und Mehmet?« »Kein Problem.« Meine Mutter gab sich mit meinen spärlichen Antworten nicht zufrieden. »Hat er dir wehgetan? Ach Aylin, ich will doch nur, dass du glücklich bist.« Ich meinte fast, ein schlechtes Gewissen in ihrer Stimme zu erkennen, dass sie mich dieser fremden Familie so leichtfertig ausgeliefert hatte. Ich schnalzte empört mit der Zunge: »Nein!« »Und deine Schwiegermutter?« »Mama, ich muss jetzt auflegen, Mehmet kommt gerade«, drückte ich mich um eine Antwort. »Mein Liebes, ich komme dich bald besuchen. Ich küsse dich«, sagte meine Mutter noch, dann legte ich auf.

Mehmet trat ins Zimmer. »Mit wem hast du telefoniert?« Ich sah das Misstrauen in seinen Augen. »Mit meiner Mutter, sie lässt dich herzlich grüßen.« Mehmets Gesichtszüge entspannten sich. »Ich werde übrigens in zwei Tagen nach Deutschland aufbrechen, deine Papiere für dich vorbereiten.« »Wann werde ich nachkommen?« »Wenn alles gut geht, in einem Monat. Ich lasse meinem Vater Geld für dich hier. Er wird alles bezahlen, was du brauchst.« »Was wird aus der Wohnung hier, den Möbeln?« »Meine Familie wird dafür schon Verwendung finden, wir können es nicht mit nach Deutschland nehmen.« Ich schluckte schwer, denn die Einrichtung hatte auch meine Familie bezahlt. Ich wollte widersprechen, doch da war Mehmet schon im Bad verschwunden. Ich ahnte, was das bedeutete. Kurz darauf stand er nackt vor mit. Ich wand mich und schob ihn von mir weg. »Komm schon, du bist jetzt meine Frau.« Das war mein Schicksal, so sollte es sein.

Zwei Tage später ertönte wieder das Geheul der Frauen. Mehmet umarmte mich liebevoll und stieg ins Auto. Ich reichte ihm ein in Geschenkpapier gewickeltes Päckchen durch die Scheibe. Es war eine Schachtel mit *lokum*, eine türkische Süßigkeit aus geliertem Zuckersirup, die ich von einer Nachbarsfrau geschenkt bekommen hatte. »Was soll ich damit?« »Gib es deiner Tochter Yasemin, grüße sie von mir, wenn du sie siehst«, erwiderte ich lächelnd. Mehmet nickte mir zu. Was konnte dieses kleine Mädchen dafür, dass mir Mehmet seine Existenz verschwiegen hatte? Zu schmerzlich hatte ich selbst erfahren, was es heißt, ohne Vater aufzuwachsen.

Mit lautem Wehklagen und Tränen in den Augen winkte Mehmets Familie dem fahrenden Wagen hinterher, bis er am Horizont verschwunden war. Ich stand wie angewurzelt neben meiner angeheirateten Familie. Ihre Trauer steckte mich an. Was sollte ich nun ohne Mehmet machen, unter all den mir noch fremden Menschen? Ich war auf mich allein gestellt.

Kapitel 5

Willkommen in Deutschland

Deutsche Sprache, schwere Sprache – von Anatolien nach Baden-Württemberg oder warum der Rücksitz eines Autos mein neues Zuhause wurde

In den nächsten Tagen traute ich mich kaum aus dem Haus, ohnehin hatte ich keine einzige Lira in der Tasche, und mein Schwiegervater machte keine Anstalten, mich darauf anzusprechen. Ich schämte mich, ihn nach dem Geld zu fragen, das Mehmet für mich dagelassen hatte.

Meine Schwägerinnen kamen alle paar Stunden vorbei, um sich nach meinem Wohlbefinden zu erkundigen oder mir ein wenig Gesellschaft zu leisten, wenn meine Schwiegermutter es erlaubte. Aber für mehr als den Austausch von Höflichkeitsfloskeln reichte die Zeit nie. Schon galt es wieder, den Haushaltspflichten nachzukommen, das Mittagessen vorzubereiten oder das Abendbrot. Ich wollte helfen, aber meine Schwiegermutter scheuchte mich sofort aus der Küche. »Mehmet will das nicht«, kommentierte sie bissig. Ich wollte keinen Streit.

Eine Woche nach Mehmets Abreise war meine Mutter zu Besuch. »Du hast nicht einmal Wasser im Kühlschrank?«, fragte sie irritiert. »Was ist dieser Mehmet für ein Mann, dass er dir nicht einmal ein paar Lira für Lebensmittel dagelassen hat?«, regte sich meine Mutter auf. »Aber ich esse doch bei meiner Schwiegermutter, ich brauche nichts.« Meine Mutter schüttelte unwirsch den Kopf. »Aber sonst fehlt es dir an nichts?« »Mach dir keine Sorgen.« Ich hatte keine Lust, über mich zu sprechen und lenkte das Thema auf meine Geschwister. Ich wollte wissen, wie es ihnen ging. »Sie vermissen dich.« Ich schwieg, um nicht zu weinen. »Du weißt, sie wären auch gern mitgekommen, aber sie müssen in die Schule.«

Als sich meine Mutter zwei Stunden später verabschiedete, atmete ich auf. Meine Beherrschung wich nun den Tränen. Meine Mutter hatte sie nicht mehr gesehen. Kurze Zeit später brachte eine Schwägerin ein Bündel Lira-Scheine vorbei. Meine Mutter hatte ihrer neuen Verwandtschaft offensichtlich gehörig eingeheizt.

Mit zwei Koffern in ein neues Leben und eine bittere Ernüchterung

Am 23. Juni 1991 wurde ich 19 Jahre alt. Das Telefon läutete, Mehmet war der Erste, der mir gratulierte. »In vier Tagen fliegst du nach Deutschland.« Seine Stimme war vor Stolz ganz aufgeregt. »Packe aber nur das Nötigste ein«, mahnte er noch. Kaum hatte er aufgelegt, machte ich mich übermütig ans Werk. Ich begann meine Habseligkeiten zusammenzusuchen und war doch schnell ernüchtert, wie wenig in zwei Koffer passte. Für die Aussteuer war kein Platz. Wehmütig trennte ich mich von den aufwendig verzierten

Handtüchern, Bettlaken und dem schönen Geschirr. »Mach dir keine Sorgen darüber. In Deutschland kaufe ich dir alles neu«, hatte mein Mann mich noch angewiesen. Ich packte also nur meinen Schmuck, Erinnerungsfotos und Kleidung ein. Als ich vor meinen zwei gepackten Koffern stand, schluchzte ich laut. Dreißig Kilogramm waren alles, was mir von meinem alten Leben blieb. Ich wollte den Neuanfang in Deutschland und ich wollte ihn nicht. »Wenigstens Gefühle wiegen nichts«, versuchte ich mich zu trösten. Die Erinnerungen an meine Heimat sollte ich in meinen Gedanken mit mir tragen.

Am 27. Juni 1991 brachten mich meine Schwiegereltern zum Flughafen nach Adana. Jetzt sollte ich Barbie in die weite Welt folgen und in die Freiheit aufbrechen.

Der Flieger hob ab, und meine Heimat verschwamm zu einem kleinen, grauen Punkt. Unwirklich, als hätte sie nie zu mir gehört. Durch das Flugzeugfenster winkte ich meinem alten Leben nach. *Hüzün*, diese schwere, uns Türken ureigene Melancholie, die Sehnsucht nach der Heimat, überfiel mich. Wehmut, die im Herzen schmerzt.

Als ich endlich am Flughafen in Frankfurt am Main landete und durch die Passkontrolle und Gepäckausgabe lief, sah ich Mehmet. Er wartete mit einem großen Strauß roter Rosen am Ankunftsschalter. Erleichtert fiel ich ihm um den Hals. Da erst bemerkte ich, dass ihn sein Bruder Erdal*, den ich bereits von der Hochzeit kannte, und dessen Frau begleitet hatten. Sie drückten mich an sich, aber ich spürte keine Herzlichkeit, und in ihren Augen konnte ich keine Freude sehen. »Ich bin Simone*«, stellte sich

* Namen geändert

meine deutsche Schwägerin vor. *Hoşgeldiniz,* sagte sie auf Türkisch, und ich meinte ein mitleidiges Lächeln in ihrem Gesicht zu erkennen. Ich wollte noch etwas erwidern, aber da standen wir schon vor dem silbergrauen Mercedes. »Ach, mein Brautwagen«, stelle ich lachend fest. Das sollte mir allerdings sogleich vergehen. Mehmet hielt mir die Tür zum Rücksitz auf und schob sich neben mich. »Warum fährst nicht du?« Meine deutsche Schwägerin hustete laut. »Ich habe den Wagen Erdal geschenkt.« Mehmets Lider zuckten nervös, und Erdal gab so abrupt Gas, dass es mich in die Rückenlehne warf. Ich wollte noch nachhaken, aber Mehmet plapperte auch schon los.

»Freust du dich?« Er zappelte wie ein aufgedrehtes Kleinkind neben mir auf dem Rücksitz. »Deutschland wird dir gefallen.« Angesteckt von seiner Freude nahmen die Träume in meinen Gedanken wieder Farbe an. Ich würde hier eine glückliche Ehefrau sein und Kinder bekommen. Lächelnd ertrug ich dafür sogar, dass Mehmet kaum von mir ließ und mir immer wieder mit den Händen zwischen die Beine griff. Ich blickte aus dem Fenster und staunte über die saftig grünen Wiesen, die an mir vorbeizogen – um diese Jahreszeit im Juni waren Adanas Grünflächen von der Hitze bereits braun gefärbt. Ich konnte mich nicht sattsehen an den vielen luxuriösen Autos, die an uns vorbeirauschten. Noch nie hatte ich einen Porsche gesehen. Selbst die Taxis trugen einen Mercedes-Stern. Dieses Land schien so viel reicher und prächtiger zu sein. Aber vor allem beeindruckte mich die Sauberkeit. Keine Plastiktüten oder lästiger Hausrat säumten den Wegrand. Jeder Strauch, jeder Baum in den Vorgärten der Häuser, an denen wir vorbeifuhren, glich einem Musterbeispiel für Gartenarchitektur. Niemals wäre meine Mutter auf den Gedanken gekommen, Zierblumen in unserem Vorhof anzupflanzen. Wir hatten Besseres zu tun, als dafür Geld und Zeit aufzubringen. Nur das Wetter störte mich. Als ich in Adana aufbrach, waren es 37 Grad, hier aber fröstelte ich in meinem dünnen Sommerkleid. Vergeblich suchte ich die Sonne, die sich hinter den grauen Wolken versteckte. Aber ich wollte mir davon nicht meine Laune verderben lassen. »Auch Deutschland ist nicht perfekt«, tröstete ich mich und fuhr fröhlich gestimmt meinem neuen Leben entgegen. Meine neue Heimat sollte mich schließlich mit einem Lächeln auf den Lippen kennenlernen.

Wir ließen Karlsruhe hinter uns, und die Hügellandschaft am Horizont nahm Konturen an. »Der Schwarzwald«, erklärte Mehmet und deutete auf die Berge, als wir das Ortsschild von Baden-Baden passierten. Mehmets Bruder drehte eine Runde durch das Zentrum der Stadt. Ich war beeindruckt von den liebevoll verzierten Häuserfassaden und fasziniert von den Villen, die wie prunkvolle Märchenschlösser in der Sonne glänzten. Eine derartige Pracht kannte ich sonst nur aus Bilderbüchern. Besonders angetan aber war ich von den aufwendig begrünten Alleen und dem riesigen Park, der sich durch das Zentrum zog.

Umso größer war meine Enttäuschung, als wir den Stadtkern wieder verließen. Wenige Minuten später kam der Wagen vor einem mehrstöckigen Wohnhaus zum Stehen. Ein unscheinbares Gebäude, das ebenso blass aussah wie unser Wohnblock in Adana. Aber so schnell wollte ich mich nicht entmutigen lassen. Mit klopfendem Herzen stieg ich aus, und Mehmet zog mich die Treppenstufen hinauf. Erdal sperrte die Tür auf. Ich wunderte mich noch, warum es nicht Mehmet war, der die Schlüssel zu unserer Wohnung in Händen hielt. »Hier werden wir fürs Erste wohnen«, sagte Mehmet und deutete auf eine Ausziehcouch im Wohnzimmer. Und Erdals Frau Simone stand auch schon mit der Bettwäsche neben uns. Ich sah Mehmet fragend an. »Unsere Wohnung ...«, stammelte ich enttäuscht. »Dein Mann ist pleite. Er hat mehr Schulden als Haare auf dem Kopf«, raunte mir Erdal abfällig zu. Mehmets Augen funkelten zornig. »Jetzt kannst du ihr ruhig die Wahrheit sagen. Auch der Mercedes hat dir nie gehört, ich habe ihn dir nur geliehen.« »Halt den Mund«, fauchte Mehmet. Wie zwei kläffende Hunde standen sich die Brüder gegenüber. Simone sprang dazwischen. »Hört endlich auf oder ich schmeiße euch beide raus.«

Ich schämte mich in Grund und Boden und wollte nicht glauben, was ich gehört hatte. Ich musste etwas falsch verstanden haben. »Mehmet?« Mit belegter Stimme heischte ich um eine Antwort. »Sag mir, dass das nicht stimmt.« Mehmet aber drehte sich ungerührt von mir ab.

Schweigend aßen wir zu Abend. Keinem war nach einer Unterhaltung zumute. Simone versuchte die drückende Stille mit aufmunternden Worten zu beenden. »Als Nachspeise gibt es Wassermelone«, sagte sie in gebrochenem Türkisch. *Karpus* – ich erinnerte mich an das Sprichwort: »An einer Wassermelone kannst du riechen, du kannst gegen ihre Schale klopfen, um etwas über ihren Reifegrad zu erfahren. Bei einem zukünftigen Ehemann geht das nicht.« Ich bemühte mich zu lächeln. Ich wollte nicht unhöflich sein, Simone gab sich so viel Mühe und sie meinte es sichtlich gut mit mir. Und doch war sie überfordert mit dieser Situation.

Nach dem Abendessen zog Mehmet die Couch im Wohnzimmer aus. Mir schwirrte der Kopf von den Ereignissen und Enttäuschungen der vergangenen Stunden. Ich fiel in einen traumlosen Schlaf.

Umzug in mein neues Zuhause – ein Auto

»Such dir endlich eine Arbeit. Du hast nicht einmal genug Geld, um deine Frau zu ernähren«, herrschte Erdal meinen Mann an, während ich mir verschämt die Bettdecke über die Schultern zog. Die Sonne war bereits aufgegangen, und mein Mann und sein Bruder lagen schon wieder im Streit. Simone zog mich aus dem Bett, hastig warf ich mir meinen Morgenmantel über die Schultern und folgte ihr in die Küche. »Es tut mir so leid, dein erster Tag in Deutschland …«, entschuldigte sie sich. »Was ist los?«, fragte ich aufgebracht. »Mehmet. Keine Arbeit, viele Schulden«, stotterte sie. »Aber er hat mir doch all den Schmuck gekauft, die Hochzeit bezahlt. Warum hat er kein Geld? Was soll jetzt aus uns werden?« Simone zuckte mit den Schultern, sie konnte mir nicht recht folgen, ihr Türkisch war nicht besonders gut. Stattdessen reichte sie mir eine Tasse Kaffee und legte mir getoastetes Brot mit Marmelade auf meinen Teller. »Iss«, forderte sie mich auf. Ich bekam keinen Bissen hinunter. Ich spürte Simones mitleidigen Blick und wandte mein Gesicht verunsichert von ihr ab. Was hatte das alles zu bedeuten?

Eine halbe Stunde später machte sich Mehmets Bruder auf den Weg zur Arbeit, Simone hatte einige Besorgungen zu erledigen. Mehmet fläzte sich mürrisch auf der Couch und starrte in den Fernseher. »Wie geht es jetzt weiter?«, fragte ich vorsichtig. Mehmet kehrte mir den Rücken zu und drehte den Ton des Fernsehers lauter. Er kam mir wie mein kleiner trotziger Bruder Mehmetcan vor: ein pubertierender Teenager, der sich von seiner großen Schwester nichts sagen ließ. Im Gegensatz zu mir hatte Mehmetcan in der Schule allerdings Deutsch gelernt. Wie oft hatte ich ihn dafür ausgelacht, als ich ihm beim Lernen half. Ich empfand die Sprache als kalt und klanglos. Wie sehr bereute ich nun, dass ich mir nicht eines der Worte, die ich ihn abfragte, gemerkt hatte. Ich hätte sie so dringlich gebraucht. Nun saß ich in diesem fremden Land und verstand noch nicht einmal die Menschen. Ich musste mir eingestehen, dass ich ohne Mehmet an meiner Seite verloren war. Ich hätte es nicht einmal bis zur nächsten Bushaltestelle geschafft – ohne Deutschkenntnisse und ohne Geld.

Mit gedämpfter Stimme wagte ich einen weiteren Vorstoß: »Mehmet, bitte rede mit mir …« Widerwillig wanderte sein Blick auf die Uhr an der Wand. »Zieh dich an«, gähnte er teilnahmslos. »Wir müssen jetzt zur Ausländerbehörde und dich anmelden.« Alles schien ihm gleichgültig zu sein. Hastig streifte ich mir ein Kleid über. Zehn Minuten später standen wir vor einem unscheinbaren Flachdachbau. »Hier meldest du dich an«, befahl er streng. »Du kommst nicht mit mir?« »Nein, du bist jetzt in Deutschland, ich kann nicht deinen Babysitter spielen«, mokierte sich Mehmet. »Aber ich kann doch kein Deutsch!«

Da schob er mich auch schon durch die Eingangstür. Beschämt hielt ich einem Beamten meinen Ausweis und einige Formulare entgegen. »I am Aylin Korkmaz«, kramte ich meinen spärlichen Englischwortschatz hervor. Ich bekam Unterlagen ausgehändigt und schaffte es mit der Hilfe der netten Angestellten, meine Personalien in die Formulare einzutragen. Mein erster Schritt in Deutschland war erfolgreich bewältigt. Ich atmete erleichtert auf, als ich wieder hinaus auf die Straße trat. Mehmet ergriff ungeduldig meine Hand. »Du lernst jetzt meine Tochter kennen, ich darf sie jede zweite Woche einmal sehen«, erklärte er trocken.

Kurz darauf standen wir vor einem Haus, und Mehmet drückte den Klingelknopf. Ein kleines Mädchen stand plötzlich vor mir. »Ich heiße Yasemin«, stellte sie sich schüchtern vor. Die Fotos, die mir Mehmet einst widerwillig zeigte, wurden nun lebendig. »Aylin«, stotterte ich unbeholfen. Yasemin war sechs Jahre alt. Sie hatte einen dunklen Teint wie ihr Vater und langes dunkles Haar. Ein hübsches Mädchen. Wir verbrachten den Nachmittag gemeinsam im Stadtpark. Von da an beharrte ich darauf, dass Mehmet Kontakt zu seiner Tochter halten sollte.

Als Mehmet seine Tochter wieder zu Hause ablieferte, sollte ich seine Exfrau allerdings nicht zu sehen bekommen. »Warum kommt sie nicht vor die Tür und sagt uns zumindest Guten Tag?« Neugierig auf sie war ich zugegebenermaßen schon. Mehmet aber überspielte meine Frage mit vorgetäuschter Eile und zog mich hastig fort. Die Antwort sollte ich erst viele Jahre später erfahren.

Den Rest des Tages saßen wir in Erdals Wohnung. Ich strich wie eine ängstliche Katze umher, weinend verzog ich mich ins Bad und sah aus dem Fenster. Die Straße war menschenleer. Warm klatschte der Sommerregen gegen die Scheiben. Ob es in Adana jetzt auch regnete? Ob meine Mutter gerade an mich dachte? »Was machst du hier?« Erschrocken drehte ich mich zur Tür und wischte mir eilig die Tränen aus dem Gesicht. Mehmet sah mich böse an. Er wartete die Antwort nicht ab, sondern zog mir ruppig das Kleid über den Kopf. Ich war wie gelähmt. Danach weinte ich stumm. »Sobald ich eine neue Arbeit habe, ziehen wir in unsere eigene Wohnung«, stöhnte er versöhnlich. »Ich verspreche es dir, alles wird gut.«

Die Sanftmut in seiner Stimme währte nicht lange. Als Erdal und Simone nach Hause kamen, hörte ich Mehmet schon wieder schreien: »Was bist du für ein Bruder!« Ich kauerte gebückt in der Küche, Simone streichelte mir beruhigend über den Rücken. »Ich wusste, dass das nicht gut geht.« Sie hatte nicht gemerkt, dass sie ihren Gedanken laut ausgesprochen hatte. Ich biss mir auf die Zunge und tat so, als hätte ich nichts gehört. Eine Antwort, wie es mit Mehmet und mir weitergehen sollte, hatte sie ohnehin auch nicht.

Drei Tage später eskalierte der Streit. »Es tut mir so leid für dich, Aylin. Ich habe dich wirklich gern, du kannst nichts dafür«, versuchte mir Simone, ihren Entschluss begreiflich zu machen. »Mehmet kann nicht länger in unserer Wohnung bleiben.« Da stürzte Mehmet auch schon in die Küche, packte mich und stürmte mit mir und meinen Koffern in der Hand aus dem Haus. »Mehmet«, brüllte ich, die Passanten auf der Straße sahen sich pikiert nach uns um. Ich zitterte am ganzen Körper. Da klatschte ein Autoschlüssel direkt vor meine Füße. Ich blickte irritiert nach oben und sah, wie Simone mir vom Küchenfenster aus traurig lächelnd zuwinkte und es sodann eilig wieder schloss. Mehmet nahm den Schlüssel auf und zog mich zum Auto seines Bruders, der einmal mein Brautwagen war.

Mein Ehemann steuerte einen Parkplatz am Stadtrand von Baden-Baden an. »Hier sollen wir übernachten?« Ich kreischte hysterisch, aber Mehmet presste mir seine Hand auf meinem Mund. »Bitte beruhige dich, es ist nur diese eine Nacht«, winselte er. »Und das soll ich dir glauben? Wo doch schon alles andere gelogen war?« Ich schob seine Hand mit aller Kraft von mir fort. Mehmet vergrub seinen Kopf in meinem Schoß und weinte hemmungslos. Ich wusste nicht, was ich tun sollte und strich ihm durch sein strubbeliges Haar. »Nur diese eine Nacht«, beruhigte ich mich. Tatsächlich sollte der Mercedes für die nächsten vier Wochen mein neues Zuhause sein.

Deutsche Toiletten und türkische Landsleute

Am nächsten Morgen spürte ich jeden Knochen in meinem Körper. Ich lag auf dem Rücksitz und hielt meine Hand auf meinen knurrenden Magen. Übermüdet, mit schmerzenden Gliedern raffte ich mich auf. Ich hatte seit über 15 Stunden nichts mehr gegessen. »Ich besorge uns gleich Frühstück«, hörte ich Mehmet auf dem Beifahrersitz gähnen, während er seine Glieder von sich streckte. Dann schob er den Schlüssel ins Zündschloss und gab Gas. Wir hielten an einem Straßenkiosk. Mehmet kaufte zwei Becher Kaffee, Saft und Käsebrote. Gierig verschlangen wir alles. Wie köstlich doch zwei Käsebrote und ein Becher Instantkaffee schmecken können, wenn man Hunger hat. Danach lief Mehmet zu einem Münztelefon, und ich beobachtete, wie er wild gestikulierend in den Hörer sprach. »Ich kann morgen in einer Papierfabrik in Gernsbach anfangen, ein Freund hat mir geholfen«, erzählte er zufrieden.

Es war kurz nach 9 Uhr, und abermals hielten wir auf einem Parkplatz an. »Mehmet, ich kann nicht mehr«, jammerte ich verzweifelt. Meine Arme und Beine schmerzten, meine Haare juckten. Ich wollte keine Sekunde länger mehr im Auto ausharren.

»Beruhige dich«, entgegnete Mehmet ungewohnt milde und eilte zum Kofferraum. »Was tust du da?«, fragte ich irritiert, als ich ihn in meinen Koffern wühlen sah. Da hielt er lächelnd meinen Badeanzug in die Luft. »Komm schon, wir gehen jetzt schwimmen.« Mehmet fasste mich am Arm und zog mich einen Feldweg entlang. Ein wunderschöner See tat sich vor meinen Augen auf, und die Wolken spiegelten sich im Wasser. Mehmet zog sich bis auf die Unterhose aus und sprang ins kühle Nass. Prustend tauchte er wieder auf. Ich lachte laut und sprang im Badeanzug hinterher. Für einen Moment schienen alle Sorgen unter dem Plätschern des Sees zu versinken. Wir waren allein und lieferten uns eine ausgelassene Wasserschlacht. Ich versuchte ihm noch davonzuschwimmen, da hatte er mich auch schon untergetaucht. Hilfe suchend klammerte ich mich an seiner Schulter fest. Und dann küsste er mich. Dieses Mal wehrte ich mich nicht.

Hand in Hand kehrten wir zum Auto zurück, und nachdem wir uns wieder angezogen hatten, steuerte Mehmet Gernsbach an. Und wieder sollte ein Parkplatz Endstation sein. Mehmet deutete auf einen Gebäudekomplex. »Hier fange ich morgen zu arbeiten an, und dann können wir uns auch eine Wohnung leisten. Halte bitte durch.« Er kraulte meinen Hals. Arm in Arm schliefen wir ein.

Das Morgenlicht schien mir ins Gesicht, und die Vögel zwitscherten, so fröhlich wie in Adana. Doch Mehmets gute Laune vom Vortag war verflogen. »Du wartest hier«, sagte er streng. »In vier Stunden bin ich zurück.« Ich versuchte weiter zu schlafen, doch es wollte mir nicht gelingen. Fröstelnd zog ich mir die Decke über den Kopf. »Schlaf endlich Aylin, schlaf. Wenn du aufwachst, dann ist Mehmet wieder da«, versuchte ich mich zu beruhigen.

Doch mit jedem neuen Auto, das auf den Parkplatz fuhr, schreckte ich auf. Was, wenn mich jemand entdeckte? Wenn mich jemand ansprach? Was sollte ich tun? »Mehmet, wie konntest du mir das nur antun«, weinte ich bitterlich, aber ich traute mich nicht zu schreien.

Dafür drückte die Blase immer stärker, ich wurde panisch. Weit und breit war keine Toilette in Sicht. »Aylin, reiß dich zusammen«, murrte ich in mich hinein. Ich presste meinen Unterleib zusammen, doch der Druck betäubte mein Gehirn. Ich konnte nicht mehr. Mit letzter Kraft stieß ich die Autotür auf und hüpfte gebückt auf den Asphalt. Mit zitternden Händen streifte ich mir die Hose von den Beinen und kniete nieder. Der Urin bahnte sich seinen Weg die Parklücke entlang. Erleichtert und gleichzeitig beschämt hastete ich auf den Rücksitz zurück.

Nach einer gefühlten Ewigkeit kam Mehmet zurück, aber er war doch schon wieder mit einem Fuß in Richtung Fabrikgelände gewandt. »Ich habe nicht viel Zeit«, keuchte er und reichte mir eine Flasche Wasser und einen Apfel ins Auto. »Und lass dich nicht erwischen, sprich mit Niemandem«, befahl er mir. Und dann war ich wieder allein. Ich blickte in den Autospiegel und erschrak. Tiefe Ringe zogen sich um meine Augen, meine Haarsträhnen glänzten fettig, Schweißperlen standen mir auf der Stirn. Ich suchte nach Taschentüchern, fand aber keine. Tränen vermischten sich mit dem Schweiß in meinem Gesicht. Ein Mädchen, das als Prinzessin aufgewachsen war, besaß nur noch das, was es am Körper trug und was in den Kofferraum eines geliehenen Autos passte. Eine junge Frau, die Jura studieren wollte, war zur Obdachlosen geworden.

Wann immer Menschen über den Parkplatz liefen, duckte ich meinen Kopf. Ich versteckte mein Gesicht zwischen meinen

Knien, bis mir meine Füße einschliefen. Ich schob mich auf die Rücksitzbank und versuchte mich zu beruhigen. »Atme tief durch, Aylin.« Ich zwang mich, an meine Kindheit zu denken, als ich mich sicher und geborgen fühlte. Mein Atem wurde wieder etwas ruhiger. Doch bei jedem Geräusch zuckte ich erneut zusammen. Was, wenn mich tatsächlich jemand entdeckte und mich durch die Autoscheiben ansprach? Ich wusste noch nicht einmal, was »Alles in Ordnung« auf Deutsch hieß. Eine unbändige Wut kochte in mir hoch. Warum setzte mich mein Mann einer derartigen Gefahr aus? Warum hatte er so viel Geld für die Hochzeit ausgegeben, wenn er sich nun nicht einmal eine Wohnung leisten konnte? Eine Antwort darauf sollte ich niemals erhalten. Und in jenen Tagen hatte ich zudem ganz andere Sorgen.

Mein Magen knurrte, mein Schweiß verbreitete sich übel riechend im Inneren des Autos. Selbst der Wind, der durch die geöffneten Fensterscheiben hereinwehte, konnte daran nichts ändern. Am schlimmsten aber lastete die Langeweile auf mir. Ich zählte die Wolken, die vorüberzogen, die Autos, die um mich herum auf dem Parkplatz standen. Ich kaute an den Nägeln und drehte wie eine Besessene an meinen Locken, bis die abgerissenen Haare an meinen Fingern klebten. Als Mehmet zurückkehrte, fiel ich ihm stürmisch um den Hals. Er war der einzige Halt, den ich hatte. Und ich wollte ihn kaum loslassen, so groß war meine Angst. Gleichzeitig boxte ich ihm mit meinen Fäusten in den Bauch. »Mehmet, wie kannst du mir das nur antun«, winselte ich, meine Wut vermischte sich mit Tränen der Erleichterung. »Bitte, du musst Geduld haben. Sobald ich meinen Lohn habe, ziehen wir in eine Wohnung«, flehte er. »Mehmet, ich halte das nicht mehr aus«, schluchzte ich. Meine Knie waren taub vom langen

Sitzen, meine Augen flimmerten. Mehmet umklammerte mich so fest, dass ich kaum noch Luft bekam. »Wir schaffen das.« Erschöpft sank ich in seinen Armen zusammen. Und wieder verstrich eine Nacht. Und wieder zog ein Tag im Auto an mir vorüber. Wie gelähmt kauerte ich auf dem Rücksitz.

Mehmet versuchte redlich, mich aus meiner Lethargie zu befreien. »Heute fahren wir in ein Freibad, damit du dich ordentlich duschen kannst«, verkündete er, als er seinen vierten Arbeitstag hinter sich gebracht hatte. »Offensichtlich scheine ich inzwischen fürchterlich zu stinken«, platzte es aus mir heraus. Mehmet sah mich peinlich berührt an. Dann lachten wir beide laut. Wenigstens meinen Humor hatte ich nicht verloren. Mit Shampoo und Seife ausgerüstet, besuchten wir das erste deutsche Freibad in meinem Leben. Als ich mich jedoch in der Umkleidekabine umgezogen hatte und im Badeanzug ans Schwimmbecken trat, spürte ich sie – die Blicke der Männer, die neben Mehmet standen. Wie schmieriger Schleim glitten ihre Augen über meinen Körper. Entsetzt starrte ich Mehmet an. »Das sind türkische Landsleute, ignoriere sie einfach«, sagte er nur.

Wenig später sprachen sie Mehmet auch schon an. »Wie kannst du deiner Frau nur erlauben, sich halbnackt in der Öffentlichkeit zu zeigen?«, foppten sie ihn und grinsten mich abfällig an. Mehmet ballte seine Faust, aber er beherrschte sich und zog mich weg. »Hör einfach nicht hin«, versuchte er mich zu beruhigen. »Sie hat aber schöne Beine, bist du sicher, dass sie dir gehören?«, warfen sie ihre vergifteten Worte hinterher. »Meiner Frau würde ich niemals erlauben, sich in einem öffentlichen Bad so nackt zu zeigen.« Ich kämpfte mit den Tränen; Mehmet ließ meine Hand los und stürmte zu den Männern zurück. Drohend schwang er seine

Faust. Aus den Augenwinkeln sah ich nur noch, wie sich die Gruppe lachend davonmachte. »Die leben hinter dem Mond. Seit zwanzig Jahren in Deutschland, aber nichts gelernt«, schimpfte Mehmet. Ich war bestürzt. In der Türkei lag selbst meine Großmutter im Badeanzug in der Sonne, aber hier schien es verpönt zu sein. Meine eigenen Landsleute sollten mir fremder als die Deutschen sein.

Erhobenen Hauptes begleitete mich Mehmet von da an Woche für Woche ins Freibad – jedes Mal trug ich meinen engen Badeanzug. Es war seine Form von Trotz. »Und das will eine Türkin sein«, hörten die Männer nicht auf, sich zu mokieren. Doch Mehmet gab nichts auf ihre Gehässigkeiten. Er war stolz auf mich.

Dafür verbrachte ich die Tage weiterhin klaglos im Auto. Ich lebte nicht, ich vegetierte dahin.

Sozialhilfe aus der Türkei

In der dritten Woche flehte ich Mehmet an: »Bitte, lass mich mit meiner Mutter telefonieren.« Auch wenn mein Verhältnis zu meiner Mutter gespalten war, vermisste ich sie sehr. So seltsam es klingt: Gerade die räumliche Distanz zu ihr ließ sie wieder in mein Herz einkehren. Blanker Hass sprang mir aus dem Mund meines Mannes entgegen. »Damit du dich beschweren kannst, wie schlecht es dir bei mir geht.« Mehmet tobte. »Ich will doch nur ihre Stimme hören, sie macht sich bestimmt Sorgen. Ich will ihr doch nur sagen, dass es mir gut geht«, verteidigte ich mich entsetzt. Mehmet schüttelte verständnislos den Kopf, drückte dann aber doch aufs Gaspedal. An der nächsten Telefonzelle gab er mir ein paar Münzen in die Hand und knurrte neben mir wie ein Wachhund mit gespitzten Ohren. Mit zitternden Fingern wählte ich die Telefonnummer.

»Mama?« »Mein Kind, es ist so schön, deine Stimme zu hören!«, jauchzte sie. »Ich habe schon versucht, dich anzurufen, aber dein Schwager Erdal meinte, er wüsste nicht, wo ihr jetzt wohnt.« Meine Stimme schwankte, doch ich versuchte so gefasst wie möglich zu klingen. »Wir haben noch keinen Telefonanschluss in unserer neuen Wohnung«, log ich. »Wie geht es dir?«, hakte Mama misstrauisch nach. »Alles bestens.«

Was hätte es mir genutzt, die Wahrheit zu erzählen? Helfen konnte sie mir doch nicht. Wie schwer es ist, der eigenen Mutter etwas vorzumachen, erlebte ich nun einmal mehr. »Du lügst«, erwiderte sie barsch. »Bitte, sag mir, wie es um dich steht.« Die Stimme meiner Mutter klang tief besorgt. Ich konnte nicht mehr. »Mama, verstehst du mich noch …?«, ich klopfte gegen den Hörer. »Ich höre dich nicht mehr …« Ich legte auf. Es war ein billiger Trick, aber meine Mutter sollte mich nicht weinen hören. Zu groß war die Scham, zu groß die Angst, einen neuen Streit mit Mehmet anzufachen.

Eine Woche später stand Simone vor dem Auto. Sie hatte über einen Arbeitskollegen von Mehmet herausgefunden, wo und wie wir seit unserem überstürzten Auszug hausten. Ich öffnete beschämt die Wagentür. Mehmet war wie jeden Tag in der Papierfabrik. Simone reichte mir einen Briefumschlag, 500 DM lagen darin. »Das Geld ist von deiner Mutter. Sie ruft ständig bei uns an«, erklärte sie. Für gewöhnlich schickten Türken in Deutschland ihren Angehörigen zu Hause Geld, bei mir war es umgekehrt. Ich heulte hemmungslos. Simone nahm mich zärtlich in den Arm. »Aber du hast meiner Mutter nichts verraten?«, fragte ich. »Nein,

Erdal erzählte ihr nur, dass es euch finanziell gerade nicht so gut geht. Du weißt schon, wegen der neuen Wohnung.« Simone zwinkerte mir verschwörerisch zu.

»Ach Aylin, warum bist du ausgerechnet an diesen Mann geraten?«

Ich brach schluchzend zusammen. Simone wog mich wie ein Kind in ihren Armen. »Jetzt lass uns erst einmal etwas Ordentliches essen, du siehst ja richtig abgemagert aus.« Sie packte mich entschlossen an der Hand und führte mich in den Ortskern von Gernsbach.

Als wir in einem Restaurant einkehrten, blickte ich enttäuscht um mich. Bis auf die rustikale Einrichtung unterschied es sich nicht großartig von dem, was ich aus Adana kannte. Simone schien meine Gedanken lesen zu können. »Tja, auch in Deutschland ist nicht alles aus Gold«, kommentierte sie in gebrochenem Türkisch und bereute diesen Satz sogleich. Ich stierte beschämt zu Boden, und Simone entschuldigte sich. Wie recht sie doch hatte. Nach meinem ersten deutschen Rinderbraten mit Spätzle begleitete sie mich zum Parkplatz zurück. »Bitte sag Mehmet nichts von unserem Treffen, und bitte behalte das Geld erst einmal für dich, es ist dein Notgroschen, falls du es dir mit Deutschland doch anders überlegst«, sagte Simone eindrücklich. Dann verabschiedete sie sich. Ich nickte stumm und vergrub das Geld in einem der Koffer, bevor ich zurück ins Auto stieg und weiter wartete. Wartete und wartete. Darauf, dass Mehmet zurückkehrte. Darauf, dass der nächste Morgen anbrach. Darauf, dass der Tag vorüberzog. Darauf, dass mein Hunger gesättigt wurde und meine Blase Erleichterung fand.

Vier Wochen später kehrte Mehmet euphorisch von der Arbeit zurück. »Ich habe endlich meinen ersten Lohn bekommen«, rief er mir entgegen. Ich atmete erleichtert auf. »Gleich morgen ziehen wir um«, fuhr er fort. Zum ersten Mal spürte ich so etwas wie Hoffnung in seiner Nähe. Im August 1991 zogen wir tatsächlich um.

Warum im Türkischen Kummer und Schicksal verwandt sind – und die *Lindenstraße* mich tröstete

Die ersehnte Wohnung entpuppte sich als kleines Pensionszimmer im Baden-Badener Stadtteil Lichtental. Zumindest hatten wir nun wieder ein richtiges Dach über dem Kopf, unter dem man aufrecht stehen konnte. Nur eines befremdete mich: In dem Zimmer gab es keine Toilette; man musste sich eine auf dem Flur mit den anderen Gästen teilen. Erneut war ich gezwungen, mein Geschäft in aller Öffentlichkeit zu verrichten. Als türkische Frau, die noch nicht einmal über ihre Periode offen sprach, war der Toilettengang mit überaus großer Scham besetzt. Das Thema war ebenso tabu wie Sex, beides existierte nicht in der Öffentlichkeit.

»Jammer nicht«, hielt ich mich an und packte pflichtbewusst unsere Habseligkeiten in den schlichten Holzschrank, während Mehmet das Auto seinem Bruder zurückbrachte. »Es kann jetzt nur noch aufwärtsgehen«, tröstete ich mich, als ich mich in dem kahlen Raum umsah. Mehmet trat ins Zimmer. »Hast du dich bei Erdal für das Auto wenigstens bedankt?«, fragte ich vorsichtig nach. »Bist du nun endlich zufrieden?«, warf er mir entgegen.

Ich war viel zu erschöpft und froh, endlich wieder mit ausgestreckten Beinen in den Schlaf zu gleiten, als dass ich eine Antwort darauf geben wollte. Stumm nickend wandte ich mich ab und wischte mir verstohlen die Tränen aus dem Gesicht. »Sobald ich eine richtige Wohnung gefunden habe, ziehen wir um. Du musst Geduld haben.« »Geduld«, wiederholte ich schlaftrunken – ich war bereits eine Meisterin darin, mich zu gedulden. Was anderes blieb mir nicht übrig. Mehmet legte sich neben mich, und ich spürte, dass Geduld noch nicht alles war, was er an diesem Abend von mir verlangte. Als gute Ehefrau hatte ich rund um die Uhr zu funktionieren.

Am nächsten Morgen besorgte er Frühstück. Er kam mit einer Packung Toastbrot, einem Glas Marmelade und einer Flasche Wasser zurück. »Ich lasse dir zehn D-Mark hier. Wenn du etwas brauchst, am Ende der Straße findest du einen Markt«, instruierte er mich. Ich sah ihn ratlos an: »Wie soll ich allein auf die Straße gehen? Wie soll ich mich verständigen?« »Ich muss jetzt zur Arbeit«, unterbrach er mich. »Du schaffst das schon.« Mehmets Worte klangen nicht nach Aufmunterung, vielmehr kamen sie einem Befehl gleich.

Da saß ich nun, genauso hilflos wie im Auto, während ich auf Mehmets Rückkehr wartete. Der einzige Unterschied: Ich hatte jetzt mehr Bewegungsfreiheit und einen Fernseher. Ich drückte die Fernbedienung und wechselte lustlos die Programme. Und ich blieb schließlich an einer Sendung hängen, die mir von diesem Tag an ans Herz wachsen sollte: *Lindenstraße*. Ich verstand nichts, aber anhand der Bilder und der Mimik der Schauspieler erahnte ich die Geschichten, die Dramen, die sich vor meinen Augen abspielten. Und immer wieder drang dieses eine Wort an meine Ohren: »Entschuldigung.« Nach »Danke«, »Hallo« und »Tschüss« einer der ersten Ausdrücke, die ich mir merken konnte. Und ich sollte ihn noch oft gebrauchen.

Einmal passierte es, dass ein Mann hinter mir stand, als ich die Türklinke zur Toilette bereits in Händen hielt. Der Schreck fuhr mir in die Knochen. »Entschuldigung«, wisperte ich instinktiv und ließ ihm den Vortritt. Es klang zwar mehr nach einem »Schuldgung«, aber der Herr nickte mir freundlich zu: »Danke.« Verschüchtert eilte ich in mein Zimmer zurück. Es war unvorstellbar für mich, auf dem Klo zu sitzen, während ein Fremder vor der Tür wartete. Kostete es mich schon Überwindung genug, die öffentliche Toilette aufzusuchen, wenn es gar nicht mehr anders ging. Trotzdem musste ich über dieses Erlebnis laut lachen. Ich hatte mich zum ersten Mal auf deutsch verständigt, wenngleich die Konversation aus nur zwei Worten bestand. Als ich Mehmet am Abend von meiner Unterhaltung erzählte, lachte auch er. »Und du sagst, du kannst kein Deutsch«, belustigte er sich.

Ermutigt von Mehmets guter Laune, präsentierte ich ihm daraufhin meine Idee: »Mehmet, ich will einen Deutschkurs besuchen. Wie sonst soll ich in diesem Land studieren? Du hast doch gesagt, ich könnte hier …« Mehmet fiel mir ins Wort, die Stimmung kippte: »Aylin, erst einmal müssen wir eine Wohnung finden. Ich habe noch nicht genug Geld zusammen für Möbel, für die Kaution …« Da platzte es aus mir heraus: »Ich habe 500 DM von meiner Mutter.« Unter seinen buschigen Brauen blitzten seine Augen finster. »Warum hast du es mir nicht gesagt?«, polterte er. »Wolltest du damit abhauen, gib es schon zu.« Ich schüttelte den Kopf. »Mehmet, bitte sei mir nicht böse. Ich gebe dir das Geld, wenn du möchtest.« »Ich brauche keine Hilfe von deiner Familie. Glauben die, ich kann dich nicht allein versorgen?«, herrschte er mich wütend an. Peinlich berührt blickte ich zu Boden. Mehmet sprach den ganzen Abend über kein Wort mehr mit mir.

Das Thema Deutschkurs war damit erst einmal vom Tisch, und ich spürte, wie Mehmet diese Schmach nachhing. Er ging immer früher aus dem Haus und kam immer später heim. »Überstunden, gut bezahlt«, erklärte er. Ich selbst hingegen war zum Nichtstun verdammt und immer länger allein. Die Langeweile zog sich über den ganzen Tag. Wie schon auf dem Parkplatz blieb mir nichts als zu warten. Anders als im Auto aber hatte mich die Traurigkeit inzwischen bezwungen. Der Kummer wurde zum Dauergast in meinen Gedanken. Ich lebte und war doch innerlich wie tot. *Kader* – ich verfluchte den bösen Bruder des Schicksals. »Kummer« heißt auf Türkisch übrigens *keder*. Nur ein einziger Buchstabe trennt ihn vom Verhängnis. Ich weinte, wenn die Sonne mittags über Baden-Baden schien, ich heulte mich durch den Nachmittag und ich mimte die zufriedene Ehefrau, wenn Mehmet nach Hause kam.

Der September 1991 brach an. Seit drei Wochen wohnten wir nun in der Pension. Ich öffnete das Fenster und ließ den frischen Morgenwind durch meine Lungen strömen. Jetzt springen und alles ist vorbei, Aylin. Meine Hände waren eiskalt, mein Herz pochte laut. Ich lehnte mich über die Fensterbank. Meine Tränen tropften in die Tiefe. Durch einen trüben Schleier hindurch sah ich die fahrenden Autos unter mir, aber meine Gedanken waren seltsam klar. »Dann hast du endlich Ruhe«, flüsterte ich. Ein Schrei durchfuhr meinen Körper. »Aylin, was machst du da!« Mehmet stand im Raum und sah mich erschrocken an. »Ich wollte nur frische Luft schnappen«, rechtfertigte ich mich und schloss rasch das Fenster. Meine Stimme bebte. »Warum bist du nicht bei der Arbeit?« »Ich bin heute früher gegangen. Rate mal, warum?«

Mehmet hielt mir ein Stück Papier entgegen und strahlte über das ganze Gesicht. »Das ist ein Mietvertrag. Ein Freund hat mir die Wohnung vermittelt.« Weinend fiel ich ihm um den Hals. »Jetzt geht es endlich aufwärts«, gluckste er vor Freude und streichelte mir zärtlich über den Rücken. Aylin, mach so etwas nie wieder, das ist eine Sünde, schimpfte ich innerlich mit mir, während ich unsere Habseligkeiten zusammenpackte.

Deutschkurs bei Tony Marshalls Enkelkindern

Noch am selben Abend zogen wir in eine Zweizimmerwohnung in der Großen Dollenstraße in Baden-Baden, mitten im Grünen gelegen. Der Vormieter hatte uns netterweise sein Bett, ein paar Regale sowie Tisch und Stühle überlassen. Das Frühstück aber sah weiterhin genauso spärlich aus wie bisher. Für einen Herd reichte das Geld noch nicht, und Mehmet weigerte sich beharrlich, die 500 DM meiner Mutter anzunehmen. »Mein Stolz«, wurde er nicht müde zu betonen.

Obwohl ich jene Szene am Fenster verdrängte und Mehmet kein Wort mehr darüber verlor, spürte ich, dass Mehmet sich Sorgen um mich machte. Als er am nächsten Tag von der Arbeit kam, hielt er einen Strauß Blumen in der Hand. »Komm, zieh dir etwas Schönes an, wir gehen aus. Ich habe mich vor lauter Arbeit viel zu wenig um dich gekümmert.« Auch wenn das Geld knapp war, überhäufte mich Mehmet mit seiner Großzügigkeit. Einmal brachte er mir ein Parfum mit, das andere Mal lud er mich zum Essen ein, wir spazierten durch den Stadtpark oder saßen im Café. Sogar eine Disco besuchten wir.

Und wieder begleiteten uns die Unkenrufe von Landsleuten. »Deine Frau hat wirklich äußerst bewegliche Hüften«, stichelten sie, als sie mich tanzen sahen. »Unseren Frauen würden wir so etwas niemals gestatten.« Ihre Gesichter verzogen sich zu grinsenden Fratzen. Mehmets Lippen bebten vor Zorn. »Lass sie, sie sind einen Streit nicht wert«, flehte ich und zog ihn fort – und auch ich kochte innerlich vor Wut. Die Türken in Deutschland, die einstmals ihr Land verließen, um ein besseres Leben zu finden, die Türken, die nicht wahrhaben wollen, dass auch ihre Heimat, die sie verlassen hatten, mittlerweile in der Moderne angekommen war – diese Türken sind mir bis heute fremd.

Obwohl ich mit Mehmet unter Leute kam, hatte ich keinen Kontakt zu Deutschen. Ich sehnte mich danach, die Menschen in meiner neuen Heimat kennenzulernen, doch meine Deutschkenntnisse reichten über ein »Hallo« oder ein »Wie geht es« nicht hinaus. Auch Mehmets Kenntnisse der deutschen Sprache waren bescheiden, ich merkte es daran, dass er sich nur schwerlich mit den Kellnern verständigen konnte. Deutsche Freunde hatte er keine. »Du hast gesagt, du lebst seit 1978 in Deutschland. Warum ist dein Deutsch so schlecht, Mehmet?«, fragte ich ihn einmal. Mein Mann zuckte nur mit den Schultern.

Eine Woche nach unserem Einzug aber sollte ich Julius und Mia kennenlernen. Die beiden Kinder liefen mir im Treppenhaus über den Weg und sprachen mich in kindlicher Neugier an: »Wie heißt du?« Ich lächelte verschämt und stotterte: »Aylin«. »Hast du Lust zu spielen?« Ich verstand sie nicht und schüttelte hilflos den Kopf, da griffen sie auch schon nach meiner Hand und zogen mich mit in eine Wohnung im Erdgeschoss. Eine Frau trat aus der Küche, ich schätzte sie auf Anfang dreißig, sie strahlte über das ganze Gesicht. »Ich bin Annette, schön dich endlich zu treffen. Bis jetzt habe ich nur deinen Mann gesehen.« Ich spürte die Herzlichkeit in ihrer Stimme. Sie füllte auch schon Kaffeepulver in die Maschine.

Die beiden Kinder und ihre Mutter waren entzückend, ich schloss sie sofort in mein Herz. Sie waren Deutsche mit einer türkischen Seele. »Wann immer du etwas brauchst, klopfe einfach an, schäme dich nicht.« Mir blieb nur freundlich zu lächeln. Annette begriff, dass ich nichts verstand und versuchte pantomimisch darzustellen, was sie meinte. »Du bist jederzeit willkommen«, sagte sie. Ich lachte erleichtert auf. »Willkommen«, endlich ein Wort, das ich kannte.

»Du musst unbedingt Deutsch lernen«, ermahnten mich Mia und Julius und schoben mich in ihr Kinderzimmer. Sie zeigten mir ihre Spielsachen und wurden nicht müde, mir die Begriffe auf deutsch zu nennen. »Puppe«, buchstabierte Mia und deutete auf ihre Barbie. Ich blickte fasziniert auf die langbeinige Blondine, die ich nur allzu gut in Erinnerung hatte. Ich drückte sie wie eine liebe altbekannte Freundin an mich. Mia kicherte. Von da an stand der vierjährige Wirbelwind fast täglich vor meiner Tür, und ich schnappte begierig jedes deutsche Wort auf, das sie mir vorsagte. Buchstäblich spielerisch lernte ich so dazu.

Einmal lief im Fernseher eine deutsche Volksmusiksendung. Ein Herr mit braunen Locken und rundem, freundlichen Gesicht sang ein heiteres Lied, das Publikum schunkelte und klatschte begeistert zum Takt. »Opa«, sagte Mia stolz. Was wusste ich damals schon von deutscher Volksmusik. Und davon, dass Mia und Julius die Enkel des badischen Volksmusik-Stars Tony Marshall waren. Aber das war auch nicht wichtig. Seine Familie war liebevoll und hilfsbereit, und dafür bin ich ihr bis heute zutiefst dankbar. Trotz Mias eifrigem Bemühen, mir beim Erlernen der deutschen Sprache behilflich zu sein, stieß ich bald an meine Grenzen.

Deutsche Sprache, schwere Sprache

Der November 1991 brach an, und durch die Wolkendecke drang kaum noch ein Sonnenstrahl. Ich fror bitterlich, aus Adana kannte ich weder Minustemperaturen noch Schnee. »Mehmet, ich muss endlich richtig Deutsch lernen«, passte ich meinen Mann in einem günstigen Moment mit einem erneuten Vorstoß ab. Seit drei Tagen hatten wir einen Herd, und ich versuchte mich das erste Mal an gefüllten Weinblättern, meine Mutter hatte mir das Rezept am Telefon durchgegeben. In Adana hatte ich nie gekocht, dafür hatten wir Haushälterinnen. Mehmet saß zufrieden und satt am Tisch.

»Weißt du Mehmet, es kann doch nicht sein, dass du ständig für mich einkaufen gehst. Du hast selbst gesagt, dass du nicht mein Babysitter sein kannst.« Ich hatte ins Schwarze getroffen. »Nun gut«, gab Mehmet gefällig nach. »Du hast ja recht, aber ...« Ich runzelte die Stirn; was sollte jetzt kommen? »Irgendetwas an den Weinblättern war komisch.« »Hat es dir nicht geschmeckt?«, fragte ich enttäuscht. »Für dein erstes selbst gekochtes Essen war es wirklich lecker. Aber die Füllung ...« »Ja, ich habe mich auch schon gewundert. Nach dem Rezept meiner Mutter hätte die Anzahl der Weinblätter und die Menge der Füllung genau aufgehen müssen.« Ich schielte auf die Küchenablage, wo sich noch ein paar Weinblätter stapelten. Mehmet grinste, griff ins Regal und wedelte mit einer Packung Reis. Wie auf Kommando prusteten wir beide los. Mehmet schossen Tränen vor Lachen in die Augen. So glücklich und ausgelassen hatte ich ihn nie erlebt, seit wir uns kannten. »Ohne Reis schmeckt es sogar noch besser«, kicherte er und wischte sich die Tränen aus dem Gesicht. »Dafür weiß ich jetzt, was es morgen zu Essen gibt …«, Mehmet lachte abermals los, »… Reis.« Und dann zog er mich zärtlich zu sich.

Von jenem Tag an besuchte ich zweimal die Woche einen Deutschkurs. Dass die Grammatik allerdings so schwer sein würde, hatte ich nicht für möglich gehalten. Im Türkischen gibt es keine Artikel, im Deutschen dafür sogar drei. Doch ich ließ mich nicht entmutigen, ich war viel zu glücklich, die Sprachbarriere zu meinen neuen Nachbarn wieder ein Stück weit abbauen zu können. Erhaben von dem Gefühl, wagte ich die nächste Hürde: Ich besuchte einen Supermarkt. »Eine Tüte bitte«, war ein weiterer deutscher Satz, den ich nicht mehr vergessen sollte. Ich war irritiert und fasziniert zugleich. In der Türkei war und ist es eine Selbstverständlichkeit, die Einkäufe eingepackt zu bekommen. Aber ich verstand: Selbst eine Tüte kostet in Deutschland Geld, und seine Einkäufe packt man selbst ein. Die deutschen Dienstleistungen – ich habe mich bis heute nicht an sie gewöhnt. In Deutschland muss man dankbar dafür sein, nach Minuten des Wartens in der Schlange sein Geld an der Kasse loszuwerden. Egal, ob im Supermarkt, im Schuhladen oder in der Drogerie. In der Türkei wird einem die Zeit des Wartens mit Tee und Kaffee versüßt, in Deutschland steht man sich die Füße wund. Aber in beiden Ländern, in der Türkei und in Deutschland, ist alles einfacher, wenn man Geld besitzt.

Und genau dieses wurde vermehrt zum Streitthema zwischen Mehmet und mir. Mehmet zahlte immer noch die Schulden für unsere Hochzeit, die er bei diversen Bekannten gemacht hatte, ab. Unter anderem auch bei seinem Bruder Erdal, wie er mir alsbald gestand. »Mehmet, wir brauchen jetzt kein Auto, zahle erst einmal deinem Bruder sein Geld zurück.« Doch Mehmet ließ sich nicht beirren. »Ich will vor deiner Familie nicht als armer Schlucker dastehen, der dir kein schönes Leben bieten kann.« Nur allzu gern brachte er meine Familie ins Spiel. »Sie bekommt das Auto ohnehin nicht zu sehen«, versuchte ich ihn zu beschwichtigen. Hätte ich damals gewusst, dass er meinen Hochzeitsschmuck nur auf Leihbasis gekauft hatte, ich hätte niemals so viel verlangt. Andererseits hätte ich ihn dann auch nicht geheiratet. Es war ein Teufelskreis, und ich verdrängte diesen Gedanken schnell.

Am Ende kaufte sich Mehmet das Auto doch. Es war der gebrauchte Mercedes eines Arbeitskollegen. Monat für Monat stotterte Mehmet von da an den Betrag bei seinem Kollegen ab. Ich schüttelte den Kopf, weil es unbedingt ein Mercedes sein musste. Doch ohne Stern auf der Motorhaube war ein Auto in Mehmets Augen nichts wert.

Dafür wurde an der deutschen Sprache gespart. Anfang März 1992 hatte ich das Grundprogramm der Sprachschule absolviert. Meine Deutschkenntnisse reichten jetzt zumindest für bescheidene Alltagskonversation. Für einen Intensivkurs an einer weiterführenden Schule hätte Mehmet tiefer in die Tasche greifen müssen, aber er wollte nicht. »Das reicht, du sprichst ja jetzt schon besser als ich«, beschied er. »Aber du hast gesagt, dass ich in Deutschland studieren kann, und das geht nur, wenn mein Deutsch für mehr als nur zum Einkaufen reicht«, erinnerte ich ihn an sein Versprechen. Mehmet machte mir ein Angebot: »Du erkundigst dich nach den Voraussetzungen für ein Studium, und dann reden wir weiter.«

Ich nahm Mehmet beim Wort. Über eine Angestellte in der Sprachschule hatte ich die Telefonnummer der Universität Karlsruhe erhalten. Aber mit dem Anruf dort fingen die Probleme auch schon an. »Sie müssen einen Sprachtest machen«, konnte ich ihren Worten noch folgen. Auch »Wir bieten Rechtswissenschaften nicht an, aber Heidelberg zum Beispiel, Mannheim oder Stuttgart«, verstand ich noch. Dann aber wurde es kompliziert. Ich hörte sie »Hochschulzugangsberechtigung« sagen und »Zulassungsbeschränkung« sowie »Zentrale Vergabestelle für Studienplätze« und »Numerus clausus«. Ich hatte diese Worte noch nie gehört. Verlegen bedankte ich mich und legte auf. So schnell wollte ich mich jedoch nicht geschlagen geben. Ich suchte meine ehemalige Lehrerin in der Sprachschule auf und bat sie um Hilfe. Was folgte, war überaus ernüchternd; sie erklärte mir auf Türkisch: »Erst muss geprüft werden, ob dein türkisches Abiturzeugnis den Voraussetzungen für ein Studium in Deutschland entspricht. Da es zurzeit aber mehr Anfragen als Studienplätze für Jura gibt, ist es recht unwahrscheinlich, dass du hier in Baden-Württemberg studieren kannst. Vermutlich wirst du dafür in ein anderes Bundesland ziehen müssen. Und selbst wenn du in Stuttgart oder Heidelberg angenommen werden würdest, wie willst du jeden Tag von Baden-Baden dorthin kommen?« Ich dachte an Mehmet. Niemals würde er mir erlauben, allein in eine andere Stadt zu ziehen. Eine verheiratete Frau getrennt von ihrem Mann, das gehörte sich einfach nicht. Resigniert machte ich mich auf den Heimweg. Der März zeigte sein freundliches Gesicht, aber mir war zum Heulen zumute. »Sei tapfer, Aylin«, mahnte ich mich. »Es ist eben dein Schicksal, keine Juristin, sondern Ehefrau zu sein.«

Was sollte nun aus mir werden? Was hatte ich jetzt noch von meinem Leben zu erwarten? Ich setzte mich auf eine Bank im Stadtpark und versuchte einen klaren Gedanken zu fassen. Mit eigenen Kindern hätte ich wenigstens eine Aufgabe, hätte mein Leben einen Sinn. Aber so? Ich liebte Mehmet nicht, aber er war mir zumindest ein Freund geworden. Er war launisch, aber ich hätte es auch schlechter treffen können. »Also Ehefrau«, lachte ich bitter. Und ich fasste einen Entschluss: »Dann also das ganze Programm.«

Als ich nach Hause kam, saß Mehmet bereits ungeduldig am Tisch. »Wo warst du?«, blaffte er mich an. »Ich habe nachgedacht«, erwiderte ich tonlos. »Das mit dem Studium ist nicht so leicht.« Ich sah, wie Mehmet merklich aufatmete. »Es tut mir leid, Aylin. Ich wollte wirklich ...« »Ach, sei doch still«, warf ich ihm enttäuscht entgegen. Ich hatte schon zu viele Lügen aus seinem Mund gehört. Ohne weitere Worte zog ich mir die Hose von den Beinen und knöpfte die Bluse auf. »Was hast du vor?«, fragte Mehmet verwirrt. »Wenn schon kein Studium, dann wenigstens ein Kind.« Er erschrak. »Du bist noch so jung, Aylin. Und ich habe bereits eine Tochter und kann kaum den Unterhalt aufbringen«, wehrte Mehmet ab. »Aber sie ist dein Kind, und jetzt will ich auch eines.« »Bitte Aylin, wir haben genug andere Probleme, in der Firma läuft es schlecht, ich kann dort nicht länger arbeiten.« Ich traute meinen Ohren nicht. »Warum hast du mir nichts davon erzählt?«, fragte ich empört. Die Antwort kannte ich bereits. »Ich habe mich geschämt. Ich hatte Angst ...«, hüstelte Mehmet nervös. »Aber ein Kollege hat mir einen Tipp gegeben, ich könnte vielleicht in einer Tankstelle als Kassierer anfangen. Ich werde schon wieder Arbeit finden.« Ich atmete erleichtert auf.

Versöhnlich schlang ich meine Arme um ihn. Und dann überwältigte ihn das Verlangen.

Die Pille hatte ich heimlich abgesetzt. Ja, auch wir Türkinnen wissen, wie man verhütet, auch wenn wir nicht offen darüber sprechen. In der Türkei bekommt man die Pille in der Apotheke bis heute ganz ohne Rezept. Noch in Gaziantep hatte ich mir mit Mehmets Segen einen größeren Vorrat besorgt. Wusste er doch nur zu gut: Kinder kosten Geld. Doch nun wünschte ich mir nichts sehnlicher als ein Kind. Das erste Mal in meinem Leben sollte ein Wunsch von mir schneller in Erfüllung gehen als gedacht.

Kapitel 6

Fanatismus in der Fremde

Mutterglück, Schläge in mein Gesicht und der Pleitegeier als Dauergast – oder warum Atatürks Tochter für die Kurden demonstrierte

Meine Tage blieben aus. Der April 1992 war angebrochen, und ich kämpfte mit Morgenübelkeit. »Etwas stimmt nicht mit mir, Mehmet«, jammerte ich, nach Aufmerksamkeit heischend, als ich mich aus dem Bad schleppte. Mehmet wandte zynisch grinsend seinen Blick von mir ab. »Dann musst du zu einem Frauenarzt«, nuschelte er kaum verständlich. Das Thema war ihm sichtlich unangenehm. Aber er überwand seinen Stolz und rief seinen Bruder Erdal an. Von dessen Frau Simone bekam er schließlich einen Arzt empfohlen, zu dem sie selbst auch immer ging. Gleich am nächsten Tag fuhr mich Mehmet zu der Praxis. Der Arzt verstand mich auch ohne große Worte und nahm mir geduldig meine Scheu. Nach der Untersuchung lächelte er mich aufmunternd an und schüttelte meine Hand. Nun war es also sicher: Ich sollte ein Kind bekommen.

Zu Hause griff ich sofort zum Telefon: »Mama, ich bin schwanger.« Meine Mutter am anderen Ende der Leitung schwieg. Auch Mehmet reagierte verhalten. »Ich habe noch keinen neuen Job, das mit der Tankstelle ist noch nicht sicher. Wie soll ich euch ohne Arbeit ernähren?«, mokierte er sich. »Wir können nicht immer nur Pech haben«, wischte ich seine Bedenken fort. Niemand schien wirklich glücklich über meine Schwangerschaft zu sein. Aber ich ließ mir die Vorfreude im Herzen nicht rauben. Zum ersten Mal fühlte ich mich in diesem mir fremden Land nicht mehr allein – ein neues Lebewesen wuchs in mir heran. Mein Leben erschien mit wertvoller denn je.

Allein Mehmets Tochter, die regelmäßig zu Besuch kam, wurde nicht müde, fröhlich über meinen Bauch zu streicheln. »Wenn es ein Mädchen wird, musst du es Melanie nennen«, beharrte Yasemin. Ich lachte laut. »Warum denn Melanie?« »Weil so meine beste Freundin heißt.«

Türkischer Militärdienst kennt keine Schwangerschaftspause

Monat um Monat wuchs mein Bauch. Schon bald konnte auch Mehmet ihn nicht mehr ignorieren. »Jetzt hast du ja bekommen, was du dir in den Kopf gesetzt hast.« »Es ist auch dein Kind«, empörte ich mich. »Freust du dich nicht wenigstens ein bisschen?«, säuselte ich. Was war ich mit meinen 19 Jahren noch naiv. »Was bleibt mir denn auch anderes übrig«, erwiderte Mehmet giftig und bereute doch zugleich. Versöhnlich streichelte er über meine kleine Bauchwölbung.

Langsam begann er sich daran zu gewöhnen, dass wir bald zu dritt sein würden. Er war sogar erstaunlich gut gelaunt. Ich wusste wohl, dass es vor allem auch an seinem neuen Arbeitsplatz lag. Er hatte den Job tatsächlich bekommen, und die Arbeit in der Tankstelle an der Autobahnraststätte Baden-Baden schien ihm Spaß zu machen. Ich sah es an seinem zufriedenen Lächeln im Gesicht, wenn er von der Arbeit nach Hause kam. Ich bemerkte es an seinem ausgeglichenen Gemüt, wenn er mit mir zu Abend aß. Anstelle von Streit herrschte ausgelassene Leichtigkeit am Tisch.

Doch mit der Zufriedenheit stieg auch sein Verlangen nach mir. Und mit zunehmend größer werdendem Bauch war mir seine Nähe bald nur noch eine Last, ich ekelte mich vor seinem Atem, und seine Haut fühlte sich wie Sandpapier an. »Nein Mehmet, bitte.« Jeden Abend das gleiche Szenario. »Jetzt ist es doch auch egal«, stöhnte er, wenn er sein Recht einforderte. Allein das Glück Mutter zu werden, enthob mich in eine Welt, in der ich unantastbar war. Ich hatte etwas in mir zu schützen, und ganz gleich, wie sehr das Leben da draußen von mir Besitz nahm, an mein Herz kam niemand heran. Ich hatte jetzt einen Menschen, um den es zu kämpfen galt. Ihm allein gehörten meine Gedanken. Mein Kind.

Eines Abends bot ich Mehmet die Stirn. »Nur über meine Leiche«, schrie ich und riss mich von ihm los. Und dann schlug er zu. »Wage es nie wieder, mir zu drohen«, fuhr er mich an. Ich hielt mir die schmerzende Wange und begriff doch nicht, was soeben geschehen war. Hasserfüllt sah ich ihn an: »Nie wieder schlägst du mich, hörst du«, zitterte meine Stimme. Torkelnd schleppte ich mich ins Bad und schloss mich ein. Da klopfte Mehmet auch schon an die Tür. »Mein Liebling, verzeih mir bitte. Ich weiß nicht, was in mich gefahren ist.« »Hau ab«, schluchzte ich. »Es wird nie wieder passieren«, winselte er. Mehmet war wie ausgewechselt, er weinte wie ein kleines Kind. »Meine Hände sollen im Feuer brennen, wenn ich dich noch einmal anfassen sollte.«

Noch heute denke ich an seine Worte. Wie oft hätten seine Hände brennen müssen, wieder und wieder brach er sein Versprechen. Damals glaubte ich allerdings noch an einen Ausrutscher. Ich sollte ihm verzeihen.

Ende April 1992 waren es nicht Mehmets Hände, die mir Schmerzen zufügten, dieses Mal kam der Schlag in die Magengrube per Post. »Ich muss meine Militärpflicht in der Türkei erfüllen«, stammelte Mehmet, über den amtlichen Brief gebeugt. Mir stockte der Atem. »Mehmet, du kannst mich hier nicht allein lassen.« 18 Monate Wehrdienst waren zu diesem Zeitpunkt für jeden türkischen Staatsbürger vorgeschrieben. Egal, wo er lebte, solange er nur einen türkischen Pass besaß. Anders als in Deutschland herrschte in meinem Land ein versteckter Krieg, der im Osten der Türkei loderte. Die PKK kämpfte um Autonomie für die Kurden, die Türkei gegen die sogenannten Landesverräter. »Ich kann doch als Kurde nicht gegen meine eigenen Landsleute kämpfen«, weinte Mehmet.

Doch der Wehrdienst bereitete noch eine ganz andere Schwierigkeit: Wenn Mehmet als türkischer Staatsbürger länger als sechs Monate Deutschland verließ, konnte er nicht mehr ohne Weiteres einreisen. »Es gibt nur eine Lösung«, sagte Mehmet, um Fassung ringend. »10 000 DM und mein Dienst wird auf einen Monat Grundausbildung verkürzt.« Ist Geld schon in Deutschland mächtig, wenn es darum geht, Probleme aus dem Weg zu schaffen, so ist es das in meiner Heimat noch um ein Vielfaches mehr.

Das Problem: Mehmet war bereits so sehr verschuldet, dass sogar sein Lohn gepfändet wurde. Die Lage schien aussichtslos. »Wie sollen wir das Geld auftreiben?« Ich hatte keine Hoffnung mehr. Mehmet griff entschlossen zum Hörer.

Und wieder war es seine Familie, die ihm aus der Patsche half. Ausgerechnet Erdal, sein Bruder, sollte ihm wieder einmal in der Not beistehen. »Blut ist dicker als Wasser«, atmete Mehmet erleichtert auf, als wenige Tage später Erdal in unserer Wohnung saß und seine Hilfe zusagte. Woher er all das Geld hatte, wollte ich gar nicht wissen. Der Geldfluss in Mehmets Sippe folgte schon immer eigenen Regeln, wenn einer in der Verwandtschaft nicht mehr weiterwusste. Notfalls, so vermutete ich, wurde der Goldschmuck, den die Frauen der Familie unter ihren Kleidern trugen, zu Barem gemacht.

Als Schwangere und vor allem als türkische Frau konnte ich dennoch nicht allein zurückbleiben. »Dann soll dein Bruder Mehmetcan zu uns kommen«, beschloss Mehmet. Mein Herz hüpfte vor Freude, und ich konnte nicht recht glauben, was ich da hörte. »Ich weiß doch, wie viel er dir bedeutet. Damit du siehst, wie sehr ich dich liebe«, säuselte Mehmet. Ich erkannte sofort sein schlechtes Gewissen für die Ohrfeige. Und die Absicht hinter der Gefälligkeit. Mehmetcan war zwar erst 14 Jahre alt, aber er war ein Mann. Eine Frau ohne ein männliches Familienmitglied allein in der Fremde – nach Mehmets Verständnis von Ehre undenkbar.

Einen Monat später holten wir meinen Bruder vom Flughafen ab. Damals war noch kein Visum für Ausländer unter 16 Jahren nötig, um sie nach Deutschland zu holen. Deutschland war ein beliebtes Einreiseland. Und wenige Tage nach Mehmetcans Ankunft brach Mehmet zu seinem verkürzten Wehrdienst in die

Türkei auf. Der Monat ging schnell vorüber. Ich genoss die Zeit mit meinem kleinen Bruder. So unbeschwert durfte ich mich fühlen – als große Schwester, nicht als Ehefrau.

Mein Bauch wuchs zu einer prächtigen Kugel heran. Und es schien fast, als würde mit meinem Körperumfang auch Mehmets Freude auf den Nachwuchs zunehmen. Obwohl er alles dafür tat, dass ich mich wohlfühlte, überkam mich allerdings immer öfter das Heimweh nach Adana. Besonders an meine Mutter musste ich denken. Mehmet sorgte sich. »Was ist los?«, fragte er verunsichert. »Bist du denn immer noch nicht zufrieden?« »Nein, das ist es nicht«, lenkte ich beschwichtigend ein. »Es ist einfach nur schade, dass meine Mutter bei der Geburt nicht dabei sein kann.« Und dann überraschte er mich. »Warum kommt sie dann nicht einfach nach Deutschland.« »Du machst Scherze.« Mehmet lachte gönnerhaft. »Ich hätte jedenfalls nichts dagegen, wenn sie uns besucht.«

Tatsächlich erwirkte Mehmet kurz darauf ein Besucher-Visum (er konnte einen festen Arbeitsplatz vorweisen). Ich war ihm dankbar, und er fühlte sich wie ein Held, der seine Frau glücklich machte. Wenn wir auf der Straße Bekannten von ihm begegneten, versäumte er es nicht, mir stolz über den Bauch zu streicheln. »Mein Kind«, grinste er dann. Und ich schmiegte mich verschämt an ihn.

Was Liebe wirklich ist, wusste ich nicht; ich hatte – zumindest was Mehmet anbelangte – niemals Schmetterlinge im Bauch. Aber damals glaubte ich, dass Liebe auch nicht wichtig ist. Hauptsache, mein Mann empfand sie für mich. Das war mehr, als ich erwarten konnte. Und ich bemühte mich, Mehmet zu gefallen.

Ende November kam meine Mutter nach Baden-Baden und in dem Augenblick, in dem sie die Wohnung betrat, wurde ich wieder ihr kleines Mädchen und die Küche zu ihrem Herrschaftsgebiet. Manche Dinge ändern sich eben nie. Sogleich inspizierte sie jeden Winkel der Wohnung. Mehmet ergriff die Flucht. »Ich muss noch zu einem Freund, er braucht meine Hilfe«, kommentierte er knapp, und schon hörte ich die Tür ins Schloss fallen. Er ahnte vermutlich, was jetzt kommen würde.

»Mein Kind«, setzte sie gewichtig an, als sie ihren Kontrollgang beendet hatte. »Ich habe ja schon etwas Derartiges geahnt.« Meine Mutter schüttelte den Kopf. »Nicht einmal eine anständige Wohnzimmereinrichtung hast du. Habt ihr so große Geldsorgen?« »Tja, Mama, auch in Deutschland liegt das Geld nicht auf der Straße«, hörte ich mich sagen. Ich lachte bitter und musste gleichzeitig an Erdals Frau denken, die mir mit diesem Spruch einst die Augen öffnete. »Wer hat mir denn diesen Mann aus Deutschland so schmackhaft gemacht? Wer wollte unbedingt, dass ich heirate? Und jetzt bist du immer noch nicht zufrieden!« Meine Stimme überschlug sich. »Ach mein Kind, wenn ich das gewusst hätte. Du bist noch so jung und jetzt wirst du selbst Mutter. Vielleicht wirst du mich später einmal verstehen.« Sie blickte betreten zu Boden. Sie war alt geworden. »Bitte, meine Tochter, verzeih mir.« Tränen liefen über ihre Wangen.

Meine Mutter vermied es fortan, mit mir über meine Lebensumstände zu diskutieren, und ich war viel zu beschäftigt mit den Geburtsvorbereitungen, um noch einen Gedanken an unser Gespräch zu verschwenden. Zuversichtlich ordnete ich ihre Mitbringsel in den Schrank. Kleidungsstücke für Neugeborene, die ich selbst einmal getragen hatte, Geschenke von meinen Verwandten. Meine Mutter kümmerte sich liebevoll um mich, sie kochte meine türkischen Lieblingsgerichte und half mir dabei, das Nötigste für den Nachwuchs zu besorgen. »Es ist mein Geschenk«, lächelte sie stolz, als sie 400 DM auf den Tresen eines Geschäfts legte und ein Bettchen für das Neugeborene erstand.

Die goldene Regel von vierzig Tagen

Der Dezemberschnee wehte durch die Straßen. Es war bitterkalt, und ich war im neunten Monat schwanger. Mein Bauch hing wie eine zentnerschwere Last an mir. Mein Frauenarzt hatte den Geburtstermin für den 31. Dezember 1992 errechnet. Ungeduld machte sich breit. Und dann wollte auch meine Tochter im Bauch nicht länger warten. In der Nacht zum 25. Dezember setzten die Wehen ein. Mehmet und meine Mutter brachten mich ins Krankenhaus. Morgens um 6 Uhr begrüßte meine Tochter mit einem lauten Schrei die Welt. »Wie willst du sie nennen?«, fragte Mehmet, als er den kleinen Wurm liebevoll in seinen Armen wog. »Melanie. Ich habe es deiner Tochter Yasemin versprochen.«

In den folgenden Tage umkreiste mich meine Mutter wie eine Hyäne. Ein falscher Schritt und sie hätte zugebissen. Es war Brauch, sein Neugeborenes die ersten vierzig Tage von der Öffentlichkeit fernzuhalten. Es ist noch zu schwach, sich den bösen und vor allem neidischen Blicken zu erwehren, glauben wir Türken. Kein Wunder, dass jede türkische Familie einen wasserblauen Stein (*nazarlık*) mit eingraviertem Augenmuster in der Wohnung hängen hat. Ein Talisman gegen den bösen Blick. »Die ersten vierzig Tage verlässt du mit deiner Tochter nicht das Haus«, befahl meine Mutter. Ich gehorchte widerstandslos, bis mein deutscher Frauenarzt ein Machtwort sprach und ich mich mit Melanie im Kinderwagen doch hinaus an die frische Luft schlich. Am vierzigsten Tag füllte ich einen Eimer mit Wasser, legte vierzig Kieselsteine und Rosenblätter hinein und wusch mein Kind und mich darin. So ist es Tradition. Die Waschung soll der Mutter und dem Kind Glück bringen.

Drei Monate nach Melanies Geburt sollte ich endlich meine Heimat wiedersehen. Mehmet hatte mir einen Flug nach Adana gebucht. Er sah wohl ein, wie sehr ich als junge Mutter überfordert war, und wollte mir eine Freude machen. So stand ich mit Melanie im März 1993 erstmals wieder auf türkischem Boden. Ich besuchte auch Mehmets Verwandtschaft in Gaziantep. Ich wurde zwar herzlich empfangen, fühlte mich aber immer noch so fremd wie damals, als ich Mehmets Elternhaus verließ.

»Wie ist Deutschland?«, fragten meine Schwägerinnen neugierig, während wir auf einer ausgebreiteten Decke beim Essen zusammen saßen – natürlich getrennt von den Männern. »Du musst sicherlich ein wunderschönes Leben haben«, beneideten sie mich. »Schöne Möbel, ein schickes Auto. Ach, das Leben in Deutschland muss so viel einfacher sein …«, sinnierten sie. Ich lächelte und dachte still: »Wir haben noch nicht einmal eine richtige Küche«, sagte aber nichts. Ich wollte Mehmet nicht bloßstellen. Für sie war er der reiche *Abi* aus Deutschland. Es stand mir nicht zu, diese Illusion zunichtezumachen.

Warum Mehmet Geld verschenkte und wir weiterhin auf dem Boden schliefen

Noch das Frühjahr 1993 war eine vielversprechende Zeit für meine Heimat, da Turgut Özal als Staatspräsident die Türkische Republik regierte und er die Hoffnung nach mehr Demokratie und Fortschritt nährte. Diese wurde aber schon bald von neuen Schatten bedeckt. Turgut Özal starb am 17. April 1993, mit seinem Tod versank die türkische Welt in Trauer, und die Chance der Kurden auf eine friedliche Lösung, auf die politische Anerkennung schwand. Özal war der erste Politiker, der die Kurdenproblematik auf die politische Bühne gebracht hatte. Doch so sehr er sich Anfang der 1990er-Jahre um eine Lösung des Konflikts bemühte, umso brutaler wütete das türkische Militär in Anatolien – es beraubte viele Kurden ihrer Existenz.

Als ich Ende Mai mit Melanie nach Baden-Baden zurückkehrte, war nichts mehr wie zuvor. Mehmet war kein Türke mehr, er wollte nur noch eines sein: ein Kurde. Und er wollte öffentlich dafür eintreten. Er war nicht militant, aber er wurde unaufhaltsam doch zu dem, was man einen fanatischen Patrioten nennt.

»Deine Familie lebt wie die Made im Speck, und meine Landsleute wissen nicht, wie sie überleben sollen«, schimpfte er. »Mehmet, hör auf, lass meine Familie aus dem Spiel«, hielt ich ihm entnervt entgegen. Doch Mehmet verrannte sich immer mehr, und häufig fehlte Geld in der Haushaltskasse. »Es ist für mein Volk«, sagte er nur, wenn ich ihn darauf ansprach. Selbst das Kindergeld für Melanie war vor Mehmets Fanatismus nicht sicher. Nur allzu gern ließ er sich von kurdischen Bekannten überzeugen, wenn sie ihn besuchten und ihre Hände aufhielten. »Wir müssen meinen Leuten helfen«, sagte er zu mir und zückte seinen Geldbeutel. »Mehmet, wir selbst haben nicht einmal eine richtige Bettmatratze«, versuchte ich ihn davon abzuhalten. »Meine Leute, die vertrieben wurden, haben noch nicht einmal ein Dach über dem Kopf«, schrie er aufgebracht. »Wir können uns das nicht gefallen lassen.« Am Ende ließ ich ihn doch gewähren und versuchte ihn zu verstehen. Seine Wut darauf, dass sein Volk einst treu an Atatürks Seite gekämpft hatte, aber bis heute nicht als Minderheit in der Türkei anerkannt wird. Seine Verzweiflung darüber, dass sein jüngster Bruder, der sich 1992 dem Widerstand anschloss, in den Bergen Anatoliens verschwunden war.

Ich habe diesen nicht enden wollenden Hass auf beiden Seiten nie begreifen können. Sicher, im Koran finden sich Stellen, die anderes verlauten lassen, aber steht dort nicht auch geschrieben: »… wer immer an Allah glaubt an den Jüngsten Tag und das Rechte tut, die haben ihren Lohn bei ihrem Herrn. Keine Furcht kommt über sie, und sie werden nicht traurig sein.« (Sure 2, 62) Und doch ist der Hass bis heute mächtiger als die Bereitschaft zum Frieden: In den 1990er-Jahren begann die PKK mit Selbstmordattentaten, um ihre Ziele zu erreichen. Gleichzeitig verschwanden in meinem Heimatland immer mehr Oppositionelle und politische Aktivisten spurlos, als hätten sie nie existiert. Wer dahintersteckt, ist bis heute nicht geklärt. Lediglich die Kerzen der verzweifelten Mütter in den Fensterrahmen erinnern daran, dass sie gelebt haben.

Der Pleitegeier, mein ständiger Begleiter

Anfang des Jahres 1994 wurde ich erneut schwanger. Vom Sozialamt der Stadt Baden-Baden bekamen wir eine Dreizimmerwohnung am Briegelacker zugeteilt, ein Wohngebiet, das hauptsächlich aus Sozialwohnungen besteht. Ich hoffte, Mehmet durch den Umzug wieder etwas näherzukommen. Doch mein Mann zeigte wenig Interesse an den Umzugsvorbereitungen. Im März 1994 zogen wir ein – und ich trug unsere Habseligkeiten allein in die neue Wohnung, während Mehmet bei der Arbeit war.

Und wieder fingen wir von vorn an. Mit den 400 DM, die mir Mehmet in die Hand gedrückt hatte, versuchte ich die Wohnung in ein gemütliches Nest zu verwandeln. Ich kaufte Vorhänge im Discounter, schmückte die Fensterbänke mit Pflanzen und strich die Küchenwände in einem warmen Gelbton. Nur die Übelkeit machte mir zu schaffen. »Sie müssen sich schonen, Frau Korkmaz. Sie sind erst im zweiten Monat, Sie wollen doch nicht riskieren, Ihr Kind zu verlieren, während Sie auf der Leiter herumturnen und Maler spielen«, mahnte mein Frauenarzt. Ihm waren die Farbtupfer an meinen Händen und im Haar nicht entgangen. »Kann Ihnen Ihr Mann nicht helfen?« Ich nickte artig. »Doch, doch ...«, stotterte ich und lächelte peinlich berührt.

Mehmet aber war die Wohnungseinrichtung egal. Er war kaum noch zu Hause. Entweder er arbeitete oder er war mit seinen Freunden unterwegs. Er war regelrecht besessen von seiner Herkunft, und sein Bekanntenkreis bestand bald nur noch aus kurdischen Landsleuten.

Ich war im achten Monat schwanger, als Mehmet mich aufforderte, für ihn auf eine kurdische Kundgebung nach Köln zu fahren und das, obwohl es für September ungewöhnlich heiß war. »Du musst das tun«, befahl er zornig, als ich zögerte. »Warum fährst du nicht?« »Ich muss arbeiten«, erklärte er trocken. »Mehmet, du kannst doch nicht von mir verlangen, dass ich in meinem Zustand stundenlang im Bus sitze«, flehte ich. »Außerdem will ich damit nichts zu tun haben.« »Du respektierst mich nicht. Ihr Türken seid alle gleich.« Mehmets Augen funkelten kalt. Ich war zu müde, um mit ihm weiter zu diskutieren. Insgeheim hoffte ich, er würde mich künftig mehr respektieren, wenn ich mich für seine Sache einsetzte.

Zwei Tage später saß ich mit Melanie und Mehmets Bekannten in einem Bus auf dem Weg nach Köln, um für die Rechte der Kurden zu demonstrieren. Melanie schlief friedlich in meinen Armen, als ich mit dem Pulk durch die Innenstadt von Köln zog. »Freiheit für das kurdische Volk!«, hallten die Sprechgesänge durch die Straßen. Ich selbst lief schweigend hinter Mehmets Bekannten her. Erstaunlich viele Frauen waren anwesend. Die Antwort darauf ließ nicht lange auf sich warten. »Wir Frauen sind die Avantgarde des Befreiungskampfes«, raunte mir eine Frau, die auch mit dem Bus aus Baden-Baden gekommen war, stolz ins Ohr. »Wir sind ebenso viel wert wie die Männer, ganz anders als das bei den Türken der Fall ist. Wir kämpfen auf gleicher Augenhöhe.« Ich lächelte müde und wusste aus eigener Erfahrung, wie schön Illusionen sein können, und wie ernüchternd die Wahrheit doch war.

Als ich spät nachts nach Hause zurückkehrte, drückte mich Mehmet dankbar an sich. »Ich liebe dich«, hauchte er mir ins Ohr. So einfach konnte sie sein, die Liebe. Er liebte mich, wenn ich gehorchte und er schlug mich, wenn ich nicht gehorchte. Insofern war das Leben für mich klar strukturiert. Ich tat, was Mehmet wollte, ich schlief mit ihm, wann immer er es wollte.

Ein Sohn, der mehr wert ist als eine Tochter

Im Oktober 1994 brachte ich Metin zur Welt. Mehmet grinste zufriedener, als er es bei Melanies Geburt getan hatte. Ich wusste warum. Ich hatte ihm einen Sohn geboren. Söhne sind, anders als Mädchen, nach muslimischer Tradition nicht Eigentum der Frau, sondern der Familie. »Vermögen und Kinder sind Schmuck des irdischen Lebens«, heißt es zwar im Koran, Sure 18, Vers 46. Mädchen indes sind nur eines wert: das, was der künftige Ehemann für sie bezahlt.

Ich aber versuchte Metin nicht anders zu behandeln als Melanie. Und doch ertappte ich mich immer wieder dabei, wie ich meinem Sohn mehr durchgehen ließ als meiner Tochter. Ich verstand es selbst nicht. Ich erinnere mich noch gut daran, wie mich Metin im Alter von zwei Jahren aus Wut an den Haaren zog, weil ich ihn ins Bett schickte. Ich wehrte mich nicht. Doch als auch Melanie, aufgehetzt von ihrem Bruder, zu heulen begann, schrie ich sie an. Noch heute schäme ich mich dafür.

Es waren nicht nur Metin und Melanie, um die ich mich zu kümmern hatte. Mehmet schleppte laufend Gäste an. Oft blieben sie mehrere Tage lang. Einmal waren es Freunde aus seinem Dorf, ein anderes Mal kurdische Flüchtlinge, die bei uns Unterschlupf suchten. Ich aber versuchte mein Heim wie eine Löwin zu verteidigen. »Mehmet, wir haben ohnehin kaum Platz«, insistierte ich, »wir haben zwei kleine Kinder.« Ich kam mit meinem Widerstand nicht weit. »Du als Türkin, ich verstehe, warum du meinen Leuten nicht helfen willst. Immerhin bin ich es, der die Miete bezahlt«, drohte er aufgebracht. Und ich gab Gast um Gast einmal mehr nach. An manchen Tagen beherbergte und versorgte ich zehn Männer. Ich wusch ihre Unterhosen, fütterte meine Kinder und schwieg. »Du bist meine Frau«, trommelte es in meinen Ohren, wenn ich mich bei Mehmet beklagte. »Ich verlasse dich«, hätte ich ihm am liebsten entgegengebrüllt. Doch ich biss mir jedes Mal lieber auf die Lippen. Wohin hätte ich auch gehen sollen? Nach Adana zurück konnte ich nicht, ich hätte damit nur Schande über meine Familie gebracht. Immer wieder versuchte ich mich damit zu beruhigen, dass die Kinder schließlich ihren Vater brauchten. Niemals sollten sie wie ich ohne Vater aufwachsen. Das hatte ich mir geschworen.

Doch je mehr Kurden Mehmet anschleppte, umso größer wurde sein Hass auf die Türken im Allgemeinen. Und auf meine Familie im Besonderen. »Kein Wunder, dass du kein Verständnis hast, deine Familie hat dich viel zu sehr verwöhnt.« »Niemand hat dich gezwungen, mich zu heiraten«, entfuhr es mir, wenn ich gar nicht mehr weiterwusste. Angestachelt von seinen Kumpanen, steigerte sich Mehmet in seine Wut nur noch weiter hinein. »Deine Landsleute sind auch nicht anders als die Deutschen, alles dreht sich nur ums Geld und darum, was man hat und was man ist.« »Und doch ist dir dein Ansehen wichtig genug, um einen Mercedes zu fahren«, hielt ich ihm dann entgegen. Das Auto ist bei den türkischen Männern das Statussymbol schlechthin, denn es gilt vor den eigenen Leuten als deutliches Signal, in Deutschland angekommen zu sein. Möbel oder Schmuck kann man ja auch schlecht vor der Haustür abstellen.

So hatten wir zwar keine Möbel, aber dafür schon bald zwei Autos vor der Haustür stehen. Dass Mehmets Gehalt dafür immer wieder von der Bank gepfändet wurde, er sich Geld bei Bekannten leihen musste und ich oft nicht mehr wusste, wovon ich die Lebensmittel bezahlen sollte, interessierte nicht. Das sahen die Bekannten ja auch nicht. »Diese Bankangestellten sind alle Halsabschneider«, schrie Mehmet dafür umso lauter, wenn wieder ein Schreiben der Bank eintraf. Und ein ums andere Mal gab er seiner Herkunft die Schuld: »Wir werden überall verfolgt. Mich respektiert keiner, ich werde nur ausgenutzt.« Mehmet neigte gern dazu, sich als Opfer darzustellen.

Hinzu kam, dass Mehmet alle paar Monate Geld, das er sich buchstäblich vom Mund abgespart hatte, seiner Familie in Gaziantep schickte – stets in bar, über einen Boten, denn den türkischen Banken misstraute er ebenso sehr wie der türkischen Politik. Kein Wunder, dass Mehmets Verwandte das Geld sofort in Gold eintauschten und es als Schmuck getarnt unter ihren Kleidern trugen. Wie wandelnde Juweliergeschäfte liefen sie umher, ihre Lebensversicherung trugen sie Tag und Nacht am Leib. Durch die starke Inflation in der Türkei war Bargeld nicht viel wert, der Hauptgrund aber lag in der Angst vor Repressalien und Vertreibung durch das türkische Militär.

Verbotene Freundschaften

Bis auf Mehmets Bekannte hatte ich kaum Verbindungen zur Außenwelt. Erst als Melanie im September 1996 in den Kindergarten kam, knüpfte ich Kontakte zu anderen Frauen. Der Kindergarten der Caritas im Briegelacker war ein Hort der unterschiedlichsten Nationalitäten. Die deutschen Kinder waren sogar in der Minderheit.

Ich freundete mich mit Suat, einer zweifachen Mutter aus Marokko, an. Ich fasste schnell Vertrauen zu ihr und schon bald sprachen wir auch über unsere Alltagssorgen. Nur über meine Ehe schwieg ich mich aus, für eine türkische Ehefrau gehörte es sich nicht, die Probleme mit dem Ehemann nach außen zu tragen. Suat war ebenfalls vorsichtig, wenn sie dieses Thema anschnitt. Und doch konnten wir fühlen, was die andere dachte, ohne darüber ein Wort zu verlieren.

Auch eine türkische, alleinerziehende Mutter namens Sibel sollte mir schon bald ans Herz wachsen. Ihre Unternehmungslust kannte keine Grenzen. Im Gegensatz zu mir lebte sie schon seit ihrer Kindheit in Deutschland und war bestens integriert. »Jetzt wird kein Trübsal geblasen, komm, zieh dir was Schickes an, wir gehen in die Stadt.« An ihrer Seite fühlte ich mich wieder wie ein Teenager. So wie zu meiner Schulzeit, als ich mit meinen Klassenkameradinnen nachmittags im Café saß. »Du bist erst Anfang zwanzig, du kannst doch nicht wie ein altes Hausmütterchen zu Hause sitzen, du hast ein Recht darauf, dein Leben zu genießen«, munterte sie mich auf, als ich ein schlechtes Gewissen bekam. »Ach Aylin, du denkst ständig daran, was andere über dich denken könnten, dein Mann, deine Familie. Denk doch auch einmal an dich!«

Ermutigt von Sibels Worten wagte ich eines Abends einen Vorstoß bei Mehmet: »Meinst du, ich könnte mit Sibel in die Disco gehen?«, versuchte ich die Frage so belanglos wie möglich klingen zu lassen, während ich Brot für das Abendessen schnitt.

Mehmet flippte aus. »Diese Hure, ich dulde das nicht«, zischte er. »Du hast kein Recht, so über sie zu reden«, schrie ich. Mein Mann sprang voller Zornesröte vom Stuhl, da spürte ich auch schon seine Faust in meinem Unterleib. »Sie ist geschieden!« Was Mehmet meinte: Eine geschiedene Frau hatte keine Ehre, keinen Anstand. Das war seine Vorstellung von Tradition. Auch meine Mutter hatte diesen Makel einer geschiedenen Frau erlebt. Für Mehmet waren geschiedene Frauen eine Stufe tiefer gestellt und damit seiner Frau nicht würdig. »Ich will Sibel nie in meinem Haus sehen.« Ich weinte. Doch das machte ihn noch wütender. »Warum weinst du?«, herrschte er mich an. »Ich liebe dich doch, ich will doch nur das Beste für dich. Sonst reden die anderen schlecht über dich. Verstehst du nicht?« Ich nickte stumm, wie er es von mir erwartete. Vor allem aber wollte ich mir weiteren Ärger mit ihm ersparen. Wie nur sollte ich das Sibel erklären?

Drei Tage später rief sie an. Bereits an ihrem »Hallo« konnte ich hören, wie verärgert sie war. »Warum rufst du nie zurück?«, beschwerte sie sich. Ich hatte ihre letzten Anrufe allesamt ignoriert. Zu sehr schämte ich mich. »Ich habe leider keine Zeit, meine Kinder kränkeln«, flüchtete ich mich in Ausreden. »Und außerdem ...« Sibel unterbrach mich. »Weißt du was, lass es einfach gut sein. Du glaubst doch nicht, dass ich dir diesen Mist glaube«, empörte sie sich. »Dahinter steckt dein Mann, und du lässt dir das auch noch gefallen.« »Bitte, versteh doch« rief ich noch in den Hörer, da hatte Sibel schon aufgelegt. Ich fühlte mich elend. Für einen Moment überlegte ich, sie noch einmal anzurufen, ließ es dann aber sein. Ich wollte mir nicht die Blöße geben, zu erzählen, was mein Mann von meiner Freundin hielt.

Zwei Wochen später ging der Toaster kaputt. »Ich kann ihn reparieren, wir brauchen keinen neuen ...«, bestand Mehmet darauf. Ich wagte nicht zu widersprechen, wusste aber: Ein Mann, der es noch nicht einmal schaffte, die hölzerne Vorrichtung für die Toilettenrolle aus der Verankerung zu heben, würde meinen Toaster kaum reparieren könnte. Und so sollte es tatsächlich sein. Mit konzentriertem Gesichtsausdruck fummelte Mehmet am Gehäuse herum. »Mehmet, lass es doch endlich sein«, sagte ich entnervt. Plötzlich knallte er den Toaster auf den Boden. Ich wollte mich noch ducken, da erwischte mich seine Hand auch schon am Hals, sein Fuß trat gegen meine Hüften. Kraftlos sank ich zusammen. Mehmets Stirnfalten wellten sich, seine Wimpern flackerten vor Zorn: »Dieses ständige Nörgeln und Heulen«, schrie er. »Mehmet, es tut mir leid«, schluchzte ich. Nur wenn ich nachgab, so wusste ich, würde er sich beruhigen und mir weitere Schläge ersparen. Es war feige, aber die Masche funktionierte. Es war die einzige, mit der mir noch größere Schmerzen verwehrt blieben.

Und wieder folgte die immer gleiche Entschuldigung: »Ich liebe dich«, winselte Mehmet, »verlasse mich bitte nicht.« »Du hast mich geschlagen, du hast mich als Hure beschimpft«, weinte ich und rappelte mich mithilfe des Tischbeins wieder auf. »Das habe ich nie gesagt.« Und es folgte der Satz, den er über alle Maßen strapazierte und der sich nie bewahrheitete: »Meine Hände sollen im Feuer verbrennen, wenn ich dich noch einmal schlage.«

Mich beherrschte nur noch ein Gedanke: weg! Doch wie konnte ich mich von Mehmet lösen, ohne die Ehre meiner Familie zu beschmutzen? Ich fand keine Antwort. Und Ende September 1996 rückte der Gedanke in weite Ferne. Ich suchte meinen Frauenarzt auf, da mein Unterleib schmerzte. Ich dachte, es läge an Mehmets Schlägen, aber der Arzt verkündete frohgemut: »Ich gratuliere, Frau Korkmaz, Sie sind schwanger.« Ich lachte kurz – und dann weinte ich hemmungslos.

Kapitel 7

Flucht in die Türkei

Ein Beil in meinem Gesicht – oder wie ich in der Türkei ein neues Leben begann und mein Mann ein besserer Mensch werden wollte

Mein Bauch war zu einer prächtigen Kugel herangewachsen, und mit zunehmender Größe schien Mehmets Unzufriedenheit gespannter Erwartung zu weichen. Im März 1997 war es so weit. Meine Tochter Zeynep erblickte das Licht der Welt. Kurz darauf zogen wir in derselben Straße im Briegelacker in eine Vierzimmerwohnung um. Der Alltag kehrte zurück.

Mehmet wurde nicht müde, mich mit kleinen Aufmerksamkeiten zu erfreuen. Einmal war es ein neues Handy, dann wieder ein schmuckvoller Ring. Er beschenkte mich leidenschaftlich gern, wenn er mich geschlagen hatte. Fünf Minuten später wollte er sich an die Hiebe nicht mehr erinnern. Ebenso gern ignorierte er die Kreditkartenabrechnungen. Ich ahnte das Desaster und schwieg aus Feigheit – oder einfach nur, weil ich meine Ruhe vor neuen Reibereien haben wollte.

Einmal schlenderten wir durch die Fußgängerzone von Baden-Baden. In einem unbedachten Moment sah ich zu lange in die Schaufensterauslage eines Brillengeschäfts. »Gefällt dir die Sonnenbrille?«, fragte Mehmet sofort. Er wartete meine Antwort nicht ab und zog mich in den Laden. »Mehmet, wir können uns das nicht leisten«, beharrte ich auf Türkisch, damit uns die Verkäuferin nicht verstand. »Jetzt will ich dir schon ein Geschenk machen, und du machst alles wieder kaputt«, brummte er. Ich zog den Kragen meiner Bluse instinktiv nach oben. Die bereits irritierte Verkäuferin sollte meine blauen Flecken am Hals nicht sehen. »Wollen Sie die Brille nicht wenigstens einmal aufsetzen?«, versuchte sie unsere Diskussion zu beenden. »Aber …«, haderte ich. »Mach schon«, forderte Mehmet ungeduldig. Unmerklich schüttelte die Verkäuferin den Kopf. Sie hatte doch mehr verstanden, als ich hoffte. Ich konnte die Gedanken in ihren Augen lesen: »Was ist das für eine Frau, die sich nicht darüber freut, von ihrem Mann beschenkt zu werden?« Ich lächelte verschämt und setzte die Markensonnenbrille auf. Mehmet zückte sogleich seine Kreditkarte, und ich atmete erleichtert auf, als sie akzeptiert wurde. Die Peinlichkeit, zahlungsunfähig zu sein, hätte nur neuen Streit vom Zaun gebrochen. Als wir das Geschäft mit der Sonnenbrille in der Hand wieder verließen, strahlte Mehmet stolz. So einfach konnte es für ihn sein, sich des schlechten Gewissens um seine Schläge zu entledigen.

Doch wie Mehmet mich schlug, so verteidigte er mich und meine Kinder zugleich. Nie werde ich jene Nacht Anfang 1997 vergessen, als die Kriminalpolizei unsere Wohnung stürmte. Die Beamten suchten Mehmets Bruder Erdal, der eine Zeit lang bei uns wohnte, nachdem ihn seine Frau Simone rausgeschmissen hatte. Er war unter Verdacht geraten, die PKK zu unterstützen. Selbst in Deutschland war die kurdische Arbeiterpartei inzwischen unter staatliche Beobachtung gestellt. Mehmet flehte: »Bitte, betreten Sie das Schlafzimmer nicht, darin liegt meine Frau.« Da stand der Beamte auch schon vor mir, verängstigt zog ich mir die Bettdecke über den Kopf. Mehmet stürmte auf den Polizisten los. »Wie können Sie es wagen, meine Frau so zu erschrecken. Haben Sie keine Ehre?« Mehmet bäumte sich vor dem Kriminalbeamten auf. Ein anderer Polizist versuchte zu vermitteln. Mehmet zitterte am ganzen Körper und stemmte sich schützend vor mich. Dann zogen die Beamten ab. »Sie haben keinen Respekt vor unserer Kultur«, schimpfte Mehmet ihnen nach und streichelte mir liebevoll über mein verängstigtes Gesicht. Auch das konnte Mehmet sein.

Krankhafte Eifersucht

Im Dezember 1997 flog ich erneut nach Adana. Meine kleine Schwester heiratete ihre große Liebe. Sie war 18 Jahre alt, aber sie hatte sich ihren Mann selbst ausgesucht. »Ich wollte bei Aslı nicht denselben Fehler wie bei dir begehen«, sagte meine Mutter verlegen. »Immerhin«, kommentierte ich gehässig, »hat meine Ehe wenigstens einen Zweck erfüllt.« Meine Mutter grinste mich hämisch an. »So schrecklich kann deine Ehe nun auch wieder nicht sein, immerhin hast du bereits drei Kinder. Niemand hat dich dazu gezwungen. Oder willst du mir auch dafür die Schuld in die Schuhe schieben?« Ich wusste keine Antwort und hastete aus dem Raum. Das feine Band des Friedens zwischen meiner Mutter und mir war einmal mehr gerissen. Ich wechselte bis zu meiner Abreise kein Wort mehr mit ihr. Allein ein Gedanke baute mich auf: Meiner Schwestern war mein Schicksal erspart geblieben. Und dieses Mal war ich es, die meine Schwester in die Arme schloss, als sie weinend das Elternhaus verließ. Dieses Mal war sie es, die von einem Leben als glückliche Ehefrau träumte. Meine eigenen Träume dagegen interessierten bis auf Aslı niemanden mehr.

»Du siehst nicht glücklich aus, was ist los, meine *Abla*. Warum hast du mit Mama gestritten?«, fragte mich Aslı in einem ruhigen Moment. »Mehmet ...« »Warum trennst du dich dann nicht von ihm?« Ein müdes Lächeln huschte über meine Lippen. »Aslı, wenn du erst einmal selbst Kinder hast, wirst du es vielleicht verstehen.« »Aber Mehmet könnte doch froh sein, dich zu haben. Du hast ihm drei Kinder geschenkt und bist eine tolle Mutter, du tust alles, damit es deiner Familie gut geht. Mama lobt dich in den höchsten Tönen.« Aslı Freundinnen stürmten ins Zimmer, um ihr ins Brautkleid zu helfen und sie zu schminken. Ich war stolz auf meine kleine Schwester, die ihre Hochzeit so selbstbestimmt organisiert hatte. Ganz ohne familiären Zwang. Eine Woche später reiste ich ab, doch Aslı Worte nahm ich in meinem Herzen mit.

Wahrlich, ich ging in der Rolle als Mutter auf und versuchte auch Mehmet ein Stück dieses Glücks teil werden zu lassen. Doch je mehr ich mich um meine Kinder kümmerte, desto eifersüchtiger wurde er. Er teilte mich nur ungern, selbst sein eigen Fleisch und Blut betrachtete er als Konkurrenz. Dabei war vor allem Melanie in ihren Vater vernarrt. Und ich wünschte mir nichts mehr, als dass meine Kinder in Mehmet denselben Helden sehen würden, wie ich ihn einst in meinem Vater gefunden hatte.

Mehmet wurde allerdings von Tag zu Tag misstrauischer. »Man hat dich allein auf der Straße gesehen«, piesackte er mich, wenn er von der Arbeit kam. »Du hast den Männern schöne Augen gemacht«, ätzte er, wenn ich mit den Kindern ins Freibad gegangen war. Ich kommentierte Mehmets Gehässigkeiten nie, denn ich wusste wohl: Die Männer vom Imbiss an der Straßenecke oder im Freibad hatten ihn wieder einmal angestachelt, als winkte ein Preis, wenn man die Frau des Freundes bei einem Fehltritt ertappt. Dabei hatte er sich früher selbst über die Lästereien seiner Landsleute erzürnt.

Mehmet wurde mir zunehmend unheimlicher, und ich ertappte mich dabei, wie ich jeden meiner eigenen Schritte und Blicke zu hinterfragen begann. »Habe ich den Verkäufer im Laden auch wirklich nicht zu lange angesehen?« »Zeigt mein Badeanzug wirklich nicht zu viel?« Ich versuchte jede Auffälligkeit zu vermeiden, die Mehmet zugetragen werden konnte. Freundlich grüßte ich die Nachbarinnen, zeigte mein strahlendes Lächeln. Nicht, dass es am Ende hieß: »Warum schaut die Frau von Mehmet Korkmaz so mürrisch? Hat sie etwa Eheprobleme?« Und trotzdem eskalierte die Situation.

Wie meine Tochter mein Leben rettete

»Hure«, keifte Mehmet und schleuderte seinen Teller gegen die Wand. »Halt den Mund!«, brüllte ich und sammelte hastig die Scherben auf. Es war ein trüber Januarabend, die Sonne war bereits untergegangen und die Kinder lagen im Bett, als Mehmet nach einem langen Arbeitstag sich aufzuplustern begann. »Deine

Mutter hat dir nichts beigebracht. Ich habe den ganzen Tag gearbeitet und jetzt hast du noch nicht einmal was Anständiges für mich gekocht. Kein Wunder, dass sie von ihrem letzten Mann verlassen worden ist«, legte Mehmet zornig nach. »Halt meine Mutter da raus, kümmere dich lieber um deine eigene Familie ...«, entfuhr es mir. »Was hast du gesagt?« Mehmets Gesicht schimmerte aschfahl im Schein der Küchenlampe, seine geballte Faust war schneeweiß. »Wenn du jetzt zuschlägst, Mehmet, dann rufe ich die Polizei«, stieß ich verzweifelt hervor. Mehmet lachte irr, drehte auf dem Absatz um und rannte mit lautem Türknallen aus der Wohnung.

Was mein Vergehen gewesen war? Ich hatte Hühnchen mit Pommes zum Abendessen serviert, weil es sich meine Kinder so sehr gewünscht hatten. »Du weißt ganz genau, dass ich Hühnerfleisch hasse«, hatte Mehmet getobt. »Aber es ist gesund«, hatte ich erwidert. »Du denkst an alle anderen, nur nicht an mich. Auch deine Kinder sind dir wichtiger, dafür soll ich hungrig zu Bett gehen.« Wenn Mehmet sich einmal in seine Wut hineingesteigert hatte, war er nicht mehr zu bremsen. »Wenigstens hat er dieses Mal nicht zugeschlagen«, dachte ich bitter und wischte mir die Tränen aus dem Gesicht.

Da hörte ich meine Tochter Zeynep weinen. Sie war erst zehn Monate alt, unser Geschrei hatte sie geweckt. Ich eilte zu ihr, sah noch nach meinen beiden Älteren in ihren Betten, die zumindest so taten, als hätten sie nichts gehört. Dann kehrte ich mit Zeynep in den Armen in die Küche zurück. Nur langsam beruhigte sie sich, sie gähnte müde und zitterte doch nervös. Ich legte sie auf den Teppichvorleger in der Küche, wo sie mit ihrer Schmusedecke zwischen den kleinen Fingern aufgeregt vor sich hinbrabbelte, und machte mich an den Abwasch.

Plötzlich hörte ich ein Geräusch an der Wohnungstür, da baute sich Mehmet auch schon im Türrahmen der Küche auf. Er grinste hasserfüllt, ich starrte auf seine Hände. Er hielt ein Beil fest umklammert.

Noch immer fällt es mir schwer, die Bilder jener Nacht in meinen Gedanken zuzulassen. Vielleicht bin ich blass geworden, vielleicht habe ich geschrien, ich weiß es nicht mehr. Mein Magen verkrampfte sich, kalter Schweiß brach aus. Im Zeitraffer spulten die Gedanken in meinem Kopf zurück. Ein paar Tage zuvor hatte er einem Kollegen in dessen Schrebergarten geholfen und die Gerätschaften in seinem Kofferraum transportiert. Mehmet hatte es noch erwähnt. Jetzt hielt er mein Todesurteil in den Händen. *Balta* (»Beil«) ist seit jeher in der Türkei ein Symbol für Mord. Es schien nun kaum mehr ein Zufall zu sein. Wie ein Lamm, das auf der Schlachtbank lag, starrte ich Mehmet an.

»Bitte beruhige dich«, keuchte ich, meine Lippen bebten, meine Knie wurden weich. Mehmet hob das Beil an und trat seelenruhig auf mich zu. Von Panik erfüllt, streckte ich meine Arme nach Zeynep aus. Wie ein Schutzschild riss ich sie blitzartig in die Höhe und hielt ihren kleinen Körper vor mein Gesicht. Meine Tochter schrie wie am Spieß. Sie hatte sich fürchterlich erschreckt. Noch heute schäme ich mich dafür. »Was tust du da?«, krächzte Mehmet und ließ die Klinge augenblicklich sinken. »Du Hure«, fauchte er noch und flüchtete aus der Küche.

Mit letzter Kraft raffte ich mich wieder auf, doch ich sah nur noch verschwommen. Zeynep krallte sich verzweifelt an meiner Schulter fest. Mein Herz pochte wie verrückt, ich hatte Todesangst. Schluchzend drückte ich Zeynep einen Kuss auf die Wange. Ich musste weg von diesem Mann. So schnell wie möglich. »Du musst stark sein, Aylin«, trieb ich mich an. Mit meinem Kind auf den Armen stolperte ich aus der Wohnungstür. Ich klopfte an den Türen der Nachbarn, ich stürzte durch das Treppenhaus, meine Tochter wimmerte und ich drückte schützend ihr kleines Köpfchen an meine Brust. Doch niemand öffnete mir. »Melanie, Metin«, schoss es mir durch den Kopf. Ich konnte sie doch nicht allein lassen. Sie schlummerten vermutlich ahnungslos in ihren Betten, aber was, wenn Mehmet sie an meiner statt bestrafen sollte? Leichenblass rang ich mich Treppenstufe um Treppenstufe in die Wohnung zurück.

Mehmet kniete im Flur. »Ich weiß nicht, was in mich gefahren ist«, winselte er. »So etwas wird nie wieder passieren.« Zitternd drückte ich mich an ihm vorbei. »Mich kannst du umbringen, aber meine Kinder bringe ich zuvor noch in Sicherheit«, hörte ich mich seltsam ruhig sagen.

Melanie und Metin hatten sich unter ihren Decken vergraben. Mit letzter Kraft hob ich Zeynep ins Bett. Sie war vor Erschöpfung an meiner Brust eingeschlafen. Als ich die Tür zu ihrem Kinderzimmer schloss, war Mehmet schon wieder verschwunden. »Es tut mir so leid«, las ich auf einem Zettel, den er auf dem Küchentisch hinterlassen hatte. Doch in jener Nacht im Januar 1998 gab es kein Zurück mehr: Ich würde mit meinen Kindern nach Adana fliegen – und dieses Mal nur mit einem One-Way-Ticket.

Rückkehr in den Schutz meiner kindlichen Geborgenheit

»Ich werde mit den Kindern in die Türkei reisen, und du besorgst uns die Tickets«, formulierte ich gefasst, als ich am nächsten Morgen auf dem Schlafzimmerboden neben Zeyneps Kinderbett erwachte. Mehmet sagte nichts. Er kannte mich gut genug, um zu wissen, wie ernst mir mein Vorhaben war. Hätte er sich gewehrt, wäre ich zu allem bereit gewesen. »Ich will lieber sterben, als eine weitere Nacht neben dir zu verbringen.«

Ende Februar 1998 saß ich mit meinen Kindern im Flieger. Es gab nur noch eine Fessel in meinem Herzen, und zwar die Fassade des schönen Scheins. Meine Familie sollte von meinem Trennungsplan erfahren, aber seine Sippschaft nicht. Das hätte nur neuen Ärger mit sich gebracht. »Mama, wir kehren nach Adana zurück«, log ich deshalb meine Mutter an, als ich sie eine Woche vor der Abreise anrief, »Mehmet wird nachkommen, sobald er alles in Deutschland geregelt hat.«

Meine Familie empfing meine Kinder und mich mit offenen Armen. Aber was noch viel wichtiger war: Mehmets Familie schöpfte keinen Verdacht. Ich fühlte mich sicher, wusste ich doch, dass Mehmet es nicht wagen würde, seiner Familie die Wahrheit zu erzählen. Ich kannte ihn gut genug. Er war viel zu stolz, um zuzugeben, dass ich ihn verlassen hatte. Damit das auch so blieb, stattete ich seiner Familie kurz darauf einen Anstandsbesuch ab. Melanie war inzwischen fünf Jahre alt, und die Schwestern meines Mannes zankten sich darum, wem sie eines Tages als Frau versprochen würde. Beide Schwestern ereiferten sich, mir ihre Söhne anzupreisen. In Mehmets Familie war es nicht ungewöhnlich, dass Verwandte untereinander heirateten. Ich wollte ihnen verärgert ins Wort fallen, aber Melanie löste den Streit auf ihre eigene Weise: »Meine geliebten Tantchen, dann heirate ich eben beide«, zwitscherte sie. Die Familie brach in schallendes Gelächter aus. Das Thema wurde von da an nie wieder diskutiert.

Es sollte auch meine Älteste sein, die mich immer wieder an die Gegensätze zwischen meiner Herkunft und der von Mehmets Familie erinnerte – und das auf eine derart unverblümte und zugleich komische Weise, wie es nur Kinder können. »Mama, die haben vergessen, das Klo fertig zu bauen«, krakeelte sie, als wir im Toilettenhäuschen standen, das außerhalb des Hauses angebracht war. Über einem Loch hockend, das sich im Grund des Bodens verlor, schüttelte Melanie pikiert den Kopf. »Das soll ein Klo sein?«, fragte sie meine Schwiegermutter kurz darauf mit finsterem Gesicht. »Der Dreck gehört nicht ins Haus«, bemerkte meine Schwiegermutter trocken.

Melanie, Metin und Zeynep blühten in ihrer neuen Heimat auf. Für mich allerdings stand eine Menge Arbeit an. Meine Wohnung, die ich von meinem Vater geerbt hatte, war bis auf die Küche leergeräumt. Meine Mutter hatte sich in das Haus meiner verstorbenen Großeltern zurückgezogen. Als ich durch die leeren Räume wanderte, spürte ich eine tiefe Ruhe in mir. Ich war froh über meine Entscheidung. An diesem Abend schliefen wir auf dem kalten Boden ein, aber ich hatte meine beiden Töchter und meinen Sohn noch nie so friedfertig schlummern sehen.

»Und wie soll es jetzt mit euch weitergehen?«, fragte meine Mutter. »Wovon wollt ihr leben?« Ich lächelte stumm, nur allzu oft hatte ich unter miserableren Umständen gehaust und trotzdem überlebt. Ich war es bereits gewohnt. »Ich werde mir eine Arbeitsstelle suchen. Mach dir keine Sorgen, Mama.« Meine Mutter und ich hatten unser Kriegsbeil noch nicht begraben, und ich hatte weder Geld noch eine Ausbildung. Aber ich war guten Mutes.

Gleich am nächsten Morgen begab ich mich auf Arbeitssuche, und endlich schien das Glück auch einmal auf meiner Seite zu sein. Am Flughafen von Adana bekam ich eine Stelle bei der Gepäckannahme. Es sollte mein erstes eigenes Einkommen sein. Meine Mutter passte derweil auf die Kinder auf, während ich die Koffer der Menschen annahm, die Adana verließen und in die Fremde flogen. Aber ich fühlte mich nirgendwo wohler als dort, wo ich war – in Adana.

Meine kleine Schwester Aslı half, wo es nur ging. Sie besorgte mir Betten für die Kinder und schenkte mir eine Couchgarnitur. Auch wenn wir verschiedene Väter hatten, unsere Seelen waren eins. Aslı hatte sich mit ihrem Mann einen Schuhladen in der Altstadt aufgebaut, die Geschäfte liefen gut. Der Juni war bereits angebrochen, aber das Geld reichte nicht, um meinen Kindern neue Kleider zu besorgen. »Mach dir keine Sorgen, meine liebe Schwester. Für die Kinder meiner *Abla* springe ich gern ein«, freute sich Aslı, als sie mir neue Hosen und Röcke für meinen Nachwuchs schenkte. Ich nahm ihre Geschenke für meine Kinder dankbar entgegen. Wie sehr hatte ich die in der türkischen Familientradition fest verankerte gegenseitige Fürsorge vermisst.

Doch die Realität holte mich wieder ein. Zeynep wurde krank, ihr Fieber stieg unaufhaltsam an. Die Ärzte waren ratlos, nur eine Einweisung ins Krankenhaus machte noch Sinn. Aber dafür fehlte mir das Geld. Ich hatte nur eine Chance. Und diese lag ausgerechnet in Mehmets Hand.

Hilfeschrei aus der Türkei

Nach längerem Zögern griff ich zum Hörer und rief ihn an. »Mehmet, Zeynep hat Fieber, sie muss ins Krankenhaus. Bitte schicke uns das Kindergeld«, wisperte ich in den Hörer, meine Lippen waren staubtrocken vor Aufregung. Mehmet lachte laut. »Du hast entschieden, in die Türkei zurückzugehen. Ich schicke dir keinen Pfennig. Wenn Zeynep stirbt, dann ist es allein deine Schuld.« Ich hörte das Knacken des Hörers, dann war die Verbindung unterbrochen.

Wieder war es Aslı, die helfend einsprang, was mir allmählich unangenehm wurde. Was musste sie von meinem Mann denken? Wie sollte ich ihr sein Verhalten nur erklären? Schon bald sprach es sich unter meinen Verwandten herum, dass Mehmet nicht nachkommen würde, dass die Geschichte unserer Rückkehr nur eine Lüge war.

Mehmet, der bis dahin aus verletztem Ehrgefühl geschwiegen hatte, weihte schließlich auch seine eigene Familie ein, und es dauerte nicht lange, bis seine Eltern vor meiner Tür standen. Wenn türkische Familienmitglieder untereinander Probleme haben, ist stets die ganze Sippschaft involviert. »Bitte, meine Tochter, lass mich rein, hör mir zu«, flehte mich mein Schwiegervater durch die Tür an. Sein Klopfen artete zu wildem Schlagen aus. Ich versuchte den ungebetenen Besuch zu ignorieren. »Ich schwöre bei meiner Seele, dass Mehmet sich gebessert hat«, pochte er. Ich wollte nicht, und öffnete schließlich doch. Mein Schwiegervater lag kniend vor mir. »Gib Mehmet noch eine Chance«, bettelte er. Schweißtropfen perlten über seine Stirn. Ich stand wie leblos vor ihm, unfähig zu antworten. Er raffte sich auf und küsste meine Hände. »Wir stehen hinter dir, was Mehmet getan hat, war falsch.« Tränen liefen über sein Gesicht. Mein Hass, mein Schmerz schmolz dahin. »Ich habe Melanie hier bereits für die Grundschule angemeldet«, versuchte ich noch dagegenzuhalten. Da fiel mir mein Schwiegervater auch schon ins Wort. »Rede erst mit Mehmet, er erwartet deinen Anruf, bitte rede mit ihm.«

Wieder gab ich nach. Das Telefon läutete. »Aylin, bitte, gib mir noch eine Chance«, hörte ich Mehmet am anderen Ende der Leitung weinen. »Komm zurück, und wir werden zwei Wochen nur für uns haben. Danach kannst du immer noch entscheiden, ob du in Adana bleiben möchtest oder zurückkommen willst.« Ich rang nach Worten. »Nie wieder Bekannte, die tagelang bei uns in der Wohnung hausen, deren Unterhosen ich waschen muss?« Ich konnte meine Wut kaum im Zaum halten. »Nur wir als Familie, keine Politik, keine Spenden mehr, nur wir als Familie?« Ich hörte Mehmets schweren Atem. »Versprochen?« »Ja«, sagte er gefasst. Und Mehmet beeilte sich, seinem Versprechen Nachdruck zu verleihen. »Lass es mich dir beweisen. Zwei Wochen, nur du und ich. Ich könnte dir niemals etwas antun, ich liebe dich doch …«

Ich legte auf. Was sollte ich nur tun, was sollte ich glauben? So viele Lügen hatte er schon als Wahrheit verkauft. Ich trat aus der Wohnung und lief durch den Park von Resatbey. Und dann stand ich vor der prächtigen Sabancı-Merkez Moschee, die stolz in den Himmel ragte. In ihrem Inneren atmete ich die friedliche Stille ein. Ich ließ meinen Gedanken freien Lauf. Mehmet war ein schwieriger Charakter, aber war er wirklich ein schlechter Mensch? Er war doch immerhin der Vater meiner Kinder. Ich wünschte, er könnte ihnen seine Liebe so zeigen wie ich. Mir schoss die Szene mit dem Beil in den Sinn. Hatte ich nicht auch selbst Schuld daran? Hatte ich mir als seine Ehefrau womöglich nicht genug Mühe gegeben?

Heute weiß ich es besser: Ich hatte nichts getan, was Mehmets Vergehen an mir jemals hätte rechtfertigen können. Heute schäme ich mich dafür, dass ich so naiv und hörig gewesen war und ihm wieder und wieder verzieh.

Damals aber war ich noch nicht so weit. Ich war 26 Jahre alt und hoffte darauf, dass ich, anders als meine Mutter, mein Glück noch finden würde. Dass meine Kinder, anders als ich, mit einem Vater an ihrer Seite groß werden würden. Und ich wollte dieser Hoffnung nicht im Weg stehen.

Ende August 1998 landete ich am Flughafen in Stuttgart. Mehmet umschlang mich mit seinen Armen, als hätte er die Liebe seines Lebens wiederentdeckt. Ich war sichtlich gerührt. »Wir fahren nicht nach Hause«, lachte er verschmitzt, als wir die Abzweigung in Richtung Baden-Baden hinter uns ließen. Meine Kinder waren in Adana bei meiner Familie zurückgeblieben, so hatten wir es abgesprochen – sie sollten mein Rückfahrschein in die Heimat sein. »Wo fahren wir hin, Mehmet?« Ich war ängstlich und voller Misstrauen. »Lass dich überraschen, fürchte dich nicht«, sagte er, und seine Stimme klang ungewöhnlich sanft. Sollte tatsächlich ein neuer, geläuterter Mehmet neben mir sitzen? Ich hoffte es sehr.

Reise nach Monte Carlo – oder das Gefühl, wieder eine Prinzessin zu sein

Auf der Autobahn zogen die Stunden an mir vorbei, die Augen fielen mir zu. Als ich erwachte, sah ich den Eiffelturm vor mir. »Wir sind da«, jubelte Mehmet, seine Augen dünne Schlitze, so müde war er. Aber das Glück stand ihm ins Gesicht geschrieben. Ich traute meinen Augen kaum und lachte befreit. Endlich sollte ich erfahren, wie sich Flitterwochen anfühlen.

Aber Mehmet hatte noch viel mehr geplant. Einen Tag später ging es weiter in Richtung Süden. Wir durchstreiften Südfrankreich und folgten der Côte d'Azur. Mein Mann schlenderte mit mir auf der Promenade von Cannes entlang, und wir besuchten Antibes und Monte Carlo. Um Hotelkosten zu sparen, übernachteten wir das eine oder andere Mal im Auto, aber das störte mich nicht. Dafür waren die Tage umso schöner. Wir besorgten uns morgens im Supermarkt Proviant, liefen damit zum Strand und breiteten unsere Decke an einem schattigen Plätzchen aus. Wenn wir Türken etwas lieben, dann ist es ein Picknick in der freien Natur, das ist ein regelrechter Volkssport.

Mehmet blühte auf, und ich streifte mein Misstrauen rasch ab. »So könnte es immer sein«, seufzte Mehmet, als ich Obst in Stücke schnitt. »Es kann so sein, Mehmet. Wenn du deiner Familie die Chance dazu gibst. Deine Kinder brauchen einen Vater, ein Vorbild ...«, sagte ich. Mehmet schielte mich beschämt an. »Du bist eine gute Frau, Aylin. Was ich damals getan habe ...«, wisperte er. Er meinte das Beil, aber sprach es nicht aus. »Es ist unverzeihlich. Ich kann froh sein, dich zu haben«, flüsterte er. »Was für ein Kompliment für eine Türkin – von einem Kurden ...«, forderte ich ihn heraus. Mehmet ließ nervös seine Fingerknöchel knacken. Verstohlen suchte er nach Blickkontakt. »Ob Kurden oder Türken. Hauptsache wir haben eine Toilette im Haus, mit der auch Melanie zufrieden ist.« Wir beide lachten laut.

Es sollten die schönsten Tage im Leben mit meinem Ehemann sein. Und es sollten die letzten sein. So leicht, unbeschwert und unvoreingenommen habe ich ihn nie wieder erlebt. Für den Hauch eines Windzuges durfte ich mit ihm glücklich sein. Mehr ließen mein Schicksal und er nicht zu.

Zwei Wochen später holte ich meine Kinder von Adana nach Deutschland zurück. Ich wollte meiner Ehe noch einmal die Möglichkeit geben, zu wachsen und zu gedeihen. Als ich die Wohnung zum ersten Mal seit meiner Abreise betrat, erkannte ich sie kaum wieder. »Ein neuer Fernseher?«, staunte ich. »Eine neue Küche«, jubelte ich. »Mehmet, wie hast du das alles geschafft, woher hast du das Geld dafür?« Mein Mann fiel mir freudestrahlend um den Hals. Ein langer Kuss auf meinen Lippen erdrückte die Frage im Nu.

Als ich wenige Tage nach der Rückkehr bei Mehmets Bekannten zum Tee im Wohnzimmer saß, sah ich die Wahrheit vor mir. »Diesen Fernseher, den kenne ich doch ...«, stellte ich ungläubig fest. »Die Küche, das ist doch meine«, entfuhr es mir. »Mehmet hat sie uns geschenkt«, stammelte die Hausherrin unbeholfen. Mein Gott, wie dumm war ich doch gewesen. Mehmet hatte meinen kompletten Hausrat aus Wut verschenkt. Deshalb also all die neuen Sachen in der Wohnung. Deshalb also der Liebesurlaub. Einmal mehr entpuppte sich Mehmet als Lügner, meine Ehe, meine Beziehung als Farce. Und wieder war es zu spät, umzukehren. Gerade erst war ich mit den Kindern aus Adana zurückgekehrt.

»Du hast mich angelogen«, weinte ich, als Mehmet von der Arbeit nach Hause kam. »Es ist alles nur Lüge, Betrug.« Mehmet stand wie angewurzelt vor mir, unfähig zu einer Reaktion. Mein Traum von einem besseren Leben, von einem geläuterten Ehemann, er fiel in sich zusammen. »Du bist mit nichts zufrieden«, brüllte Mehmet und jaulte wie ein geprügelter Hund. »Ich habe einen weiteren Kredit aufgenommen, nur damit wir es hier schön haben.« Mehmet war ein Meister darin, sich die Wahrheit so hinzudrehen, wie er sie brauchte – selbst wenn sie jeder Logik entbehrte.

Zu dieser Zeit zersplitterte nicht nur meine Hoffnung auf eine glückliche Ehe in tausend Stücke, sondern auch die seines Volkes auf Freiheit und Anerkennung schwand zusehends. Am 15. Februar 1999 wurde Abdullah Öcalan, der Führer der PKK, in Kenia vom türkischen Geheimdienst gefangen genommen und in die Türkei gebracht. Der 15. Februar gilt seitdem innerhalb der PKK und bei den Kurden als »Schwarzer Tag«, die Festnahme Öcalans, der absoluten Kultstatus genoss und mit Hingabe verehrt wurde, wird als »internationales Komplott« bewertet. Am 29. Juni 1999 wurde er unter anderem wegen Hochverrat und Bildung einer terroristischen Vereinigung zum Tode verurteilt. Das Urteil wurde drei Jahre später – auch auf europäischen Druck hin – in lebenslange Haft umgewandelt.

Mehmets Frust über die Verurteilung Öcalans bekam ich an der Vielzahl seiner Schläge zu spüren. Einen Schlag für meine Frechheit, einen Fausthieb für meine Weigerung, mit ihm zu schlafen. Einen Tritt in den Bauch für meinen Widerwillen. Die Monate verstrichen, und ich bemühte mich, dass die Kinder von meinem Leid nichts mitbekamen. Ich heulte still und lächelte nach außen tapfer. Ich tat alles, um die Normalität zu wahren: Ich kochte Essen, wusch die Wäsche, kümmerte mich um Melanies Einschulung, brachte Metin und Zeynep in den Kindergarten und besuchte mit ihnen nachmittags den Spielplatz. Ich funktionierte, mehr nicht.

Ich glaubte längst nicht mehr daran, dass Mehmet und ich eine Chance hatten. Irgendwann würde ich ihn für immer verlassen. Irgendwann. Doch meine Kinder waren noch zu klein, um ohne

Vater aufzuwachsen. Das redete ich mir zumindest ein – vielleicht war ich auch zu feige für diesen Schritt.

Nach außen hin spielte ich weiterhin die glückliche Ehefrau und Mutter. Ich bestätigte Metins Kindergärtnerin, wie glücklich ich mich hier in Baden-Baden fühlte, grüßte fröhlich die Nachbarn auf der Straße und versteckte meine blauen Flecken geflissentlich unter langärmeligen Blusen. An manchen Tagen war es auch ein langes Kleid, obwohl mir die Lust viel mehr nach einem kurzen Rock und T-Shirt stand. Keiner sollte die Male der Gewalt zu Gesicht bekommen.

Und stets war es Melanie, die mir das Lachen in mein Gesicht zurück zauberte. »Versprich mir Mama, dass du niemals diese Pluderhosen wie meine Tanten trägst«, beharrte sie. »Clowns in der Familie haben wir bereits genug.« Ich lachte laut. Sie war es auch, die mich weinen ließ. »Ich habe heute Nacht von einem weißen Vogel geträumt«, erzählte sie eines Morgens völlig verstört, »der wie ein Mensch zu lachen anfing.« Melanie blickte in den Himmel. »Ich sah ihn über uns schweben«, erzählte sie weiter, »und er fing plötzlich zu sprechen an.« Melanie atmete tief durch. »›Mama‹ hat er gerufen.« Meine Tochter schluckte schwer, dann brach sie in Tränen aus. »Mama, er hat dir die Augen ausgehackt.«

Im März 1999 fasste ich einen Entschluss: Ich wollte mir eine Arbeit suchen. So konnte ich mich wenigstens finanziell ein wenig aus der Abhängigkeit von Mehmet befreien. Ich war mir sicher, dass er meinen Wunsch befürworten würde. Reichte sein Einkommen doch ohnehin nicht für unsere Familie. Aber ich ahnte auch, dass er zuerst vehement dagegenhalten würde.

Kapitel 8

Heimliche Scheidung

Der Tanz mit einem anderen Mann, für den ich bluten musste, oder warum ich mir ein Tattoo stechen ließ und die Ehelüge aufrechterhielt

Mit erhobenem Kopf ging ich durch den Baden-Badener Frühling 1999. Mein Rock wippte im Takt, mit festen Schritten trat ich ins Büro eines ambulanten Pflegedienstes für Senioren. Ich hatte das Stellengesuch für Hilfspersonal in der Zeitung entdeckt. Mehmet hatte ich nichts davon erzählt. Ich wollte mir die Häme ersparen, falls ich nicht genommen wurde. So oder so hätte es Diskussionen gegeben – und Schläge.

Ich verstand mich mit den anwesenden Vorgesetzten auf Anhieb, und wir wurden uns schnell einig. Schon wenige Tage später sollte ich zum Probearbeiten vorbeikommen. Mehmet war bei der Arbeit, und ich machte mich auf den Weg zu meiner ersten Dienststelle in Deutschland. Ich begleitete eine Mitarbeiterin auf ihrer Tour. Es bereitete mir großen Spaß, mich mit den alten Menschen zu beschäftigen, tatkräftig mit anzupacken. Ich begriff schnell, was die Kollegin mir auftrug, und die Senioren reagierten durchweg positiv auf mich. Am Ende des Tages lobte mich mein Vorgesetzter und bot mir sogleich einen Arbeitsvertrag an. Jetzt galt es nur noch, die dafür nötigen Unterlagen, wie etwa meine Arbeitserlaubnis, vorbeizubringen.

Freudestrahlend kehrte ich nach Hause zurück und stellte eine Mappe mit allen wichtigen Papieren zusammen. Da stand Mehmet plötzlich hinter mir. »Was machst du da?« Starr vor Schreck drückte ich die Mappe fest umklammert an mich. »Ich habe einen Job in der Altenpflege«, stotterte ich. Da schlug er zu – Lügen hätten daran nichts geändert. Ich schrie und versuchte meine Unterlagen zu schützen. Mehmet zerrte und zog an der Mappe, aber ich kämpfte wie ein Tier. »Ich will diesen Job. Ich will arbeiten«, brüllte ich und stemmte mich gegen ihn. Mehmet ließ blitzartig los, und ich fiel ihm beinahe in die Arme. »Nun gut«, seufzte er. Ich traute meinen Ohren kaum. »Vielleicht ist es keine so schlechte Idee.« Das konnte noch nicht alles sein: »Aber du wirst bei mir in der Tankstelle arbeiten. Ich schaue, dass ich dir dort eine Arbeit besorge.«

Auch wenn sich mein Traum von der Altenpflegerin nicht erfüllen sollte, so hatte ich doch einen kleinen Teilerfolg erzielt. Ich durfte arbeiten. Immerhin hatte ich mir bereits in der Türkei bewiesen, dass ich auf eigenen Beinen stehen konnte. Und das war es wohl auch, was Mehmet ängstigte. Meine Unabhängigkeit sah er als Gefahr an. Sie machte mich unkontrollierbar für ihn.

Vier Wochen später fing ich in der Tankstelle an der Autobahnraststätte Baden-Baden als Aushilfe an. So konnte sich Mehmet sicher sein zu erfahren, wenn ich mich fehlerhaft verhielt. Fünf Tage in der Woche hatte ich fortan eine Aufgabe, während Mela-

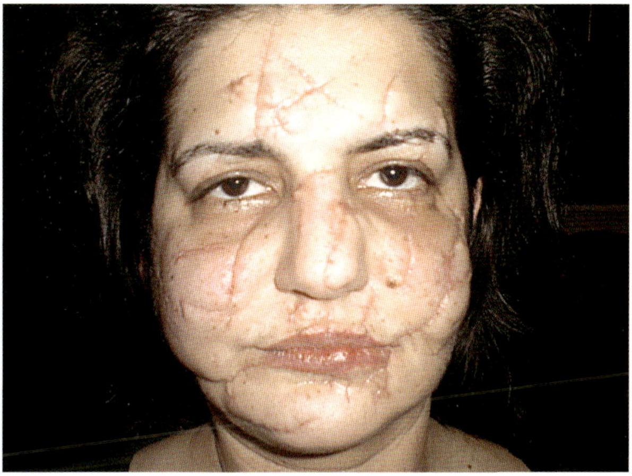

Entstellt: ein Foto aus der Krankenhausakte. »Als wäre eine Nähmaschine über mein Gesicht gefahren.«

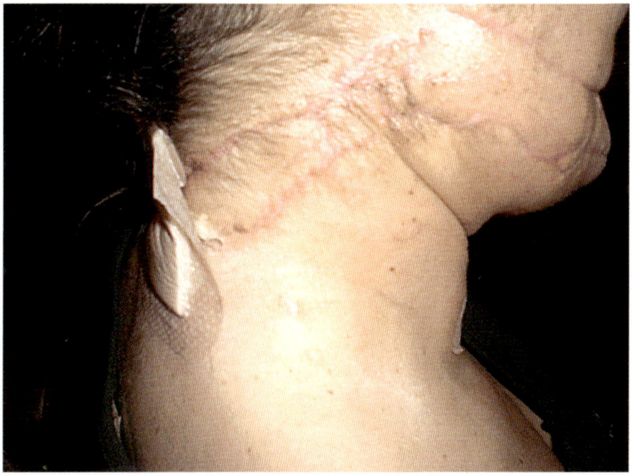

Unerträgliche Schmerzen: die Narben, die von den tiefen Messerstichen in den Nacken herrühren

Aylin Korkmaz in Lindau am Bodensee, Februar 2009, einen Tag vor den Narbenkorrekturen (Yusuf Benli)

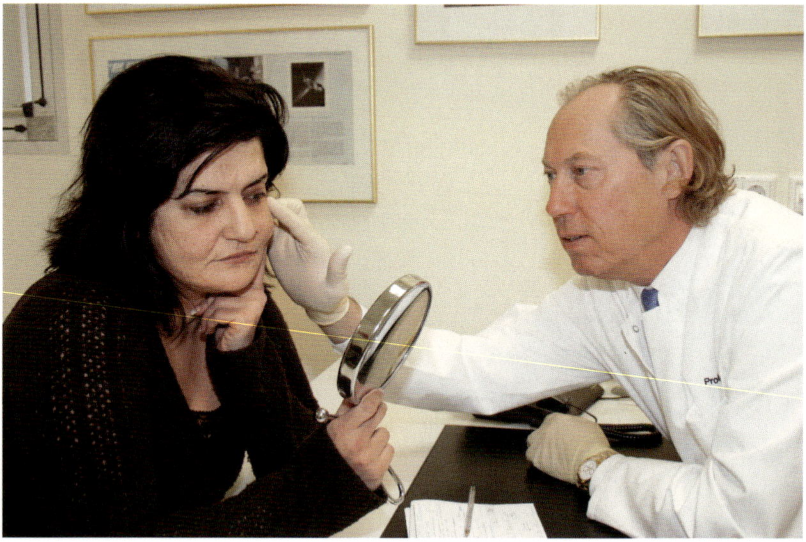

Letzte Vorbesprechung mit Professor Werner Mang in der Bodenseeklinik (Yusuf Benli)

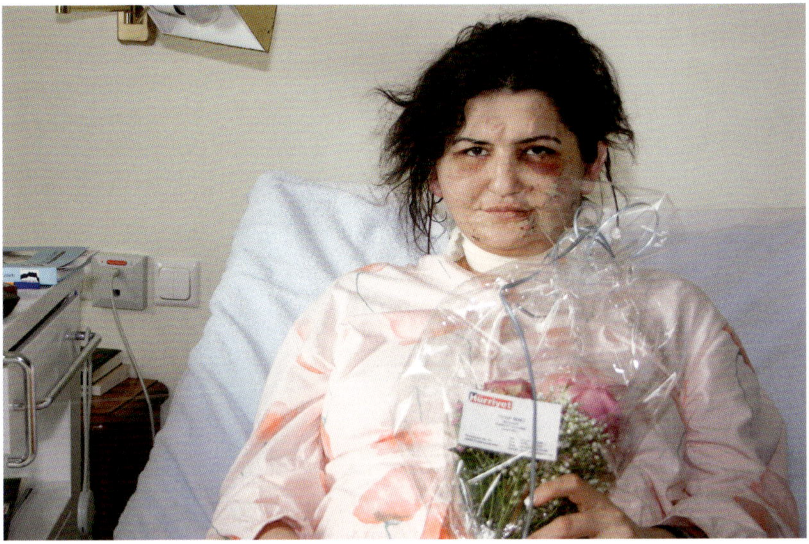

Das Facelifting und die Narbenkorrekturen verhalfen Aylin zu neuen Gesichtskonturen. Die Wunden vom Eingriff müssen noch heilen. (Yusuf Benli)

Februar 2009: Aylins Bruder Mehmetcan und seine Familie sind zu Besuch. Ihr Neffe Metin kuschelt sich an sie.

Aylin Korkmaz flog im März 2009 auf Einladung ihres Bruders nach Istanbul. Hier steht sie am Fährhafen Kadiköy.

Aylin Korkmaz heute: Sie möchte in Baden-Baden bleiben und sich vor ihrem Exmann und dessen Familie nicht verstecken. (Henning Bode)

Von Clemens Litterst, dem Leiter der Caritas in Baden-Baden, erhält Aylin Korkmaz große Unterstützung für ihre Belange. (Henning Bode)

Termin mit der Familienanwältin Birgit Gerhard. Auch nach dem Prozess gibt es für Aylin Korkmaz noch viele juristische Angelegenheiten zu regeln. (Henning Bode)

Der Blick in die Vergangenheit schmerzt. (Henning Bode)

Kein Opfer mehr: Aylin Korkmaz will Gesicht zeigen und anderen Frauen Mut machen. (Henning Bode)

Sie findet wieder Freude am Leben – und das darf jeder sehen. Eine große Unterstützung hierbei ist ihr die Familienhelferin Monika Hummel. (Henning Bode)

Immer in Bewegung: Aylin Korkmaz sieht der Zukunft hoffungsvoll entgegen. Seit August 2009 arbeitet sie als Halbtagskraft in einem Supermarkt. (Henning Bode)

Ein Tanz auf Glasscherben: Es gibt gute Tage und es gibt schlechte Tage. Aber aufgeben wird Aylin Korkmaz nie. (Henning Bode)

nie die Schule besuchte und Metin und Zeynep im Kindergarten waren.

Und ich ging in der Arbeit auf. Mein Vorgesetzter war nett, der Kontakt zu den Kunden lenkte mich von meinen Sorgen ab, und das Geld am Ende des Monats auf meinem eigenen Konto bestätigte mich. Mehmet grummelte vor sich hin, aber er war froh zugleich. Fortan brauchte ich sein Haushaltsgeld nicht mehr. Und das kam ihm sehr gelegen, denn ich bezahlte nun die Lebensmitteleinkäufe von meinem eigenen Geld. Mir war es dabei nur recht, dass wir in unterschiedliche Schichten eingeteilt wurden. Während Mehmet oft die Nachtschichten übernahm, arbeitete ich ausnahmslos an den Vormittagen. Das hieß: Er schlief noch, wenn ich zur Arbeit ging. Und ich lag bereits im Bett, wenn er von der Arbeit nach Hause kam. Mit Ausnahme der Wochenenden waren wir so kaum noch zur selben Zeit in der Wohnung, und er hatte dadurch kaum Zeit und Gelegenheit, sein »Recht« einzufordern oder mich zu schlagen.

In der Tankstelle war ich bald auch für die Warenaufnahme verantwortlich. Zum ersten Mal seit langer Zeit spürte ich wieder so etwas wie Bestätigung und Stolz für das, was ich leistete, für mich als Menschen. Selbst Mehmet konnte meiner Arbeit Positives abgewinnen. »Unser Chef hat mir heute gesagt, dass du gute Arbeit machst«, erzählte er eines Abends und grinste zufrieden. Aber noch stolzer machten ihn die Komplimente seiner Arbeitskollegen. »Deine Frau spricht in höchsten Tönen von dir. Sie schwärmt von deinen Kindern. Selbst von deiner Tochter Yasemin erzählt sie oft. Du kannst dich wirklich glücklich schätzen. «

Mir war wohl bewusst, dass jeder Satz, den ich von mir gab, im Grunde genommen nur dafür bestimmt war, jedweden Argwohn, den Mehmet hegte, zu zerstreuen. Aber ich glaubte tatsächlich an das, was ich sagte: Ich wollte nichts sehnlicher als eine glückliche Familie. Und eine solche lebte ich auch. Ich besuchte die Elternabende in der Schule, backte Kuchen für Geburtstagsfeiern – im Vorgaukeln von Harmonie war ich wirklich gut. »Deine Schokoladentorte schmeckt köstlich«, lobten mich die Mütter von Melanies Schulkameradinnen. »Du musst uns unbedingt das Rezept von deinem Apfelkuchen geben«, schwärmten sie. Für eine Frau, die ein paar Jahre zuvor noch nicht einmal wusste, wie man gefüllte Weinblätter zubereitet, war das ein schönes Kompliment. Mehmet beschenkte mich mit immer neuen Kochbüchern. Von meinen Backkünsten profitierte schließlich auch er. Und ich freute mich über seine Aufmerksamkeiten. Ich hatte die Hoffnung, mit ihm glücklich zu werden, zwar längst begraben, aber ich bemühte mich, zumindest meinen Kindern ein normales Familienleben zu bieten. Sie konnten doch für die Ehe ihrer Eltern nichts.

Die Geburtstage von Melanie, Metin und Zeynep feierte ich deshalb besonders ausgelassen. Meine Kinder durften alle ihre Freunde einladen, und auch die Mütter und Kindergärtnerinnen besuchten uns dann. Mehmet duldete es, auch wenn er die Frauen misstrauisch beäugte. Zu groß war seine Angst, ich könnte mich mit ihnen anfreunden und würde ihnen Einblicke hinter unsere Ehefassade gewähren. Den schönen Schein nach außen aber wagte auch er nicht zu zerstören. Und ich hütete mich, zu viel Zeit mit meinen Nachbarinnen zu verbringen.

Auch an Weihnachten kaufte ich kleine Geschenke für meine Kinder. Zwar feiern wir Muslime das Weihnachtsfest nicht, doch sollten sie sich von den deutschen Gebräuchen nicht ausgeschlossen fühlen. Einmal fragte ich Melanie: »Als was fühlst du dich, als Deutsche oder als Türkin?« Meine Tochter sah mich nachdenklich an: »Ich bin stolz, beides zu sein, aber Deutschland ist mein Zuhause «, sagte sie. So dachte ich auch.

Dieses Gefühl stand Ende 2000 dann auch schwarz auf weiß in meinem Pass. Ich hatte die deutsche Staatsbürgerschaft beantragt und erhalten. Mehmet hingegen wollte diesen Schritt nicht gehen. »Ich bin kein Deutscher«, weigerte er sich. »Ich bin Kurde, auch wenn in meinem Pass etwas anderes steht«. Über mehrere Monate hinweg war dieser Konflikt kein Thema gewesen, aber nun, da er daran erinnert wurde, blitzte sein Patriotismus wieder auf. Ich wusste dann, dass es besser war, zu schweigen. Zu friedlich war das Jahr 2000 verlaufen.

Doch die Ruhe sollte nicht lange währen. Es wäre auch zu schön gewesen, um wahr zu sein.

Deutsche Kinder und türkische Tradition

Im Winter 2001 beschloss Mehmet, dass meine Töchter nicht mehr nur einfach Kinder waren. Der Auslöser war so lächerlich wie lapidar. Mehmet stürmte aufgebracht in die Wohnung und bäumte sich vor mir auf: »Ich habe Zeynep gerade auf der Straße gesehen, wie sie die Hand eines Jungen hielt.« Ich starrte ihn entgeistert an und musste dann doch lachen. Zeynep war zu diesem Zeitpunkt vier Jahre alt. »Mehmet, beruhige dich doch. Es ist ein Kindergartenfreund. Das hat doch nichts zu bedeuten«, versuchte ich zu beschwichtigen. »Unsere Mädchen sind keine Schlampen«, giftete er. »Mehmet, schäme dich. Wie kannst du so etwas überhaupt über deine Lippen bringen?« Ich verstand seine Aufregung nicht. »Sie sind noch Kinder, lass sie.«

Doch Mehmet schien es als seine persönliche Aufgabe zu betrachten, seine Töchter fortan auf Schritt und Tritt zu belauern. »Muss Melanie so ein enges T-Shirt tragen?«, mokierte er sich. »Dass du dich ja von den Jungs fernhältst«, herrschte er sie an, wenn sie mit ihrem Bruder Metin das Jugendzentrum der Caritas im Briegelacker besuchen wollte. Mehmet hatte ständig etwas auszusetzen. Ich konnte ihn nur mühsam davon abhalten, den beiden ins Jugendzentrum zu folgen. »Das ist peinlich, Mama«, kreischte Melanie entsetzt, wenn er damit drohte. Mit ihren neun Jahren begriff meine Älteste wohl, dass für sie als Mädchen offensichtlich andere Regeln galten als für ihren Bruder. Ich spürte, wie sich die Kinder immer mehr von ihrem Vater zurückzogen.

Verzweifelt versuchte ich, Mehmets antiquierten Moralvorstellungen entgegenzuhalten. »Wir leben hier in Deutschland. Du kannst sie nicht einsperren. Außerdem sind sie gute Kinder. Sie würden niemals etwas tun, was uns missfällt«, wurde ich nicht müde, meinem Mann zu erklären. »Merkst du nicht, wie du sie mit deinen Worten verletzt und sie von dir entfremdest«, appellierte ich. Mehmet aber schien taub für meine Worte. Er hörte nur das, was er hören wollte.

Mein Sohn Metin hingegen genoss einen ganz anderen Stellenwert bei seinem Vater. Ich band ihn immer in den Haushalt mit ein, für ihn sollte es keine Sonderbehandlung geben. Und doch zweifelte ich an meiner Erziehung, als ich ihn einmal vom Fußballtraining abholte. »Mama, bitte bleib im Auto sitzen«, meinte er, als ich aussteigen wollte, um ihm die Trainingstasche abzunehmen und in den Kofferraum zu packen. Ich sah ihn fragend aus dem Autofenster an. »Ich will nicht, dass die anderen Väter dich sehen.« Ich verschluckte mich fast, so entsetzt war ich über seine Worte. Er war gerade einmal acht Jahre alt

Von jenem Tag an stieg ich immer aus, wenn ich ihn abholte. Ich wollte das patriarchalische Gehabe nicht durchgehen lassen – und doch ertappte ich mich dabei, wie ich Metin so manches Mal anders behandelte als meine Töchter. Wie oft ließ ich ihn noch eine Stunde länger mit seinen Freunden draußen spielen, während Melanie in seinem Alter um diese Uhrzeit längst zu Hause sein musste.

Die muslimische Trennung von Frau und Mann – sowohl auf der räumlichen als auch auf der ideellen Ebene – hat sich auch in mir fest verankert. Aber ich kämpfe jeden Tag dagegen an.

Deutsche Fasnacht – oder warum mein Mann mich in einem Restaurant zusammenschlug

Nicht nur die Geburtstagsfeste und Weihnachten waren mir wichtig, sehr gern feierte ich auch die Fasnacht in Baden-Baden. Ich schminkte meine Kinder und nähte ihnen bunte Kostüme. Begeistert verfolgten wir auch im Februar 2002 den Umzug durch Baden-Baden, und meine Kinder sammelten eifrig die Süßigkeiten, die von den Wagen geworfen wurden.

Eines Abends rief Erdal an, der inzwischen ein kleines Speiselokal betrieb. »Meinst du, Aylin, du kannst aushelfen? Wir erwarten viele Gäste für die Feier am Abend.« Als ich Mehmet davon erzählte, erklärte er sich sofort einverstanden. Gemeinsam machten wir uns auf den Weg, nachdem ich die Kinder für die Nacht bei Freunden untergebracht hatte.

Es versprach ein lustiger Abend zu werden. Die Gäste tanzten ausgelassen, Mehmet unterhielt sich angeregt mit Bekannten. Seine Blicke verfolgten mich stolz, als ich um die Tische lief und freundlich lächelnd neue Bestellungen aufnahm. Später setzte ich mich neben ihn und wippte mit den Füßen im Takt der fröhlichen Fasnachtsmusik. »Komm, tanze doch«, forderte Mehmet selbstgefällig. Ich sprang erfreut auf und wackelte lachend mit den Hüften. Mehmets Tischnachbar gesellte sich dazu, und wir drehten ein paar Runden auf der Tanzfläche. Ausgelassen ließ ich mich zurück auf den Stuhl fallen und klatschte begeistert in die Hände. »Du kannst wirklich stolz auf deine Frau sein«, raunte mein Tanzpartner Mehmet ins Ohr. Schlagartig verfinsterte sich sein Gesichtsausdruck. Ich sah es nur aus den Augenwinkeln, da brüllte er auch schon los. »Was willst du von meiner Frau? Lass sie in Ruhe!«, keifte Mehmet wie von Sinnen. »Mehmet!« Die Frau meines Tanzpartners versuchte noch dazwischenzugehen, doch Mehmets Handfläche knallte schon auf das Ohr des Mannes. Mehmet drehte sich nach mir um und zerrte mich an den Haaren in einen Nebenraum. Wieder und wieder schlug er mich ins Gesicht. Ich versuchte mich unter einer Eckbank zu verstecken, doch Mehmet hielt mich im Klammergriff und trat gegen meinen Unterleib.

In meinen Erinnerungen finde ich noch heute lediglich Versatzstücke dieser Nacht. Das meiste habe ich verdrängt. Ich erinnere mich, wie Menschen schreiend ins Zimmer stürmten und ihn zu beruhigen versuchten. »Das ist mein Recht, das ist meine Frau«, höre ich bis heute Mehmets Stimme. Wie ich nach Hause gekommen bin, weiß ich nicht mehr.

Als ich am nächsten Morgen aufwachte, war Mehmet weg. Meine Zunge wanderte über meine trockenen Lippen, ich schmeckte

Blut. Als ich mich aufsetzen wollte, spürte ich einen brennenden Schmerz im Unterleib. Mit zitternden Händen griff ich nach dem Telefon. Ich wählte die Nummer des Rechtsanwalts, der Mehmet schon einmal bei einer Schlägerei mit einem Freund vertreten hatte. Mehmets aufbrausendes Temperament hatten auch andere zu spüren bekommen. Es war ein paar Jahre her, als er angezeigt worden war und Rechtsbeistand benötigte. Wie makaber, dachte ich, dass ich so nun über die Nummer eines Rechtsanwalts verfügte.

»Ich will mich scheiden lassen«, stotterte ich ins Telefon. Wenige Stunden später saß ich im Büro des Anwalts und füllte die nötigen Papiere aus. Es geschah alles wie in Trance, ich fühlte nichts, ich wusste nur, dass ich das Richtige tat. Dass Mehmet mich schlug, erwähnte ich allerdings nicht, es war mir peinlich. Ich war auch der Meinung, dass es meinen Anwalt nichts anging. Ich erwähnte lediglich unsere Streitereien. Das Unglück, das ich empfand. Ich behauptete, dass ich mir die blauen Flecken im Gesicht bei einem selbst verschuldeten Sturz zugezogen hatte. Ich wollte Mehmet nicht anklagen, war er doch der Vater meiner Kinder. Ich wollte lediglich frei von ihm sein. Endlich frei.

Später holte ich meine Kinder von ihren Freunden ab. »Mama, was hast du da an der Lippe und am Auge?«, fragte Zeynep vorsichtig. »Ach, nichts Schlimmes, Mama ist hingefallen«, log ich einmal mehr.

Mehmet tauchte die folgenden zwei Wochen nicht mehr auf, und ich hoffte bereits, ihn nie wieder zu sehen. Meine Kinder wagten nicht zu fragen, aber ich sah es in ihren Gesichtern, dass auch sie sich nicht sonderlich dafür zu interessieren schienen, wo ihr Vater steckte. Nur einmal wurde ich hellhörig. »Es ist so ruhig in der Wohnung«, sagte Zeynep, als ich mit ihr im Wohnzimmer saß. Ich musterte sie neugierig. »Schön ruhig«, setzte meine Tochter nach und kuschelte sich in meine Arme. Was hatte ich meinen Kindern nur zugemutet? Ein tiefer Schmerz durchfuhr mich, ich hatte noch immer ein schlechtes Gewissen gegenüber Zeynep, ich spürte, dass das Trauma, als Mehmet mit dem Beil auf mich losging, noch immer in ihrem kleinen Herzen festsaß. Wann immer Mehmet sie seitdem auf die Arme nehmen wollte, strampelte sie wild. Am liebsten ging sie ihm aus dem Weg. »Ich werde dich immer beschützen, ich liebe dich mehr als mein Leben, hörst du, mein Liebling ...«, flüsterte ich ihr ins Ohr und überhäufte ihr Gesicht mit Küssen.

Da klingelte mein Handy. »Ich habe die Papiere vom Anwalt bekommen. Wage es ja nicht ...«, stieß Mehmet seine Worte in den Hörer. Ich war seltsam ruhig: »Wenn du nicht unterschreibst, dann wirst du mich und die Kinder nie wieder sehen.« Mehmet wusste, dass das keine leere Drohung war. Dafür kannte er mich zu gut.

Ich ging weiterhin zur Arbeit. Dank der unterschiedlichen Schichten sah ich Mehmet nicht. Aber er rief immer wieder an. »Ich bekomme alles mit, was du machst«, drohte er. »Meine Freunde sind überall, ein falscher Schritt, und du bist dran«, lachte er hasserfüllt. Ich hatte Angst vor ihm, aber ich war mir keiner Schuld bewusst. Ich wollte nur eines: endlich Frieden in meinem Leben.

Mehmet wagte es jedenfalls nicht mehr, mir zu nahe zu kommen.

Dafür stand plötzlich ein älteres Ehepaar vor der Tür. Es waren Bekannte von Mehmet. »Wir haben gehört, was passiert ist«, säuselten sie und schoben sich in den Flur. Ich begriff sofort – sie waren von ihm geschickt worden. Ungefragt nahmen sie im Wohnzimmer Platz. Überfordert von der Situation bot ich ihnen Tee an. Und dann sprudelte es auch schon aus ihnen heraus: »Wie willst du ohne Mann deine Kinder großziehen? Sei doch vernünftig. Mehmet tut es schrecklich leid.« Ich musste mich fast übergeben, als ich diesen Satz hörte. »Es tut ihm leid.« Wie oft war ich auf diese Entschuldigung schon hereingefallen, wie oft hatte er trotzdem wieder zugeschlagen. Stoisch lächelnd ließ ich das Palaver über mich ergehen und bat sie nach einer Stunde höflich aus der Wohnung.

Ende Oktober 2003 begegnete ich Mehmet vor Gericht wieder. Es war der Tag unserer Scheidung, und Mehmet fing mich vor dem Eingang ab. »Ich will mich nicht scheiden lassen, ich liebe dich doch«, winselte er. Aus Kostengründen hatte er sich breitschlagen lassen, einen gemeinsamen Anwalt zu nehmen. Ich blickte durch ihn hindurch und formulierte meine Sätze so sachlich, wie es mir nur irgend möglich war: »Wenn du da jetzt nicht hineingehst und der Scheidung zustimmst, wirst du mich nie wieder sehen. Ich will lieber tot sein als länger deine Frau.« Mehmet erschrak. Er wusste wohl, dass es mir ernst damit war. »Gut«, hüstelte Mehmet. »Aber wir sagen es unseren Familien nicht«, flehte er. Ich nickte gefällig. Hauptsache die Scheidung wurde auf dem Papier vollzogen. Und mir war es nur recht, wenn keiner aus seiner Sippschaft davon erfahren sollte. So blieben mir wenigstens weitere Anrufe und unnötiger Streit zwischen unseren beiden Familien erspart.

Ein Engel auf meinem Oberarm

Wie befreit trat ich mit der Scheidungsurkunde vor das Gerichtsgebäude auf die Straße. Ich nahm einen tiefen Atemzug, ich war jetzt eine freie Frau. Ich lief zu Fuß in die Wohnung zurück, es war noch etwas Zeit, meine Kinder waren in der Schule und im Kindergarten. Da kam ich an einer Kirche vorbei. Ich wusste nicht warum, aber ich hatte das Bedürfnis, hineinzugehen. Ich setzte mich in die letzte Bankreihe und dann brach ich in Tränen aus. »Allah, bitte lass mich das Richtige getan haben«, flehte ich leise. Ich saß noch eine Weile da, die Stille tat mir gut. Nur mein Herzschlag war zu hören. Mein Blick fiel auf eine Marmorfigur. Ein Engel, in Marmor geschlagen, schien mich zu fixieren. Ich lächelte und wischte mir die Tränen aus dem Gesicht. Dann kehrte ich nach Hause zurück.

»Mama, haben wir jetzt keinen Papa mehr. Hat er uns jetzt nicht mehr lieb?«, fragte Zeynep, als sie sich auf meinen Schoß setzte. Ich fühlte einen Kloß in meinem Hals. »Nein, Papa liebt euch. Nur Mama und Papa verstehen sich nicht«, bemühte ich mich, ihr die Situation zu erklären. Aber wie will man einem sechsjährigen Mädchen auch klarmachen, was Scheidung bedeutet? Ich schloss sie in meine Arme und wog sie sanft. Melanie und Metin hingegen schienen fast erleichtert zu sein. »Endlich keinen Streit mehr«, kommentierte Melanie knapp. Und trotzdem spürte ich, wie sehr sie litten. Sie hatten ihren Vater schon seit Monaten nicht mehr gesehen und immer öfter fragten sie nach ihm. Es schwang zwar Abneigung in ihren Worten mit, doch schienen sie mit seiner Abwesenheit nicht so recht zufrieden zu sein. So oder so, er war schließlich ihr Vater. Durch ihre Adern floss auch sein Blut.

Zwei Wochen nach der Scheidung rief ich Mehmet an, er wohnte inzwischen in der Wohnung eines Freundes. Da wir nach wie vor das geteilte Sorgerecht hatten, bot ich ihm an, seine Kinder zu sehen, wann immer er mochte. Das Jugendamt hatte es uns überlassen, wie wir die Besuchsregelung gestalten wollten. Mehmet lachte gehässig. »Jetzt soll ich unsere Kinder sehen, damit du dich herumtreiben kannst.« Mir fehlten die Worte und ich legte auf, bestürzt über diese Unverschämtheit. Mehmet hatte nichts verstanden. Und doch tauchte er zwei Tage später auf, um Melanie, Metin und Zeynep zu einem Ausflug abzuholen. Sie strahlten vor Freude. Ich winkte ihnen vom Fenster nach und musste an Mehmets Tochter Yasemin denken. Diese Szene unterschied sich nicht wesentlich von der, als ich sie zum ersten Mal gesehen hatte. Leider hatte sich unser Kontakt über die Jahre verflüchtigt. Als sie in die Pubertät kam, kapselte sie sich mehr und mehr von mir und meinen Kindern ab. Zu verschieden waren unsere Leben, zu schwer wogen die Differenzen zwischen ihrer Mutter und Mehmet, als dass wir so etwas wie eine Patchworkfamilie hätten bilden können. Mir blieb nichts, als es zu akzeptieren.

Ich nutzte die Zeit, suchte ein Tattoo-Studio auf und machte einen Termin. »Ich will einen Engel auf meinem rechten Oberarm«, erklärte ich dem Tätowierer. Ich war eine Muslimin, die sich hatte scheiden lassen. Jetzt kam es auf einen tätowierten Engel mehr oder weniger auch nicht mehr an. Die Ruhe, die ich an dem Tag meiner Scheidung in der Kirche erfahren hatte, wirkte noch immer nach. Ich wollte den Schutzengel jetzt auch auf meiner Haut wissen. Es fühlte sich in diesem Moment einfach richtig an.

Warum ich meinen Exmann wieder bei mir einziehen ließ

2005 wurde auch Zeynep eingeschult. Mehmet überwies pünktlich die Miete und sah seine Kinder regelmäßig. Fast glaubte ich, die Normalität hätte endlich auch in meinem Leben Einzug gehalten. Wann immer Mehmets Verwandte anriefen, verwies ich sie auf seine Handynummer. Keiner ahnte, dass wir geschieden waren. Und auch er hielt dicht. Seit über einem Jahr hatte er mich weder belästigt noch bedroht, fast glaubte ich, er hatte sich mit der Situation arrangiert. Er begegnete mir höflich, wenn er die Kinder abholte und rief nur an, wenn es um die Kinder ging. Bei der Arbeit geriet Mehmet immer wieder mit einem Kollegen in Streit. »Ich kündige«, zeterte er dann, wenn er mir davon am Telefon erzählte. »Noch einen Monat, warte doch ab. Ohne Arbeit ist es noch schwerer«, redete ich gebetsmühlenartig auf ihn ein. Mehmets Temperament war unberechenbar. Doch vor mir riss er sich zusammen.

Einmal lag ein großer Strauß Rosen vor der Tür. Ein anderes Mal hatte er mir einen Brief mit lieben Worten durch den Türrahmen geschoben. Und dann gab ich wieder nach. Wenn ich heute darüber nachdenke, schäme ich mich zutiefst. Warum war ich so dumm? Ich weiß keine Antwort darauf. Ich weiß nur, dass ich Angst hatte und kaum Selbstbewusstsein. Ich konnte keinen Vergleich zu anderen Ehen ziehen, ich wusste nicht, was Eheglück und Liebe bedeuteten. Ich hatte beides nie erlebt. Ich hatte keine Freunde, die mir den Spiegel hätten vorhalten können. Zumindest keine, die ich bis zu meinem Herzen vordringen lassen wollte. Dafür hatte Mehmet gesorgt.

Für mein Verhalten gibt es keine Entschuldigung. Lediglich eine Rechtfertigung: Ich wollte eine gute Ehefrau sein und meine

Familie zusammenhalten. Ich wollte keine Fehler machen. Und ein guter Vater war er ja: Mehmet hat unsere Kinder nie verprügelt. Ein einziges Mal nur hat er Metin eine Ohrfeige verpasst. Ich bin damals beinahe ausgerastet. Metin war acht Jahre alt, und der Grund für den Schlag in sein Gesicht war banal. Aber ich hätte niemals für möglich gehalten, wie viel Kraft in mir steckt. Mit voller Wucht warf ich mich gegen Mehmet. Er sank schmerzverzerrt zusammen. Hätte er meine Kinder jemals wieder angefasst, ich hätte es ihm nie mehr verziehen. Meine Kinder, mein größter Stolz – der Grund, weshalb ich heute noch am Leben bin.

Mehmet jedenfalls hatte von jenem Tag an seine Schläge ausschließlich auf mich reduziert. Und ich mache mir nichts vor: Dies war mir ein dankbares Argument dafür, dass ich Mehmet schon bald wieder bei mir aufnahm. Denn stärker als der Hass auf ihn regierte in mir das Gefühl, dass meine Kinder nicht ohne Vater aufwachsen sollten. Egal, wie schlecht er mich behandelte. Vielmehr war ich davon überzeugt, dass ich als alleinerziehende Mutter schutzlos war. Wie tief doch die türkische Tradition und Erziehung mein Denken lenkten.

Bald nach der Einschulung Zeyneps stand Mehmet mit seinen Koffern also wieder vor der Tür. Er schlief zwar auf der Couch, aber doch war er wieder in meiner Nähe. »Ich lasse dich in Ruhe. Ich will lediglich bei meinen Kindern sein«, betonte er. Die Wahrheit war: Er hatte nicht einmal genug Geld, um sich eine eigene Wohnung zu leisten. Und ich hatte Mitleid. Man möge mich heute dafür verurteilen, dass ich nachgegeben habe. Aber er war nun mal der Vater meiner Kinder. Und das zählte mehr als das, was die Menschen um mich herum dachten und sagten. »Warum bist du so blöd?«, schimpfte auch meine Nachbarin Suat. »Warum gibst du ihm eine neue Chance?«, schüttelte sie empört den Kopf. »Er hat sich geändert«, rechtfertigte ich mich. »Er lässt mich in Ruhe, schläft im Wohnzimmer«, redete ich mir die Lage schön.

In Wahrheit schlief Mehmet schon bald wieder im Ehebett. Unsere Ehe existierte trotz der Scheidungspapiere weiter wie all die Jahre zuvor. Nur Schläge gab es keine mehr. Mehmet wusste wohl, dass unser fragiles Beziehungskonstrukt an einem seidenen Faden hing. Selbst bei meinen beiden Töchtern Zeynep und Melanie hielt er sich zurück und verkniff sich gehässige Kommentare, wenn sie sich mit Freunden trafen. Auch wenn ich mich mit anderen Müttern aus Melanies Klasse zum Kaffee traf, verlor er nie die Beherrschung. Fast unheimlich erschien mir seine Läuterung, und mir war, als spürte ich seinen Schatten auf Schritt und Tritt. So manches Mal glaubte ich ihn zu sehen, wenn ich mit meinen Kindern die Straße entlanglief. »Ach Aylin, du leidest schon unter Verfolgungswahn«, versuchte ich mich dann zu beruhigen.

»Du warst mit den Kindern Eis essen. Wer war der Mann, den du gegrüßt hast?«, platzte es ihm einmal heraus. Ich blickte ihn entsetzt an. »Ein Freund hat mir davon erzählt, er hat euch heute gesehen«, schob er sofort nach. Sollte er mich doch heimlich überwachen? Schnell wischte ich den Gedanken fort, es schien mir einfach zu absurd. Es lief doch alles gut. Das wollte ich so gern glauben. Aber vor allem schämte ich mich, mir meine Ehehölle einzugestehen.

Heute weiß ich, dass häusliche Gewalt an Frauen keine Ausnahme ist, auch in Deutschland nicht. Dass es keine Schande ist, darüber offen zu sprechen, und es umso wichtiger ist, sich Hilfe zu suchen. Heute weiß ich, dass die Hoffnung, die ich mir damals machte, dass mein Mann nach dem zehnten Schlag es ein elftes Mal nicht mehr tun würde, reines Wunschdenken war. Zu sehr sehnte ich mich nach Liebe und Geborgenheit. »Lieber einen schlechten Ehemann als gar keinen«, hatte mir einmal eine Tante kurz vor der Hochzeit gesagt. Heute weiß ich es besser, aber damals war die Angst größer als mein Mut.

So kämpfte ich mich durch den Alltag, tagein, tagaus, Monat um Monat. Ich wehrte mich nicht, wenn Mehmet mit mir schlafen wollte. Ich gab nach, als Mehmet sich für 27 000 Euro die Zähne richten lassen wollte und ich dafür einen Kredit unterschreiben sollte. Und ich hielt meinen Mund, wenn Mehmet meckerte, was für eine schlechte Ehefrau ich sei, wenn ich das Abendessen nicht pünktlich auf den Tisch brachte.

So war Mehmet. Auf ihn war kein Verlass. Seine Laune war wechselhafter als das deutsche Aprilwetter. Einen Tag beschimpfte er mich, am nächsten Tag schaffte er für mich ein gebrauchtes BMW Cabrio an. Ich weigerte mich, das Geschenk anzunehmen, da wir das Geld so viel besser für die Abzahlung des Kredits hätten gebrauchen könnten. »Ich brauche kein neues Auto, mein alter Golf reicht völlig aus«, argumentierte ich. »Ich will nicht, dass meine Frau mit so einem alten Ding durch die Gegend fährt, was sollen da die anderen denken«, widersprach er. Mit den anderen meinte er seine Landsleute. Sein Ansehen als Patriarch der Familie war ihm stets wichtiger gewesen als sein Kontostand.

So stand der Wagen am Ende doch vor der Tür. Ich hatte mich breitschlagen lassen, und letzten Endes war es auch mein Geld, womit er das Auto bezahlte. Mehmet war in unserer Ehe immer schon fürs Kaufen zuständig gewesen, ich dagegen fürs Bezahlen oder Unterschreiben der Kredite. Einmal wollte Mehmet für mich in den Supermarkt gehen, danach nahm ich die Einkäufe lieber wieder selbst in die Hand. Nie werde ich vergessen, wie er mit den zehn Milchpackungen nach Hause kam, um die ich ihn gebeten hatte. Er regte sich fürchterlich auf. »Zwanzig Euro für zehn Milchpackungen, wie soll man da mit einer Familie überleben?«, lamentierte er. Ich wurde stutzig. »Zeig mir den Kassenbeleg«, forderte ich. Mir war sofort klar, dass die Kassiererin einen Fehler gemacht haben musste. Kurz darauf standen wir zusammen wieder im Supermarkt. Tatsächlich hatte die Dame an der Kasse versehentlich Tomaten statt Milch eingetippt. Mehmet fühlte sich natürlich bloßgestellt. Die Quittung bekam ich zu Hause. Er tobte wie ein wild gewordener Stier.

Und doch hielt ich es aus. Ich hatte schlichtweg Angst, mein Leben könnte noch schlimmer werden. Und es wurde schlimmer.

Kapitel 9

26 Messerstiche

Kontaktverbot und eine Anzeige beim Jugendamt – oder als der Terror vor meiner Haustür begann und mein Exmann zustach

Der Juni 2007 zeigte sich von seiner schönsten Seite. Mein 35. Geburtstag stand an. Aslı war am Telefon, meine Schwester war die Einzige, die von meiner Scheidung wusste. »Ich verstehe nicht, dass du immer noch bei ihm bist«, polterte sie sofort los. Ihr Verständnis für mich war längst dem Ärger gewichen, zu oft hatte ich mir bei ihr über Mehmet die Augen ausgeheult. »Du bist mit solch einem Scheusal zusammen. Ich begreife das einfach nicht.« »Bitte, lass uns nicht wieder darüber streiten«, hielt ich dagegen. »Dann nehme jetzt wenigstens meine Einladung an, deinen Geburtstag in Antalya zu verbringen. Ich bin dort zu einer Schuhmesse eingeladen. Die Veranstalter zahlen sogar das Hotel. Lassen wir uns es doch einmal drei Tage so richtig gut gehen«, schlug sie vor. »Aber Mehmet ...« Ich zögerte. Seine Eifersucht, sein Misstrauen hatten mich zermürbt. Meine Angst war groß.

»Kannst du ihm nicht sagen, dass du deine türkischen Verwandten in Essen besuchst, immerhin haben wir dort tatsächlich eine Großtante. Sie hält bestimmt dicht, falls Mehmet anrufen sollte. Lass mich das nur machen«, beharrte sie. Ich blätterte in meinem Kalender. Zwischen dem 22. und dem 24. Juni hatte Metin ein Fußballturnier in Österreich, und Mehmet wollte ihn dorthin begleiten. Mein Fehlen würde also nicht weiter auffallen. Seufzend gab ich nach und freute mich insgeheim wie ein kleines Kind auf drei Tage Urlaub mit meiner Schwester.

Mehmet schöpfte keinen Verdacht, als ich ihm mein Vorhaben unterbreitete. Ich hatte meine Großtante noch nie besucht. Und für einen Anstandsbesuch war es nach türkischer Tradition schließlich höchste Zeit. »Aber dann dürfen Papa und ich mit deinem Cabrio nach Österreich fahren«, quäkte Metin. Ich lachte. »Du kleiner Angeber.« Gönnerhaft reichte ich Mehmet meinen Autoschlüssel. Heimlich buchte ich einen Flug für den 22. Juni nach Antalya und einen Rückflug für den 25. Juni.

Ich versteckte meinen Bikini im Koffer unter meinen Kleidungsstücken und fuhr mit dem Zug nach Frankfurt, während Mehmet und Metin sich mit meinem Auto auf den Weg nach Österreich machten. Zeynep und Melanie waren bei ihren Schulkameradinnen untergebracht. Mehmet zeterte ausnahmsweise einmal nicht über die »unehrenhaften« Mütter, bei denen meine Töchter zwei Nächte verbringen sollten. Allein in der Nacht vom 24. auf den 25. Juni würde Mehmet ohne meine Hilfe auf alle drei Kinder aufpassen müssen. Es war nur eine Nacht, da konnte doch nicht viel schiefgehen, beruhigte ich mich, als ich in den Flieger stieg.

Stürmisch empfing mich meine Schwester am Flughafen von Antalya. Mit dem Taxi steuerten wir das Hotel an, das einem

Palast glich. Aslı sorgte sich rührend um mich. Ihr Schuhgeschäft lief gut, sie war glücklich verheiratet und sparte nicht damit, mich an ihrem Glück teilhaben zu lassen. Wir besuchten gemeinsam die Schuhmesse, gingen vornehm Essen, und Aslı deckte mich mit neuen Kleidern – und natürlich Schuhen – ein. »Aber zeig die Sachen Mehmet nicht, sonst gibt es Ärger«, mahnte sie noch.

Auch wenn wir zwei verschiedene Väter hatten, fühlten wir uns wie Zwillinge verbunden. Noch heute ist Aslı für mich neben meinem Bruder Mehmetcan einer der wichtigsten Menschen in meinem Leben. Beide sind ein Teil von mir. Und ich liebe sie abgöttisch.

Für zwei Tage ließ mich Aslı alle Sorgen und Nöte vergessen – wir waren einfach nur zwei Schwestern, die abends auf dem Hotelzimmer lachten und quatschten. Wir redeten bis kurz vor Tagesanbruch und kletterten dann gähnend in unsere Betten. Eine friedvolle Stimmung ruhte mit uns im Raum, und ich hatte jegliches Zeitgefühl verloren. Nie wieder sollte ich so glücklich und unbeschwert sein wie an jenen Urlaubstagen im Juni 2007.

Am 25. Juni flog ich zurück.

Als der Terror vor meiner Haustür begann

Ich schloss die Tür zur Wohnung auf. Ich hatte mich vorsorglich eingecremt, damit Mehmet nichts von meinem Kurzurlaub in der Türkei bemerkte. Ich sah ihn mit einem Freund in der Küche sitzen. »Du Hure, hast du dich gut amüsiert in der Türkei?«, fuhr er mich an. Seine Augen sprangen aus ihren Höhlen, so wütend war er. Der Koffer glitt mir aus meinen zitternden Händen. Bis heute weiß ich nicht, wie er von meinem Kurzurlaub erfahren hatte.

»Du Hure, du hast dich allein in einem Hotel herumgetrieben«, schrie er wie von Sinnen. Ich brachte keinen Ton heraus. »Weglaufen bringt dir jetzt nichts mehr, ich habe dich beim Jugendamt angezeigt. Sie werden sicher gleich hier sein.« Seine Worte überschlugen sich, seine Augen funkelten schadenfroh. »Ich bin dir keine Rechenschaft schuldig, wir sind geschieden«, fauchte ich verzweifelt. Da trat er schon an mich heran und schlug mir ins Gesicht. »Deine Kinder kommen ins Heim«, lachte er boshaft. Meine Lippen bebten, meine Knie wurden weich. Instinktiv griff ich nach meinem Handy in der Jackentasche und wählte 110, während ich in mein Schlafzimmer hastete und die Tür hinter mir verschloss.

Ich bemerkte die offene Tür meiner Kommode und ahnte, was das zu bedeuten hatte. Tatsächlich war der Fahrzeugbrief für mein Cabrio, den ich darin aufbewahrte, verschwunden. Auch meinen Hochzeitsschmuck und meine Sonnenbrille konnte ich nicht mehr finden. Was Mehmet mit meiner Brille wollte? Ich wusste nicht, ob ich lachen oder schreien sollte. Ohnmächtige Wut stieg mir die Kehle hoch. »Mehmet, wo sind meine Sachen?«, brüllte ich aus Leibeskräften durch die verschlossene Zimmertür. Da hörte ich schon seine Fäuste trommeln. »Mach auf!«, befahl er. »Nein! Wo ist mein Schmuck?« Ich hörte seine Schadenfreude. »Verkauft.«

Es klingelte an der Tür. Ich drehte den Schlüssel um, riss die Tür auf und stürmte an Mehmet vorbei durch den Flur. Zwei Polizeibeamte traten ein. »Sie ist eine Rabenmutter«, schrie Mehmet, noch bevor die Polizisten ein Wort sagen konnten. »Mein Fahrzeugbrief, mein Auto, die Schlüssel«, presste ich keuchend hervor. »Er hat alles gestohlen.« Mehmet heulte hysterisch auf. »Sie ist eine Lügnerin«, fauchte er. Die Beamten glaubten ihm nicht. »Wo sind die Sachen?«, fragten sie ihn streng. Da entschied Mehmet sich für eine andere Strategie: »Ich habe alles verkauft. Meine Frau war einverstanden damit.« Obwohl wir geschieden waren, galt ich in seinen Augen immer noch als sein Eigentum.

Die Beamten griffen durch. Sie baten meinen Mann und seinen Freund aus der Wohnung. »Mein Autoschlüssel, wie soll ich morgen zur Arbeit kommen?«, hustete ich. Mehmet drehte sich hasserfüllt nach mir um. »Ich habe ihn nicht mehr …« Beherzt griff einer der Beamten nach dem Mercedes-Schlüssel in seiner Hand. »Nun gut, dann fährt Frau Korkmaz so lange Ihren Wagen. Aber erst einmal verlassen Sie und Ihr Freund die Wohnung.« Der Beamte übergab mir den Autoschlüssel. Mehmet spuckte lachend aus. »Das ist Amtsmissbrauch.« Der Beamte blieb ruhig. »Ist hier jemand im Raum, der bezeugen möchte, dass Herr Korkmaz seine Autoschlüssel nicht freiwillig an Frau Korkmaz ausgehändigt hat?« Schweigen.

Und dann hörte ich Mehmets Hass in Worte geformt. »Keine Angst, ich tu dir nichts. Jetzt noch nicht«, warf er mir im Gehen nach. Er sprach auf Türkisch, damit ihn die Beamten nicht verstehen können. »Ich bin nicht blöd. Ich warte den richtigen Zeitpunkt ab. Und dann schlage ich dir deinen Kopf ab.« Mein Magen krampfte sich zusammen. »Er hat mir mit dem Tod gedroht.« Meine Stimme bebte vor Entsetzen.

»Frau Korkmaz, das hat er sicher nur aus Wut gesagt«, versuchten die Beamten mich zu beruhigen. Aber ich hatte verstanden:

Mehmet meinte es genau so, wie er es gesagt hatte. Daran gab es keinen Zweifel.

Einer der beiden Beamten blieb noch einen Moment. »Wir haben jetzt einen Platzverweis ausgesprochen, Ihr Exmann darf sich Ihnen in den nächsten zwei Wochen nicht nähern. Aber sie sollten sich rasch an das Ordnungsamt in Baden-Baden wenden, die Mitarbeiter dort werden Ihnen sagen, wie Sie sich am besten schützen können.«

Plötzlich war es ganz still. Ich stürmte in das Zimmer meiner Kinder. Melanie und Metin saßen teilnahmslos vor dem leise gestellten Fernseher, Zeynep weinte. »Mein Schatz, keine Angst.« Ich beugte mich über sie und spürte, wie ihr Kopf glühte. »Papa hat gesagt, dass wir jetzt ins Heim müssen«, schluchzte sie. »Niemals wird das passieren«, beeilte ich mich, sie zu trösten. Da umschlangen mich auch schon Metins und Melanies Arme. Heulend lagen wir vier ineinander verschlungen auf dem Boden. Was hatte ich nur angerichtet? Wieder fühlte ich mich schuldig, wieder hatte ich versagt.

Rufmord

Am nächsten Morgen suchte ich das Amt für öffentliche Ordnung in Baden-Baden auf. »Frau Korkmaz, Sie brauchen einen Anwalt, um länger andauernde Schutzmaßnahmen zu erwirken«, konkretisierte eine nette Beamtin die folgenden Schritte. »Wenn Sie möchten, kontaktiere ich auch das Frauenhaus. Die zuständige Mitarbeiterin setzt sich dann mit Ihnen in Verbindung«, bot sie mir an. Ich schluckte: »Aber ich will nicht ins Frauenhaus ...«

»Nein, Sie verstehen falsch. Die Mitarbeiterinnen würden lediglich für ein Beratungsgespräch bei Ihnen vorbeikommen. Sie werden Ihnen sicherlich nützliche Tipps geben können.« Erleichtert atmete ich auf. Ich konnte jede Hilfe gebrauchen und willigte ein. Kurz darauf rief ich die Mutter einer Schulkameradin von Melanie an. Sie war Juristin. Über sie erhielt ich den Kontakt zu Frau Gerhard, einer Familienanwältin. Und kaum hatte ich aufgelegt, kontaktierte mich eine Mitarbeiterin des örtlichen Frauenhauses. Sie stellte sich als Kathrin vor. Ein paar Stunden später bereits saß sie bei mir im Wohnzimmer.

»Sie sind nicht allein. Sie können mit mir über alles reden, es bleibt vertraulich«, sagte sie ruhig. Und dann brach alles aus mir heraus. »Er hat mir mit dem Tod gedroht«, weinte ich. »Ich kenne Mehmet gut genug«, stotterte ich. »Dieses Mal war es keine Floskel, kein Beil vor meinem Gesicht. Dieses Mal meinte er es ernst. Er wird mich umbringen, wissen Sie. Er wird es tun.« Kathrin nahm mich in den Arm. »Ich habe Angst, so schreckliche Angst«, weinte ich ihre Bluse nass. Kathrin glaubte mir. Doch auch sie bestätigte, was die Polizeibeamten angedeutet hatten. Von Rechts wegen waren ihnen die Hände gebunden. Mehr als ein Annäherungs- und Kontaktverbot ließ sich nicht erwirken. Denn, so makaber es klingen mag, noch hatte er mir nichts angetan. Es war zum Verzweifeln. »Muss ich erst tot sein, damit man mir glaubt?«

Doch das Gespräch mit der Mitarbeiterin des Frauenhauses hatte mir gutgetan, zum ersten Mal war ich alles losgeworden. All die Wut, Verzweiflung und Angst, die ich in mich hineingefressen hatte. Und zum ersten Mal erfuhr ich Hilfe von Menschen, die ich noch nicht einmal kannte. Ich fühlte mich nicht mehr allein.

Heute glaube ich: Hätte ich schon früher von meinen Rechten als Frau in Deutschland erfahren, vielleicht hätte ich Mehmet nicht wieder und wieder verziehen. Vielleicht wäre ich dann mutiger gewesen. Vielleicht. Aber wer hätte mich schon über die Möglichkeit eines Platzverweises oder das Gewaltschutzgesetz aufklären können – durch Mehmets krankhafte Eifersucht war ich, bis auf meine tägliche Arbeit in der Tankstelle an der Autobahnraststätte Baden-Baden, von der Außenwelt so gut wie abgeschnitten.

Doch auch Mehmet machte von seinen Rechtsmöglichkeiten Gebrauch. Er zeigte mich beim Jugendamt an, ich sei eine schlechte Mutter, die ihre Kinder vernachlässige, hieß es in seiner Begründung. Wenige Tage später hatte ich das Jugendamt in meiner Wohnung. »Wir müssen jeder Anzeige nachgehen«, erklärte der Mitarbeiter sachlich. Was folgte, war beschämend. Die Lehrer meiner Kinder wurden verhört, selbst die Ballettlehrerin von Zeynep. Auch mein Vorgesetzter in der Tankstelle wurde von den Fragen nicht verschont. Das Ergebnis: Ich war eine vorbildliche Mutter. Aber die Schmach wirkte nach. Wie Menschen eben so sind. Irgendwas musste doch dran sein, wenn das Jugendamt Nachforschungen betreibt.

Mehmet jedenfalls hatte noch nicht genug. Er stellte die Unterhaltszahlungen ein. Von Zorn erfasst, setzte ich mich zur Wehr und strebte mit der Hilfe meiner Familienanwältin Frau Gerhard ein Unterhaltsverfahren für meine Kinder und eine andere Regelung für den Umgang mit ihnen an. Er sah sie ohnehin nur noch dann, wenn es ihm in den Kram passte. Mal meldete er sich bei ihnen eine ganze Woche nicht, dann wollte er sie auf der Stelle treffen. Ich spürte, wie sie darunter litten.

Mein Exmann wurde nicht müde, mir das Leben zur Hölle zu machen. Dass ich mich gegen ihn wehrte, schien ihn nur noch rasender zu machen. Aber was wäre die Alternative gewesen? Ich wusste, er würde nur Ruhe geben, wenn ich zu ihm zurückkehrte. Aber das kam nicht infrage. Ich hatte schon zu oft nachgegeben. Ihm verziehen aus Angst und in der Hoffnung, er würde sich ändern. Diese Hoffnung hatte ich endgültig zu Grabe getragen. Es war genug.

Eines Tages war sein Mercedes verschwunden, den ich fahren durfte, solange er mir mein Cabrio nicht zurückgab. Es war ein kühler Abend im August, als mein Sohn Metin in die Wohnung stürmte: »Ich habe gerade Papa gesehen, wie er mit einem Freund in das Auto stieg.« Ich hatte den Wagen vor der Haustür und nicht wie sonst in der Garage geparkt. Ich wollte es nicht glauben und hetzte zum Fenster. Der Mercedes stand nicht mehr da. Ich rief die Polizei, doch sie konnte mir nicht helfen. Offiziell war er nun mal sein Eigentum. Später sollte ich erfahren, dass mein Exmann mit dem Fahrzeugbrief, den er noch besaß, sich einen Ersatzschlüssel hatte anfertigen lassen. Unbändiger Zorn kochte in mir hoch, mein Magen verkrampfte. »Wie willst du mich jetzt morgen zum Fußballtraining fahren?«, jammerte Metin. »Und wie soll ich morgen zur Arbeit kommen?«, hielt ich ihm entgegen. Zur Tankstelle gab es keine Busverbindung, zehn Kilometer waren zu viel, um den Weg zu Fuß zurückzulegen.

Dank Metins ausführlicher Beschreibung wusste ich zumindest, wer dieser Freund von Mehmet war, der ihm geholfen hatte. Ich hatte mich mit ihm immer gut verstanden. Wie konnte er mir das nur antun und sich gegen mich verschwören? Tief enttäuscht rief ich ihn an. Er stotterte beschämt: »Mehmet meinte, das sei alles mit dir abgesprochen.« Ich weinte bitterlich. War es sein schlechtes Gewissen oder Mitleid? Ich weiß es nicht, aber er bot mir sofort seine Hilfe an. Über einen befreundeten Autohändler kam ich schließlich noch am selben Tag an einen Ersatzwagen.

Mehmets Hass sollte mich nicht besiegen, nie wieder sollte er mich kleinkriegen. Ich wollte nur noch eines: Frieden. Doch je mehr ich mich danach sehnte, umso perfider wurden Mehmets Angriffe auf meine Seele. Er verbreitete Gerüchte. Bekannte grüßten mich auf der Straße plötzlich nicht mehr. Schon bald drangen absurde Lügen an meine Ohren. Ich hätte eine heimliche Affäre, hieß es. Ich sei untreu gewesen, deshalb sei ich im Juni in die Türkei geflogen, lautete die Version seiner Bekannten. Ich galt fortan als Aussätzige – bei meinen eigenen Landsleuten.

Anfang August flüchtete ich mit meinen drei Kindern für zwei Wochen nach Antalya. Urlaub hatten wir uns nach all den belastenden Ereignissen redlich verdient. Ich wollte, dass sie ein wenig Ablenkung erfuhren und ich ein wenig neue Kraft tanken konnte. Die Ruhe währte allerdings nur wenige Tage. Mein Handy klingelte, ein Polizeibeamter aus Baden-Baden war am anderen Ende der Leitung. Was sollte jetzt schon wieder passiert sein? »Frau Korkmaz, bei Ihnen wurde eingebrochen.« Aber nur mein Zimmer war verwüstet worden. »Mehmet«, schoss es mir sofort durch den Kopf. Ich zitterte am ganzen Körper. Ich konnte mich nicht mehr zurückhalten. Ich wählte seine Nummer, wie irrgeworden schrien wir uns an.

Das Signal war deutlich: Er wollte alles zerstören, was mir lieb und teuer war. Er wollte mir zeigen, dass er überallhin vordringen konnte, selbst in meine Intimsphäre.

Sofort erstatte ich Anzeige gegen ihn. Dann stellte sich heraus, dass er mein Cabrio bereits verkauft hatte. Wieder stand ich vor Gericht, um den unrechtmäßigen Verkauf meines Autos anzufechten. Ich brauchte einen neuen Anwalt, da meine Familienanwältin zu der Zeit in den Flitterwochen war. All der Papierkram, die vielen Termine, Unterschriften – und die Furcht vor Mehmet, was er sich als Nächstes einfallen lassen würde, um mich zu quälen.

Am 27. September wurden Mehmet und ich trotz Kontaktverbot ins Jugendamt bestellt. Mehmet würdigte mich keines Blickes, als er neben mir vor dem Mitarbeiter des Jugendamtes saß. Dafür zog mein Exmann eine Show ab, die mir glatt die Sprache verschlug. Er sprach völlig ruhig, gebärdete sich als liebender Vater und als Mensch, der keiner Fliege etwas zuleide tun könnte. »Meine Frau wollte immer, dass ihre Kinder mit Vater und Mutter aufwachsen, weil sie selbst keinen Vater hatte.« Ich hatte mir vorgenommen, kein Wort mit ihm zu wechseln, und doch brach es nun aus mir heraus: »Und du hast es ausgenutzt. Du konntest dir sicher sein, dass ich dich nicht verlasse.«

Der Angestellte des Jugendamtes schlug vor, dass Mehmet seine Kinder alle zwei Wochen sieht. Und wieder war ich es, die einlenkte. »Die Kinder brauchen ihren Vater, sie sollten ihn regelmäßig sehen.« Am Ende einigten wir uns darauf, dass Mehmet fortan jeden Mittwoch seine Kinder treffen sollte.

Ich war mit den Nerven am Ende. Der permanente Stress und die vielen Behördengänge. Aber vor allem die Angst zermürbte mich. Ich kam kaum noch zur Ruhe. Nachts hatte ich Probleme einzuschlafen, tagsüber suchten mich Weinkrämpfe heim. Mein neuer Anwalt, Herr Dohr, riet mir, eine Psychologin aufzusuchen und vermittelte mir eine Gesprächstherapeutin. Aus reiner Nettigkeit bot sie mir kurzfristig einen Therapieplatz ab Oktober an, obwohl sie keine neuen Patienten mehr aufnahm.

Mitte Oktober einigte sich mein Anwalt mit der Familie, die Mehmet mein Auto weit unter Wert abgekauft hatte, auf einen Vergleich. Ich war entsetzt, als ich erfuhr, dass mein Exmann meinen Wagen, der über 8000 Euro wert war, für lächerliche 2000 Euro verscherbelt hatte. Mein Gott, so viel blinder Hass. Wieder bezahlte ich also Geld, um mein Auto zurückzubekommen. Ich verkaufte mein inzwischen geliebtes Cabrio sofort weiter, um mir dafür einen Golf anzuschaffen. Mit zu viel Schmutz war diese Vergangenheit behaftet, mit zu viel belastender Erinnerung, als dass ich den Fahrtwind mit offenem Verdeck noch hätte genießen können.

Und ich hatte wieder Angst. Ich war mir sicher, dass Mehmet mir das neue Auto nicht gönnen würde, ich sah es schon mit aufgeschlitzten Reifen vor der Tür stehen. Um es vor ihm geheim zu halten, bat ich meinen Chef um eine Notlüge. Ich verbreitete mit seinem stillschweigenden Einverständnis daraufhin das Gerücht, dass mein Auto ein Firmenwagen sei. Irgendwie musste ich ja zur Arbeit kommen, es gab schließlich keine Busverbindungen zur Raststätte.

Es dauerte keine Woche, da rief Mehmet an. Das Kontaktverbot war ihm gleichgültig. »Ich habe es erfahren«, lachte er hämisch. Seine Stimme kippte. »Was will dein Chef von dir, dass er dir ein Auto gibt?« Mein Exmann redete sich in Rage, während ich mir auf die Zunge biss. »Du hast doch was mit ihm.« Ich rang um Fassung. »Warum gibt er mir kein Firmenauto?« Da platzte mir der Kragen: »Wieso sollte er, du hast doch schon zwei Autos.« Ich legte auf.

Mehmet wagte es jedenfalls nicht, dem Auto zu nahe zu kommen oder seinen Vorgesetzten darauf anzusprechen. Zu groß war seine Angst, den Arbeitsplatz zu verlieren. Tatsächlich hatte mein Chef bereits von einer Kündigung gesprochen. Doch ich flehte ihn an, das nicht zu tun. Wusste ich doch, es wäre letztlich auf mich zurückgefallen. Und mein Exmann hätte sich nur noch mehr in seine kranken Verschwörungstheorien hineingesteigert.

Wieder standen kurdische Bekannte vor meiner Tür. »Wie kannst du es zulassen, dass sich deutsche Richter in unsere Angelegenheiten einmischen?«, hetzten sie. »Wir lösen das unter uns. Wenn Mehmet dich noch einmal schlägt, werden wir ihn umbringen. Gib ihm noch eine Chance«, drängten sie. Diese Bitte war geradezu absurd. »Nein, dann muss er mich schon töten«, schrie ich ihnen entgegen und schob sie aus der Wohnung. »Versteht ihr mich nicht?«, rief ich ihnen hinterher. »Ich will euer Leben nicht, ich will frei sein. Könnt ihr das nicht verstehen?«, schrie ich und knallte die Tür hinter mir zu.

Von jenem Tag an schnitten mich Mehmets Bekannte. Die Nachricht von meinem Widerstand hatte sich wie ein Lauffeuer verbreitet. Selbst einige türkische Nachbarinnen grüßten mich nicht mehr. In ihren Augen hatte ich die Familienehre verletzt. In ihren Augen war ich nun eine Ehrlose. Eine, die keine Würde mehr besaß. Wie naiv war ich doch zu glauben, Moral sei keine Frage von Äußerlichkeiten, sondern eine Sache des Herzens. Die Realität führte mir anderes vor.

Chronik eines angekündigten Mordversuchs

Am 20. November beschlossen die Anwälte vor Gericht einen Vergleich für Mehmets Unterhaltszahlungen. Ich hatte mich an jenem Morgen vor Aufregung noch übergeben, so sehr fürchtete ich die erneute Begegnung mit meinem Exmann. Wie dankbar war ich deshalb, dass nur sein Anwalt, nicht aber er selbst an jenem Tag auftauchte. Von dem Unterhalt sollte ich fortan zumindest den Kredit für sein neues Gebiss abstottern können, der auf meinen Namen lief. Lieber zahlte ich seine Schulden, als mit ihm zu kommunizieren. Freudestrahlend trat ich aus dem Gerichtsgebäude und blinzelte der Sonne entgegen, deren Strahlen sich durch die Wolkendecke brachen. Ich fühlte große Erleichterung und nahm einen tiefen Atemzug. Nie wieder Schläge. Nie wieder Streit. Jetzt wollte ich von vorn anfangen. Es sollten die letzten Stunden in meinem Leben sein, die ich ohne Schmerzen verbrachte.

Ein Tag später, am 21. November, saß mir noch immer die Aufregung vom Vortag in den Knochen. Ich stand in der Küche und räumte das Mittagessen vom Tisch. Mein Sohn Metin war schon auf dem Weg zu seinem Fußballtraining, meine beiden Töchter Melanie und Zeynep besuchten die Nachhilfe im Jugendzentrum der Caritas, das am Ende der Straße lag. Es war bereits kurz nach halb drei, nur noch eine Stunde bis zu meinem Schichtbeginn in der Tankstelle. Mittwochs war ich immer von 15 bis 20 Uhr eingeteilt, denn an diesem Tag ging die Warenlieferung ein, und ich war für die Bestandsaufnahme zuständig. Mit gezielten Handgriffen räumte ich das Geschirr in die Spülmaschine. Eigentlich wären die Kinder heute Nachmittag bei meinem Exmann gewesen. So wie es das Jugendamt genehmigt hatte, jeden Mittwoch von 13 bis 17 Uhr.

Sicher würde er mir die Schuld geben, dass er seine Kinder doch nicht sehen konnte. Ich schluckte den bitteren Gedanken aber sogleich hinunter. Viel zu lang hatte ich mein Leben mit Schuldgefühlen verbracht – 16 Jahre, um genau zu sein. »Mama, am Nachmittag ist ein wichtiges Sondertraining, weil wir doch bald dieses Spiel haben. Ich kann da nicht fehlen, ich kann heute nicht zu Papa«, hatte mir Metin vor einer Stunde gesagt. »Dann ruf deinen Vater an und erkläre es ihm«, ermahnte ich ihn und schlug ihm vor, das Treffen doch auf das kommende Wochenende zu verschieben. Auch Melanie und Zeynep hatten keine große Lust, ihren Vater am Nachmittag zu sehen, wollten sie doch lieber ins Jugendzentrum, um sich dort nach der Hausaufgabenbetreuung noch mit ihren Freundinnen zu treffen. Sie gingen gern ins Jugendzentrum, wo sie Musik hörten, mit anderen Jugendlichen spielten oder Tänze einstudierten. Metin rief seinen Vater in der Tankstelle an, er war an dem Tag für die Frühschicht eingeteilt. Im Namen seiner Geschwister entschuldigte sich mein Sohn für die kurzfristige Absage und versprach, gemeinsam mit Melanie und Zeynep das Treffen bald nachzuholen. »Papa hat es cool aufgenommen«, hatte mir Metin nach dem Telefonat noch erzählt.

Ich streifte mir das Hemd mit dem Logo der Tankstelle über und eilte aus der Wohnung zum Auto. Fünf Stunden Arbeit lagen vor mir. Der Job als Kassiererin bedeutete für mich mehr als nur ein gesichertes Einkommen. Er war meine Bestätigung, dass ich als Frau und Mutter in Deutschland angekommen war. Ich wollte mit meinen eigenen Händen für mich und meine Kinder sorgen.

Ich lenkte meinen Wagen in Richtung A5 und ließ Baden-Baden hinter mir. Lockt das Schwarzwaldstädtchen in den Sommermonaten mit seinen wunderschönen Parkanlagen, seinem berühmten Festspielhaus und dem legendären Casino zahlreiche Touristen aus aller Welt an, so hielt der Kurort nun Winterschlaf. Mein Blick schweifte über die flache Rheinebene, und ich ärgerte mich, dass ich mit dem Haushalt nicht fertig geworden war. Den Boden hätte ich noch wischen und die Wäsche sortieren sollen. »Später ist auch noch Zeit dafür«, beruhigte ich mich. Und schließlich war es ja nicht so, dass meine Mutter plötzlich unangemeldet vor meiner Tür stehen würde. »Stell dir vor, du bekommst überraschend Besuch und musst dich dann vor deinen Gästen schämen, weil dein Zuhause dreckig ist«, hatte sie mir schon als junges Mädchen eingebläut. Doch sie war weit weg in der Türkei, und überraschenden Besuch von Freunden hatte ich ohnehin nicht zu erwarten. Mein Exmann hatte in den vergangenen Jahren ganze Arbeit geleistet und nach und nach alle Bekannten vergrault. Doch daran wollte ich jetzt nicht denken, nicht an die Vergangenheit. Sie lag hinter mir, jetzt galt es nach vorn zu schauen. In acht Monaten sollte ich meine Mutter wiedersehen. Der Urlaub mit meinen Kindern in Adana war bereits fest eingeplant. Ende Juli würde ich für kurze Zeit in meine alte Heimat zurückkehren, die mit so viel Glück in meinem Leben verbunden war.

Ich stellte meinen Wagen auf dem Mitarbeiterparkplatz der Tankstelle ab. »Keine Zeit zu träumen, Aylin«, ermahnte ich mich. Auf der Leuchttafel stand der Benzinpreis bei 1,44 Euro. Der Abend versprach ruhig zu werden. Nur eine Kollegin und die Tankstellenleiterin teilten sich mit mir an diesem Tag die Spätschicht. Ich nickte ihnen freundlich zu und legte meine Tasche im grünen Spind des hinteren Aufenthaltsraumes ab. Die Uhr zeigte kurz nach drei an. Der erste Kunde kam herein. Ich grüßte, tippte die Tankrechnung ein und kassierte. »Wenig los heute«, sagte meine Kollegin irgendwann gedankenverloren in meine Richtung, während sie die Kaffeemaschine reinigte. Die Zeit verging nur langsam. Zwei Beamte der Autobahnpolizei schauten auf eine Kaffeepause vorbei. Ich kannte die beiden schon seit Jahren, ich freute mich jedes Mal, sie zu sehen, um ein paar freundliche Worte mit ihnen zu wechseln.

Nach 18 Uhr verließ unsere Leiterin die Tankstelle in den wohlverdienten Feierabend. Meine Kollegin und ich atmeten erleichtert auf, jetzt konnten wir uns eine kleine Pause gönnen. »Geh du nur, Aylin«, forderte mich meine Kollegin auf. Ich schnappte mir ein paar Zeitschriften und einen Becher Kaffee und ging in den Aufenthaltsraum hinter der Kasse.

Es muss kurz vor 19 Uhr gewesen sein. Ich setzte mich an den kleinen Holztisch, der an der Wand neben den Spinden seitlich der Eingangstür stand. Ein kalter, ungemütlicher Raum. Nur ein kleines Fenster aus Milchglas spendete Tageslicht. Wie gern hätte ich nach draußen gesehen oder einen tiefen Atemzug genommen. Dazu hätte ich aber auf den Stuhl steigen müssen, um das Fenster zu öffnen, es lag zu hoch. Mehr als mein Kopf hätte ohnehin nicht durch den Rahmen gepasst. Die Füße schmerzten mir vom langen Stehen hinter der Kasse.

Ich schlug ein Boulevardmagazin auf, eine Geschichte über Victoria Beckham, und lachte bitter: »Die Probleme der Prominenten möchte ich haben.« Und da höre ich auch schon dieses Geräusch. Ein Knacken am Türschloss dringt an meine Ohren.

Kalter Schweiß bricht in mir aus. Ich springe auf. Tote Augen stieren mich an. Dieser kalte, leere Blick, ich kann ihn bis heute nicht vergessen. »Er darf nicht hier sein«, schießt es mir durch den Kopf. In meinen Gedanken habe ich nur noch Bruchstücke. Er geht auf mich zu. Ich höre mich reden, aber erinnere mich nicht, was ich gesagt habe. Ich sehe weiße Blitze, fühle Todesangst. Dann höllisch beißende Schmerzen an meinem Hals. Ich schlage um mich, ringe nach Luft. Alles brennt in mir. Schwarze Flecken benetzen mein Augenlicht. Es wird Nacht.

Kapitel 10

Böses Erwachen

Das Protokoll eines Gemetzels, zwanzig Liter Blut und Albträume im Koma – oder warum auch das Jugendamt zustach, dieses Mal in mein Herz

Ich habe keine Erinnerungen mehr an die Stunden meines Todeskampfes. Zu grausam war das Geschehene. Aus dem Gerichtsprotokoll und durch die Aussagen von Polizisten und Zeugen erfuhr ich später das ganze Ausmaß des Verbrechens. Noch heute erscheint es mir, als wäre von einer fremden Person die Rede, wenn ich diese Sätze lese:

»Um 18 Uhr 50 betrat der Angeklagte den Verkaufsraum der Tank- und Rastanlage Baden-Baden. Er führte ein 18,5 Zentimeter langes Springmesser mit rotem Griff und spitz zulaufender Klinge mit sich. Er vergewisserte sich, dass Aylin Korkmaz sich nicht im Verkaufsraum aufhielt. Gezielt und zügig durchschritt er den Shop in Richtung der gegenüberliegenden Schwingtür hinter dem Kassenbereich und rempelte dabei zwei Kundinnen an. Er betrat den im Verwaltungstrakt liegenden Gang und warf auf der

Suche nach seiner Exfrau zunächst einen Blick in den Küchenbereich. Sein Blick fiel auf das dort offen herumliegende Messer – ein Brotmesser mit Wellenschliff und einer Klingenlänge von 17 Zentimetern. Der Angeklagte bemerkte, dass seine geschiedene Ehefrau sich in den Umkleideräumen aufhielt und nahm das Brotmesser an sich. Um 18 Uhr 51 betrat er den vorderen Bereich der Umkleideräume und verschloss die Tür von innen. Er ging sofort auf Aylin Korkmaz los und versetzte ihr mit dem Brotmesser einen zwanzig Zentimeter langen Schnitt in den Hals, der diesen von der Kinnspitze bis hin zum Nacken in Höhe der Drosselvene auftrennte. Das Opfer begann vor Schmerzen und Entsetzen laut zu schreien. Auch der Angeklagte schrie auf sie ein. In den folgenden zehn Minuten fügte er ihr mit den beiden Messern insgesamt 25 weitere Schnitt- und Stichwunden zu.«

Im Protokoll folgt eine Auflistung der Verletzungen. Es sind zu viele, zu schmerzhafte Wunden, um sie alle zu nennen. Meine Narben zeugen davon: auf dem Nasenrücken, den mein Exmann in zwei Hälften teilte; am Mund, der heute wieder mühsam zu lachen versucht; an meinem rechten Ohr, das von Messerstichen zerfetzt worden ist. Meine Brust ist von Schnitten gezeichnet, mein rechter Arm trägt tiefe Furchen. Doch die größte und schmerzhafteste Wunde ist nicht protokolliert. Sie sieht man nicht, sie klafft in meiner Seele und will nur langsam heilen.

An traurigen Tagen aber, wenn mich die Depression beherrscht, glaube ich, dass sie niemals verheilen wird.

Im Gerichtsprotokoll heißt es weiter: »Durch die verzweifelten Schmerzensschreie von Aylin Korkmaz wurden ihre an der Kasse arbeitende Kollegin sowie weitere im Verkaufsraum der Tankstelle anwesende Kunden auf das Geschehen aufmerksam. Die Arbeitskollegin griff zum Telefon, um die Polizei zu benachrichtigen. Sie war aufgrund der anhaltenden Schreie jedoch so verstört und erschrocken, dass sie das Telefon nicht zu bedienen vermochte. Sie lief (stattdessen) nun in den Gang zu den Umkleideräumen, deren Tür sie verschlossen fand. In der Folge versuchten mehrere anwesende Kunden in der Tankstelle, die Tür gewaltsam zu öffnen. Einem Augenzeugen gelang es nach mehreren Versuchen schließlich, die Tür einzutreten. Der Angeklagte Mehmet Korkmaz bemerkte dies und unterbrach daraufhin seinen Angriff auf Aylin Korkmaz, die bereits blutüberströmt am Boden lag und zu schreien aufgehört hatte. Der Zeuge flüchtete zurück in den Verkaufsraum. Sodann wandte sich Mehmet Korkmaz seiner Exfrau erneut zu, die vor Schmerzen und Qualen wieder zu schreien anfing. Der Angeklagte setzte seine Tat fort. Eine weitere anwesende Kundin in der Tankstelle holte ein Pfefferspray aus ihrem Auto und gab es ihrem Lebensgefährten. Dieser betrat damit den Umkleideraum, sprach den über Aylin Korkmaz gebeugten Angeklagten an und versprühte das Pfefferspray in seine Richtung. Das brachte Mehmet Korkmaz, der aufstand und mit dem Brotmesser in seiner Hand auf den Zeugen zuging, erneut kurz von seinem Opfer ab. Nachdem der Zeuge (aus Angst) in den Verkaufsraum zurückgelaufen war, setzte Mehmet Korkmaz seinen Angriff auf seine Exfrau fort. Die inzwischen per Notruf alarmierte Autobahnpolizei traf kurz vor 19 Uhr ein. Da den Polizeibeamten berichtet worden war, die Tat fände im Bereich der Gästetoiletten statt, fuhren sie zunächst zur Rückseite des Gebäudes und suchten erst danach die Verkaufsräume der Tankstelle auf. Um 19 Uhr 01 betraten die beiden Polizeibeamten, von den anwesenden Augenzeugen eingewiesen, den Gang zu den Umkleideräumen.

Mehmet Korkmaz, der zu dieser Zeit sicher war, alles zur Tötung seiner Exfrau Erforderliche getan zu haben, kam den beiden Polizeibeamten mit den beiden blutverschmierten Messern in seinen Händen entgegen. Einer der beiden Beamten fragte ihn, was er gemacht habe. Der Angeklagte antwortete sinngemäß, er habe seine Frau getötet.«

Mehmet soll laut Zeugen ebenfalls geäußert haben: »Jetzt geht es mir gut, jetzt kann ich das erste Mal wieder schlafen. Ich habe fünf Monate nicht mehr geschlafen.« Dies wurde allerdings nicht festgehalten.

Und weiter heißt es im Gerichtsprotokoll: »Nach Aufforderung durch einen der Beamten warf Mehmet Korkmaz die blutverschmierten Messer zu Boden und ließ sich widerstandslos festnehmen. Einer der beiden Beamten sah nach Aylin Korkmaz, die in einer großen Blutlache lag und sich noch röchelnd bewegte. Es wurde sofort der Notarzt gerufen. Als die Beamten den mit Handschellen festgenommenen, entspannt und gelöst wirkenden Angeklagten erklärten, dass seine Exfrau noch am Leben sei, schrie dieser mehrfach entsetzt ›Nein‹ und schlug viermal mit dem Kopf gegen die Wand. In diesem Zusammenhang äußerte er auch: Wenn er jetzt ins Gefängnis müsse, sei ihm dies egal, das sei Gesetz. Er hätte es doch lieber in der Türkei machen sollen.«

Schmerzen. Nichts als Schmerzen

Ich erinnere mich nicht daran, wie ich um mein Leben schrie. Auch wenn es heißt, ich sei die ganze Zeit über bei Bewusstsein gewesen. Später erst erfuhr ich, dass keiner der Zeugen vor Ort den Notarzt gerufen hatte. Sie dachten, ich sei längst tot. Erst die Polizeibeamten reagierten. Vielleicht ist Verdrängung der einzige Weg gewesen, um zu überleben. Ich weiß es nicht. Aber ich erinnere mich an den Moment, als ich aufgewacht bin.

Ich glaubte, dass es nur ein Albtraum war. Weißes Licht blendete meine Augen. Ich sah die verschwommenen Schatten von Menschen in grünen Kitteln. Ein beißender Schmerz durchzuckte meinen Körper, ich wollte aufschreien, aber ich spürte meine Zunge nicht. Panik erfasste mich. Diese unsäglichen Schmerzen – als stünde mein Körper in Flammen. Erschöpft schlief ich wieder ein.

Heute weiß ich, dass ich nach vier Tagen im Koma wieder aufgewacht bin und dann unmittelbar für weitere vier Tage in ein künstliches Koma gelegt wurde. Zu unmenschlich, zu grausam waren die Schmerzen, als dass ich sie hätte ertragen können.

Ich hatte am Tatort vier Liter Blut verloren und einen Verblutungsschock erlitten. Zwanzig Liter Blut wurden mir transfundiert. Sämtliche Konserven aus der Umgebung mussten eingeflogen werden, weil der Vorrat vor Ort nicht ausreichte. Über acht Stunden hatten die Ärzte um mein Leben gekämpft, meine Wunden mit über 230 Stichen wieder zusammengenäht. Im Gerichtsprotokoll heißt es, dass es dem »Zufall« und der sofortigen medizinischen Versorgung zu verdanken sei, dass ich noch am Leben bin. »Ein Wunder«, sagt mein behandelnder Arzt Dr. Bertovic von der Mund-, Kiefer-, Gesichtschirurgie des Städtischen Klinikums Karlsruhe noch heute. Er war mein Retter.

In den ersten vier Tagen war es nicht sicher, ob ich es schaffen würde (was ich allerdings erst später erfuhr). Niemals werde ich die Träume vergessen, die ich jener Zeit durchlebte: Immer wieder träumte ich von den Frauen in ihren weißen Kitteln. Immer wieder verfolgte mich der Gedanke: »Hilfe, jetzt bin ich in einer Sekte gefangen.« Ich hatte Todesangst. Einmal sah ich meinen Vater. Ich hörte mich sagen: »Ich kann nicht mehr, es tut so weh.« Ich sah sein Lächeln. »Du kannst jetzt noch nicht zu mir, es ist noch nicht so weit.« Ein anderes Mal wurde es ganz hell um mich. »War das das Paradies?« Dieses wunderschöne weiße Licht. Ich hörte meine Stimme sprechen: »Du musst jetzt deine Augen aufmachen, Aylin.« Ich antwortete mir selbst: »Tu das nicht, du bekommst nur Schmerzen.« Plötzlich sah ich die Gesichter von Metin, Melanie und Zeynep. Sie winkten mir zu. Ich öffnete die Augen. Ich war zurück im Leben.

Heute bin ich mir sicher, dass es nur einen Grund gegeben hat, warum ich wieder aufgewacht bin und gekämpft habe: Es war die Sorge um meine Kinder. Wäre der Täter nicht mein Exmann gewesen, hätte ich mich beruhigt verabschieden können. Dann hätte ich gewusst, dass zumindest ein Elternteil für sie sorgen würde. Ich musste kämpfen, was anderes blieb mir nicht übrig. Ich musste leben.

Das Erwachen nach acht Tagen war von unguten Gefühlen begleitet: »Frau Korkmaz«, hörte ich eine Stimme sagen. Ich blickte dem Gesicht einer Frau entgegen. Die Momente erschienen mir wie Stunden. Ich wollte etwas sagen, da spürte ich den Schlauch in meinem Mund. Ich wollte durch die Nase atmen, doch es funktionierte nicht. Überall Schläuche und das Piepen von Geräten. Ich suchte Blickkontakt. Ich wollte weinen, aber es ging nicht. War ich doch schon tot? Ich wollte mich bewegen, aber weder meine Arme noch meine Beine reagierten. »Frau Korkmaz, Sie hatten einen Unfall«, erklärte die Stimme und versuchte mich zu beruhigen. »So schmerzhaft hatte ich mir den Tod nicht vorgestellt«, dachte ich enttäuscht; ich wusste nicht einmal wo ich war. War das nun das Paradies? Oder ich am Leben? Ich wusste es nicht. Dieser Zustand, die Unbeweglichkeit und das Nichtwissen, fühlte sich noch schrecklicher an, als alles, was ich aus meinem bisherigen Leben kannte. Erschöpft schloss ich wieder die Augen. Mein Gott, was ist passiert? Ich spürte, wie jemand nach meiner Hand griff. Ich bemühte mich, die Augen wieder zu öffnen. Ich blickte abermals in das Gesicht der Frau. Ein Mann kam hinzu, der ebenfalls seltsam verhüllt war. Warum trugen sie diese Masken vor ihren Gesichtern?

Ein paar Stunden später hatte ich es begriffen: Ich war in einer Klinik, nicht in einer Sekte. Noch heute frage ich mich, was ich mir damals mehr gewünscht hätte, wenn ich die Wahl gehabt hätte. Ein brennender Schmerz im Hals durchzuckte meinen Körper. Es fühlte sich an, als würden tausend Nadeln meine Luftröhre durchstechen. Heute weiß ich, dass an der Stelle ein Loch klaffte. Wenn ich hustete, kam gleichzeitig Luft aus dem Hals. Wenn ich mit einem Schokoladen-Milchshake über die Nasensonde ernährt wurde, spritze es ebenfalls aus dem Hals. Kein Wunder, dass ich seither Schokoladenmilch nie wieder auch nur anfassen konnte.

Und dann sollte ich zum ersten Mal sprechen. Die Ärzte wussten noch nicht, inwieweit meine Stimmbänder angegriffen waren. Sie stopften das Loch mit einem – so nenne ich es flapsig – Stöpsel. Ich krächzte zwar, aber ich hatte noch Stimme. Die Ärzte sahen mich glücklich lächelnd an. Ich selbst war zu keiner Regung fähig.

Ich hatte keine Ahnung, was vorgefallen war. Doch ich wusste, dass es mit Mehmet zusammenhing. Ich hatte mir rasch meinen eigenen Reim darauf gemacht, er musste mich zu Hause überfallen haben. Dass das Massaker in der Tankstelle passiert war, wurde mir erst viel später klar. Aber zu diesem Zeitpunkt war es ohnehin nicht wichtig. Ich wollte nur eines wissen: Was war mit meinem Körper? Was war mit meinem Hals passiert? Der Schmerz in mir war so übermächtig, ich glaubte, jeder Zentimeter meines Körpers sei verwundet worden.

Zwei Krankenschwestern traten in das Zimmer. Ich registrierte aus den Augenwinkeln, wie sie sich Tränen aus den Augen wischten, während sie mich anlächelten. Da wusste ich es. »O Aylin, dein Gesicht.«

Eine Krankenschwester bat mich zu sagen, wen ich sehen möchte. Ich wusste es sofort, war aber noch zu schwach, um weiter zu sprechen. Die Krankenschwester hielt einen Block vor sich und schob mir einen Stift zwischen die Finger. Mit ihrer Unterstützung krakelte ich den Namen des Jugendamtmitarbeiters auf das Stück Papier. Ich wollte wissen, wo meine Kinder sind. Nach wenigen Stunden stand Herr Schuster* an meinem Bett. »Kinder?«, krächzte ich. »Sie sind im Heim, sie sind gut aufgehoben, machen Sie sich keine Sorgen.« Ich war nicht einmal fähig zu lächeln.

Wieder stand eine Krankenschwester vor mir. »Ihre Mutter ist da«, hörte ich sie sagen. »Wollen Sie sie sehen?« Ich blickte die Schwester ungläubig an. Meine Mutter war doch in der Türkei. Da sah ich meine Mutter schon auf mich zueilen. Zärtlich umfasste sie meine Hand. »Die deutsche Polizei hat mich informiert. Mir wurde sofort ein Visum genehmigt, damit ich bei dir sein

* Name geändert

kann.« »Mama, wie sehe ich aus?«, flüsterte ich. »Alles halb so wild«, wich sie aus. Ich ahnte, dass sie log. Doch ich war zu müde, um weiter zu sprechen.

Zwei Tage später schluckte ich den ersten Löffel Joghurt hinunter. Ich aß wieder selbst, jeder einzelne Bissen war eine Qual. Ich ließ mir nichts anmerken, obwohl ich vor Schmerzen am liebsten gebrüllt hätte, so sehr brannte es in meinem Hals. Aber ich hatte ein Ziel: Ich wollte so schnell wie möglich gesund werden, um meine Kinder aus dem Heim holen zu können. Zunächst sollten sie mich im Krankenhaus besuchen kommen. Der Beamte des Jugendamtes versprach mir, alles Nötige dafür in die Wege zu leiten und deutete vorsichtig an: »Wir werden die Kinder erst noch von einem Psychologen untersuchen lassen – ob sie stark genug sind …« Ich verstand. Der Anblick meines Gesichts musste eine Zumutung für jeden Menschen sein. Doch ich nahm es erstaunlich gefasst auf. Was blieb mir auch anderes übrig. Für Verzweiflung und Selbstmitleid war nicht die Zeit. Und: Ich hatte auch keine Kraft dafür. Es kostete mich schon Energie genug, die Schmerzen Stunde um Stunde, Tag um Tag zu ertragen. Selbst Schmerzmittel halfen nur begrenzt.

Meine Mutter kam jeden Tag zu Besuch. Sie ließ sich nicht anmerken, wie sehr sie unter dem Anblick litt. Sie gab sich tapfer, und ich hatte zu viel Angst, mir einen Spiegel geben zu lassen. »Ist es wirklich so schlimm?«, tastete ich mich weiter in Richtung Wahrheit. Meine Mutter schenkte mir ein gequältes Lächeln. »Mein Liebling, es gibt heute so viele Möglichkeiten in der Schönheitschirurgie. Werde erst einmal wieder gesund«, wich sie meiner Frage aus. »Mama, bitte …« Da verfinsterten sich plötzlich ihre Blicke, und ich sah ihren ausgestreckten Zeigefinger. »Lieber solltest du dir Gedanken um deinen Haushalt machen.« Ich verstand nicht, wie sie ausgerechnet jetzt darauf kam. »Weißt du«, fuhr sie in strengem Ton fort, »deine Spülmaschine war voll mit verdrecktem Geschirr. Von der schmutzigen Wäsche will ich gar nicht reden. Wenigstens die Mülleimer hättest du ausleeren können, die ganze Wohnung hat gestunken.«

Ach, wie sehr hatte ich ihr Schimpfen vermisst. »Meine geliebte Mama, wenn ich gewusste hätte«, flüsterte ich, von Hustenanfällen unterbrochen, »wenn ich gewusste hätte«, wiederholte ich keuchend, »dass du zu Besuch kommst.« Ich schluckte schwer und ignorierte das Stechen im Hals. »Dann hätte ich die Wohnung natürlich zuvor noch sauber gemacht.« Meine Augen glänzten. Meine Mutter prustete laut los. Wie sehr hatte ich diese Leichtigkeit vermisst. Meiner Mutter liefen Tränen über die Wangen. Ich weiß bis heute nicht, ob sie aus Trauer oder aus Freude weinte. Aber ihr Ablenkungsmanöver hatte funktioniert, für einen kurzen Moment war ich von den quälenden Schmerzen und Gedanken befreit.

Bis auf meine Mutter, meine Anwälte Herrn Dohr und Frau Gerhard, Herrn Schuster vom Jugendamt und eine Psychologin sah niemand bei mir vorbei. Eine der Krankenschwestern klärte mich auf: Sie hätten eine Informationssperre verhängt, um mich und meine Kinder vor möglichen weiteren Angriffen aus Mehmets Familie zu schützen. Offiziell war ich im Krankenhaus als Frau Meyer registriert. Wochen später erfuhr ich, dass selbst meine Arbeitskollegen nicht erfahren durften, wie es um mich stand.

Zwei Wochen nachdem ich aus dem Koma erwacht war, wurde ich in die Klinik nach Baden-Baden verlegt. Die Ärzte, die meine Erstversorgung durchgeführt hatten, besuchten mich dort. Sie konnten nicht glauben, dass ich bereits auf dem Weg der Besserung war. Natürlich, mein Gesicht glich einer Kraterlandschaft, und ich hätte jedem Zombie Konkurrenz gemacht. Aber ich war am Leben. Und nur das zählte. »Sie haben Glück, dass Sie eine außergewöhnlich gute Wundheilung haben«, bestätigte man mir. Fast war ich ein wenig stolz darauf.

Und endlich sollte ich meine Kinder wiedersehen. Herr Schuster rief mich an: »Ihre Kinder sind äußerst stabil, morgen wird Ihre Älteste, Melanie, zu Besuch kommen. Wenn alles gut läuft, können Sie am Tag darauf auch Metin und Zeynep sehen.«

Das Wiedersehen mit meinen Kindern

Ich haderte. Wie würden meine Kinder auf mich reagieren? Wenige Stunden zuvor noch hatte ich mit ihnen telefoniert. »Bitte, Mama, hol uns hier aus dem Heim. Wir wollen zu dir, wir vermissen dich so sehr«, klangen ihre weinenden Stimmen in mir nach.

Zumindest die Fäden waren bereits gezogen. So schlimm konnte es doch nicht sein. Ich hatte es bisher vermieden, nach einem Spiegel zu fragen. Doch jetzt musste ich mein Gesicht sehen. Ich musste wissen, was ich meinen Kindern zumutete. »Einen Spiegel, bitte«, flüsterte ich einer Krankenschwester zu. »Sind Sie sicher?« Die Frau sah mich traurig lächelnd an.

Meine Hände konnten den Spiegel kaum halten, ich fühlte mich schwach und hatte Angst. »Aylin, du musst«, gab ich mir einen Ruck. Ich biss die Zähne zusammen. Langsam, ganz vorsichtig hob ich den Blick, ich blinzelte. Wie in Zeitlupe suchten meine Augen Blickkontakt. Der Schock fuhr mir durch die Knochen. »Das bin nicht ich!« Eine fremde Frau sah mir entgegen. Eine Frau mit einem Fratzengesicht. Aufgeschwollen, von roten Furchen durchzogen, ein entstellter Mensch. Wo einst Schönheit blühte, sah ich nun ein gesichtsloses Schlachtfeld vor mir. Allein meine Augen erkannte ich noch. Ich wandte mich angewidert ab. Sollte ich das meinen Kindern wirklich antun?

Was, wenn sie sich vor ihrer Mutter ekeln würden? Sollte ich den Besuch nicht besser absagen? Ich konnte mich zu keiner Entscheidung durchringen. Zu groß war die Sehnsucht nach meinen Kindern, zu schrecklich gleichzeitig die Furcht, sie mit meinem Anblick zu verstören. Ausgelaugt und verzweifelt ob der grausamen Wahrheit fiel ich in einen tiefen Schlaf. Ich sollte erst am nächsten Morgen wieder aufwachen.

Da kam auch schon eine Schwester herein. »Ihre Tochter wartet draußen.« Ich bekam kaum Luft, so aufgeregt war ich. Mir wurde heiß, kalt, der Schweiß drang mir aus allen Poren. Nervös befreite ich meinen Körper von der Bettdecke. Da stand auch schon Melanie im Raum. Ich war den Tränen nah. »Mama, mein Gott.« Mir stockte der Atem. »Mama«, wiederholte sie, »du hast aber abgenommen, deine Beine sind so schlank.« Stürmisch rannte sie auf mich zu und umarmte mich. Mit festem Blick sah sie mir ins Gesicht. »Weißt du was, Mama?«, hob sie ihre Stimme an. Ich blickte ihr tapfer entgegen, in ängstlicher Erwartung, was nun folgen würde. »Du glaubst es mir sicher nicht, aber ich habe heute in Mathe eine Eins bekommen.« Sie strahlte stolz. »Meine Tochter, da muss ich erst im Koma liegen, um so eine tolle Nachricht von dir zu bekommen.« Melanie gluckste vor Glück.

Einen Tag später sollten mich auch Zeynep und Metin wiedersehen. Wieder bekam ich es mit der Angst zu tun. Meine beiden Kleinen. Würden sie stark genug sein, um ihre Mutter mit all den Nahtstichen im Gesicht zu ertragen? Vor allem um Metin machte ich mir Sorgen, er war der Sensibelste unter ihnen. Und wieder überraschten mich meine Kinder mit ihrer Tapferkeit. Metin sprang sofort in mein Bett und vergrub sich in meinem Schoß. Ich hörte, wie er mit den Tränen kämpfte. »Du musst doch nicht weinen«, versuchte ich ihn zu trösten. »Mama wird noch ein paar Operationen mitmachen, dann sieht sie wieder aus wie zuvor«, redete ich auf ihn ein. Da erhob sich Metin und schüttelte energisch mit seinem kleinen Kopf. »Aber Mama.« In seiner Stimme schwang Entrüstung mit. »Was denkst du nur? Ich weine doch nicht deswegen. Ich weine doch nur, weil ich dich so sehr vermisst habe.« Mit welch tapferen Kindern war ich gesegnet. Ich fühlte unendliche Liebe und Stolz. Sie waren der Grund, warum ich noch am Leben war – und es auch mit den Narben weiterleben wollte. Leider war das Jugendamt davon nicht überzeugt.

Der 27. Messerstich – dieses Mal stach das Jugendamt zu

Drei Wochen nach Mehmets Mordversuch beantragte ich, die Klinik verlassen zu dürfen. »Frau Korkmaz, Sie sollten dringend erst einmal in ein Rehazentrum gehen«, redeten die Ärzte auf mich ein. »Sie brauchen dringend Ruhe«, argumentierten sie – zu Recht. Aber ich wollte meine Kinder keinen Tag länger im Kinderheim wissen. »Die Verbände kann auch ein ambulanter Dienst wechseln, für die Untersuchungen komme ich natürlich wieder in die Klinik«, beharrte ich. Schließlich gaben die Ärzte nach. Am 11. Dezember sollte ich entlassen werden. Gerade noch rechtzeitig für Melanies 14. Geburtstag am Ende des Monats.

Doch dann stellte sich das Jugendamt quer. Drei Tage vor meiner Entlassung saß Herr Schuster erneut an meinem Krankenbett. »Wir können Ihre Kinder nicht so einfach aus dem Heim holen«, unterbreitete er mir. Ich glaubte noch an einen schlechten Scherz. »Ich kann doch nicht nach Hause zurückkehren, und meine Kinder bleiben im Heim. Wenn sie erfahren, dass ihre Mutter sie nicht heimholt, werden sie denken, dass ich sie nicht mehr will«, versuchte ich dem Beamten meine Situation klarzumachen. »Meine Kinder machen sich sicher schon genug Vorwürfe, dass sie ihren Vater an jenem Tag nicht sehen wollten. Womöglich glauben sie sogar, dass es ihre Schuld ist, was er getan hat. Das müssen Sie doch verstehen«, appellierte ich, an sein Herz und an seinen Verstand. Herr Schuster zeigte keine Regung, mit sachlicher Stimme fuhr er fort: »Fakt ist: Sie haben das geteilte Sorgerecht. Wir brauchen erst seine Unterschrift.« Ich zitterte: »Herr Schuster, warum tun Sie mir das an?« Er erwiderte nur: »Wir leben in einem Rechtsstaat, auch er hat Rechte.«

Mir wurde schwindelig vor Wut, der Raum begann sich zu drehen. »Er hat mich fast umgebracht und jetzt brauche ich seine Erlaubnis, um meine Kinder wiederzusehen?« Ich konnte es nicht fassen. Die bestialischen Schmerzen hatten mir keine Tränen entlocken können, und auch jetzt wollte ich die Zähne zusammenbeißen und tapfer sein. Doch nun brach es aus mir heraus. Hemmungslos weinte ich in mein Kopfkissen. Ich konnte mich kaum beruhigen. Wieder war ich Opfer, wieder sollte mein Exmann, mein Mörder, über mein Leben bestimmen. Aber dieses Mal war es nicht Mehmet, dieses Mal hatte das Jugendamt zugestochen. Es versetzten mir den 27. Stich. Und der traf mitten in mein Herz.

Mit zitternden Fingern tastete ich nach dem Telefon auf der Ablage. Ich rief die einzige Person an, die mich verstehen würde und mir helfen konnte. Meine Anwältin Frau Gerhard. Sie war im achten Monat schwanger, aber wenn nicht sie, wer dann? »Wenn meine Kinder nicht aus dem Heim dürfen …« Ich stockte, Weinkrämpfe schüttelten mich. »… dann ziehe ich zu ihnen ins Heim. Und wenn ich vor der Haustür schlafen muss.« »Dann komme ich mit Ihnen«, erwiderte Frau Gerhard entschlossen. Ich war gerührt. »Ich werde aber alles tun, damit es nicht so weit kommt. Ich gebe nicht auf«, versprach sie. Wir weinten beide.

Noch heute bin ich Frau Gerhard unendlich dankbar. Sie war bereits in freudiger Erwartung ihres eigenen Kindes und setzte sich doch so selbstlos für die meinen ein.

Sie versuchte daraufhin einen Eilbeschluss für ein alleiniges Sorgerecht vor dem Familiengericht zu erwirken. Ohne Erfolg. »Unnötig«, meinte der zuständige Richter. Da ich auch schon zuvor allein für meine Kinder gesorgt hatte, wäre seiner Meinung nach eine Genehmigung des Vaters gar nicht nötig. Doch die mündliche Aufforderung des Richters war dem Jugendamt nicht genug. Zu mehr aber war er in der Kürze der Zeit nicht bereit.

Ich war am Boden zerstört. Die deutsche Bürokratie, sie hatte mich bitter enttäuscht. Tatsächlich holte sich das Jugendamt in den darauffolgenden Tagen die Unterschrift meines Exmannes ein. Es war eine Farce: Mit der Unterschrift erfuhr mein Peiniger zugleich, dass es mir besser ging, ich sogar nach Hause entlassen würde und meine Kinder fortan wieder bei mir leben sollten. Worüber ich noch heute den Kopf schütteln muss: Was sollte dann diese Auskunftssperre der Polizei und des Krankenhauses, die zu meinem Schutz und dem meiner Kinder verhängt worden war? Nicht einmal meine Arbeitskollegen oder Bekannten durften darüber informiert werden, ob ich überhaupt noch am Leben war. Meine Kinder wurden von Heimbetreuern in die Schule gebracht und wieder abgeholt. Immerhin bestand die nicht abwegige Gefahr, dass Mehmets Familie sie entführen könnte. Aber die deutsche Bürokratie servierte ihm alle Informationen, die es geheim zu halten galt, auf dem Silbertablett. Noch heute ist es mir unbegreiflich, wie das geschehen konnte.

Am 11. Dezember war es tatsächlich so weit, ich durfte nach Hause. »Auch das Wintergesicht hat sich verändert«, lächelte ich tapfer, als ich vor die Krankenhaustür trat. Es lag bereits Schnee. Einen Tag später wurden meine Kinder zu mir nach Hause gebracht. Doch sie sollten nur für ein paar Stunden bleiben dürfen. So sahen es die Regeln des Jugendamtes vor. Es war eine verstörende Situation, meine Kinder sprachen kaum ein Wort. Sie verstanden nicht, warum sie mich nur besuchen und nicht gleich dableiben durften. Das war ihnen erst für den folgenden Tag gestattet. Mir war es ebenfalls ein absolutes Rätsel. Genauso wie man mir das Kindergeld streichen konnte, während ich noch im Koma lag. Ich war doch noch nicht tot. Zur etwa selben Zeit hatte mir das Amt einen Bescheid geschickt, worin ich aufgefordert wurde, mich an den Kosten für die Heimunterbringung meiner Kinder zu beteiligen. Hätte meine Anwältin nicht den Briefkasten geleert, der Brief wäre ungeöffnet geblieben und die Frist für einen Widerspruch verstrichen. Das Jugendamt hielt sich akribisch an ihre Paragrafen und Rechtsvorschriften. Offensichtlich ist in ihren Regelwerken der Umgang mit einer Mutter, die im

Koma liegt und gerade einen Mordversuch überlebt hat, nicht gesondert aufgeführt. Noch heute packt mich die Wut, wenn ich daran denke.

Und so wie es die Vorschriften verlangten, sollte ich am Tag darauf meine Kinder endgültig wiederbekommen. Ich konnte es kaum erwarten und ließ mich von meiner Anwältin ins Heim fahren. Überglücklich fielen wir uns in die Arme. Ich weinte vor Freude. »Kannst du dir vorstellen, dass wir abends keine warme Mahlzeit bekamen?«, erzählte Melanie empört. Ich schmunzelte. Sie waren sehr verwöhnt von mir, ich kochte zweimal täglich eine warme Mahlzeit. Nur Melanies Jacke irritierte mich. »Die war doch weiß, warum ist sie jetzt rosa?« Melanie lachte verlegen. »Ich musste meine Wäsche selbst waschen, aber niemand hat mir gesagt, dass man die Farben trennt.« Ich streichelte ihr zärtlich durch das Haar. Wie eine Katze schmiegte sie sich an meine Schulter und lächelte selig. Wie schön war es, meine Kinder wieder strahlen zu sehen.

Ein neues Leben begrüßen

Am 25. Dezember feierte Melanie ihren 14. Geburtstag. Meine Älteste hatte ihre Freundinnen eingeladen. Ich wollte ihr diesen Spaß nicht verderben, aber ich scheute mich, die Gäste zu begrüßen. Wie würden sie auf mich reagieren? Melanie nahm mir die Angst. So als wäre nie etwas geschehen, trat sie mit den Mädchen in mein Zimmer. Ich versuchte mich noch wegzudrehen. Doch da grüßten sie mich auch schon mit herzlichen Umarmungen. Kein irritierter Blick, kein Gaffen. Nichts. Ich lächelte beschämt. Wenn diese jungen Menschen es als selbstverständlich hinnahmen, mir ins Gesicht zu sehen, dann musste auch ich es tun. Ich griff nach dem Tuch, das meine Mutter über dem Schlafzimmerspiegel angebracht hatte, und riss es herunter. Noch immer schreckte mich die Fratze, die Narben brannten bis tief in mein Herz hinein.

Plötzlich stand meine Mutter hinter mir. »Mein Kind, das muss doch erst einmal verheilen.« Schluchzend ließ ich mich in ihre ausgebreiteten Arme fallen. Erschöpft legte ich mich zurück ins Bett, ich wollte es am liebsten nie wieder verlassen.

Doch meine Mutter stemmte sich gegen diesen Anflug einer Depression. »Lass dich nicht so hängen«, sagte sie in einem Tonfall, den wohl nur Mütter beherrschen. Streng, aber die Augen voller Liebe. »Lass mich«, verwehrte ich mich. »Wir fahren jetzt in die Klinik, du musst ohnehin zur Kontrolle, dann kannst du vielleicht auch gleich einen Termin für die ersten Narbenkorrekturen machen.« Von ihren Worten ermutigt, machten wir uns auf den Weg. Vielleicht würde man mit einigen Schönheitsoperationen tatsächlich schon bald nicht mehr viel von den Wülsten in meinem Gesicht sehen. Ich war voller Zuversicht.

Sämtliche Ärzte und Krankenschwestern der Abteilung kamen ins Behandlungszimmer. Wie zu Salzsäulen erstarrt, standen sie in Reih und Glied, ihre Blicken hafteten an mir. »Sieht mein Gesicht so schlimm aus?«, durchbrach ich das unheimliche Schweigen. Dr. Bertovic lachte: »Nein, wir schauen nicht Ihr Gesicht an. Wir hatten Ihnen damals nur dreißig Prozent Überlebenschance gegeben. Und jetzt, nach vier Wochen, kommen Sie hier zu Fuß hereinspaziert. Sie sind ein Wunder, Frau Korkmaz.« Ich war gerührt.

»Und wann legen wir mit den Schönheitsoperationen los?«, fragte ich keck. Ich konnte es kaum erwarten. Das Lächeln der

Ärzte gefror. »Frau Korkmaz, wir müssen mindestens sechs Monate warten, bis wir mit einer Narbenkorrektur beginnen können. Alles andere würde es nur schlimmer machen.« Ich glaubte nicht recht zu hören. »Aber wie soll ich mit meinem Gesicht diese lange Zeit überdauern?« Doch mir blieb nicht mehr, als zu akzeptieren. Die Enttäuschung war groß.

Und in drei Tagen wollte ich fröhlich Silvester feiern, auf ein weiteres Jahr anstoßen. Ein zweites Leben begrüßen. Einen Neuanfang. Mir war nicht mehr nach Feiern zumute. Aber meine Freundin Canan ließ nicht locker. Ich hatte sie einige Zeit zuvor kennengelernt, da ihre Kinder mit meinem Sohn in dieselbe Klasse gingen. Wegen Mehmets krankhafter Eifersucht hatten wir nie Gelegenheit, uns lange zu unterhalten, geschweige denn uns öfter zu sehen. Aber wir standen uns im Herzen nahe. Ihre schöne Seele, ihre Großzügigkeit. Canan war immer zu Scherzen aufgelegt. Und sie konnte sehr hartnäckig sein. »Du kannst nicht nur zu Hause sitzen, komm doch bitte mit deinen Kindern und deiner Mutter zu uns zu Besuch. Du wirst sehen, das wird dir guttun«, sagte sie. »Ich würde mich sehr freuen.« Ich lenkte schließlich ein. Ein wenig Abwechslung stand meinen Kindern und meiner Mutter wirklich zu.

Noch heute rechne ich es Canan hoch an, wie unaufgeregt sie mit der Situation umging und mir mit ihrer unkomplizierten Art die Anspannung an jenem Abend nahm. »Du sahst auch schon einmal besser aus«, lachte sie und drückte mich herzlich an sich. »Schätzchen, deine neue Frisur gefällt mir überhaupt nicht.« Dann verzog Canan das Gesicht. »Glücklicherweise ist bald Fasnacht. Da treten wir dann einfach als Addams Family auf.«

Ich weinte. Dieses Mal vor Freude.

Türken eben – wir können nicht nur zu Liebesliedern weinen, wir können auch überaus makaber sein. Auch wir kennen schwarzen Humor, was viele Deutsche gar nicht wissen. Dass ich über meine Situation lachen konnte, war zwar absurd, aber gleichzeitig unendlich befreiend.

Genauso eigenwillig wie ihr Humor war das Geschenk, das sie mir nachträglich zu Weihnachten überreichte. Als ich das Geschenkpapier abgerissen hatte, hielt ich eine unscheinbare Plastikdose in Händen, »Feuchttücher« war darauf zu lesen, doch der Behälter fühlte sich seltsam leer an. Instinktiv öffnete ich ihn. Und dann sah ich darin einen 500-Euro-Schein. Ich fiel ihr schluchzend um den Hals. Sie ahnte, wie es um meine Finanzen stand. Wir alle wussten, auch wenn Mehmet Schadensersatz zahlen musste, würde kein Geld fließen. Wie auch – er hatte keines.

Mit viel Sekt und Fröhlichkeit ließen wir die Bitternis des vergangenen Jahres ausklingen. Ich fühlte mich hässlich und geschlechtslos. Aber ich war noch am Leben, und das war verdammt viel wert.

KAPITEL 11

Der Prozess

Ein Handkuss für meinen Mörder – oder warum mein Peiniger nicht lebenslänglich bekam und ich an die Presse ging

Schon bald wurden mir Naht um Naht die blauen Fäden im Gesicht entfernt. Doch der Blick in den Spiegel zeigte keine großartige Verbesserung. Meine Lippen bestanden nur noch aus Schlitzen. Überall kaum verheilte Wunden. Meine Brustwarzen waren zerstochen, über meinen Bauch zogen sich wulstige Striche. Ich war entstellt. Ich verkroch mich in meinem Zimmer, meine Mutter kümmerte sich um den Haushalt und kochte für mich und die Kinder. Was hätte ich nur ohne sie getan.

Auch Frau Hummel stand mir zur Seite. Das Jugendamt hatte mir sie als Familienhelferin zugeteilt. Ich hatte nur widerwillig zugestimmt, aber ich wollte mir weiteren Ärger mit dem Jugendamt ersparen. Und ich fasste rasch Vertrauen zu der netten, hilfsbereiten Frau. Sie regelte für mich den ganzen Papierkram, der anfiel, und hörte mir stundenlang zu. Sie war da, wenn ich sie brauchte. Sie war mir eine echte Vertraute – und sie ist es noch heute.

Auch meine Kinder kamen langsam wieder zur Ruhe. Ich suchte mit ihnen eine psychologische Beratungsstelle auf. Und die netten Helfer im Jugendzentrum der Caritas im Briegelacker kümmerten sich rührend um sie. Bereits nach drei Therapiesitzungen kamen die Psychologen zu dem Schluss, dass die Kinder stark genug seien und man nicht mehr tun könne. Im Augenblick zumindest nicht. Melanie, Metin und Zeynep wollten über die Zeit einfach nicht reden. Die Psychologen rieten mir aber, das Thema anzuschneiden, wenn sie das Bedürfnis danach hätten.

Bis heute jedoch wehren sie alle Gespräche in diese Richtung ab. Einmal lag ich kuschelnd mit Melanie auf dem Sofa im Wohnzimmer. »Hast du Angst gehabt, als ich im Koma lag?«, tastete ich mich vorsichtig vor. Melanie drehte sich sofort weg. »Nein, ich habe gewusst, dass du die Augen wieder aufmachen wirst. Dass du uns nicht allein lässt.« Ich sah, dass sie weinte. Sie wollte es sich nicht anmerken lassen.

Auch über ihren Vater sprechen meine Kinder nicht. Vielleicht weil sie auf mich Rücksicht nehmen wollen. Ich muss betonen: Ich habe ihnen immer die Wahl gelassen, ihren Vater im Gefängnis zu besuchen. Und sie wissen, dass ich ihnen nie im Weg stehen würde.

40 000 Euro Blutgeld und Terror über Gefängnismauern hinweg

Obwohl Mehmet in Untersuchungshaft saß, reichte sein Arm in die Freiheit hinaus. Sein Bruder Erdal, der zwischenzeitlich in

Düsseldorf lebte, war nach Baden-Baden zurückgekehrt. Was wollte Mehmets Familie noch von mir? Hatten sie immer noch nicht genug? Es musste endlich Schluss sein. Ich zitterte am ganzen Körper, als ich Anfang Februar 2008 davon erfuhr. Meine Mutter konnte mich nur schwer besänftigen, selbst Beruhigungstabletten halfen kaum. Schon bald drangen die ersten Gerüchte an meine Ohren. Er hätte die kurdische Gemeinde angehalten, mich zu schneiden.

Dann rief mich eine Bekannte an, die ich aus dem Briegelacker kannte, mit der ich bis dahin aber nur flüchtig Kontakt hatte. »Kannst du bitte vorbeikommen?«, bat Pervin. Nach wenigen Minuten stand ich vor ihrer Tür. »Erdal war da«, sprang sie mir entgegen, und ich sah zwei Frauen in ihrem Wohnzimmer sitzen. »Er hat mir gedroht. Die beiden Frauen sind von einer kurdischen Frauenrechtsorganisation.« Angst lähmte mich, ich war nicht fähig, etwas zu erwidern. »Du musst dich wehren!«, forderte Pervin. Die beiden Frauen auf dem Sofa nickten. »Wir wollen Ihnen helfen«, sagten sie freundlich. »Aber was soll ich denn machen?« »Du musst an die Öffentlichkeit gehen, das ist dein einziger Schutz. Je mehr dich kennen, umso schwerer ist es für seine Familie, Lügen über dich zu verbreiten und dich zu isolieren.« Ich wusste nicht, was ich tun sollte. Ich fühlte mich unendlich müde, ich wollte nur noch Ruhe. Und jetzt auch noch an die Öffentlichkeit?

Wenige Tage später stand eine Journalistin der kurdischen Tageszeitung *Yeni Özgür Politika* vor der Tür. Wir Türken sind sehr gastfreundlich, und ich würde niemals jemanden abweisen. Also bat ich sie zum Tee herein. »Ich möchte gern einen Artikel über Sie schreiben«, brachte sie ihr Anliegen vor. »Bitte, tun Sie das nicht«, schrie ich auf. »Ich verspreche Ihnen, ich werde weder Ihre Identität noch Ihren Wohnsitz preisgeben. Sie können den Artikel vorher lesen und dann entscheiden, ob Sie ihn freigeben möchten.« Ich gab schließlich nach. Tatsächlich hatte sie Wort gehalten, der Artikel war äußerst gelungen. Doch dann ging es erst richtig los. Auch Mehmets Familie hatte den Artikel gelesen und schlug Alarm. Ihre Gerüchte und Verleumdungen zogen weitere Kreise.

Ich hatte mich zwischenzeitlich dazu entschieden, als Nebenklägerin im anstehenden Prozess aufzutreten. Die Hauptklage war in diesem Fall aufgrund der Schwere des Verbrechens der Staatsanwaltschaft vorbehalten. Es war ein Schock, als mir mein Anwalt die Anklageschrift aushändigte. Ich schaffte es gerade einmal, die ersten zwei Seiten zu lesen. Zum ersten Mal wurde ich mit der Tat konfrontiert. Bis dahin hatte ich immer geglaubt, der Mordversuch wäre vor meiner Wohnungstür passiert. Als ich meiner Mutter im Krankenhaus von meiner Version erzählte, hielt sie mich im ersten Moment gar für verrückt. »Sie hat den Verstand verloren«, dachte sie, sagte aber nichts. Stattdessen rief sie meinen Bruder Mehmetcan in Adana an. Noch heute muss ich schmunzeln, wenn ich daran denke, wie mein Bruder kurz darauf bei mir im Krankenhaus anrief. Er hatte Sorge, dass ich mich womöglich auch an ihn nicht mehr richtig erinnern könne. Und trotz der grausamen Schmerzen war ich zu Späßen aufgelegt. »Wer ist da? Mehmetcan. Welcher Mehmetcan?«, foppte ich ihn. »Du weiß also noch, dass du einen Bruder hast«, atmete er erleichtert auf. »Wie sollte ich eine Nervensäge wie dich jemals vergessen können«, flüsterte ich. Wären meine Lippen nicht von Nähten durchzogen gewesen, ich hätte lauthals gelacht.

Doch jetzt war mir nicht nach Lachen zumute. Ich kämpfte mit den Tränen und überflog die Anklage mit zusammengebissenen Zähnen: »... es wurden unter anderem die Nase der Geschädigten durchtrennt und ihre linke Wange aufgeschlitzt ... ein Annähen des abgetrennten Teils der Ohrmuschel schlug fehl ... die Milz musste entfernt werden ... die Geschädigte wird auf Dauer durch zahlreiche Narben entstellt bleiben ... der Angeklagte wird beschuldigt, unmittelbar dazu angesetzt zu haben, aus niedrigen Beweggründen und grausam einen Menschen zu töten.« Zuletzt fing mein Blick folgende Passage ein: »Die Staatsanwaltschaft gibt zu Protokoll, derartige Verletzungen wären sonst nur bei Leichen festzustellen.«

Mein Herz krampfte sich zusammen, ich glaubte, keine Luft mehr zu bekommen, röchelnd sackte ich zusammen. Ich hatte mich so lange beherrscht, hatte mich zusammengerissen. Jetzt brach alles aus mir heraus. In den folgenden Tage wollte ich mit Niemandem sprechen, ich vergrub mich im Schlafzimmer. Meine Mutter brachte mir Essen, aber ich bekam keinen Bissen hinunter. Ich starrte in den Fernseher und sah doch nichts.

Ich erholte mich nur langsam. Vor meinen Kindern aber gab ich mich stark, etwa wenn sie sich zu mir ins Bett kuschelten. Ich wollte keine Tränen vor ihnen vergießen. Melanie, Metin und Zeynep ängstigten sich schon genug. Sie ließen es sich nicht anmerken, meine drei kleinen Helden wollten tapfer sein, aber ich sah die Angst in ihren Augen. Deshalb entschied ich mich, Zeyneps elften Geburtstag im März mit einer großen Feier zu begehen. Auch wenn ich kaum wusste, wie ich das Fest bezahlen sollte, erlaubte ich ihr, all ihre Freunde einzuladen. Meine Mutter half mir, ein leckeres Büfett zu zaubern. Es sollte ein Tag der Leichtigkeit werden.

Und wieder war es das Jugendamt, das uns die Unbeschwertheit nahm. Es war der Morgen nach Zeyneps Geburtstagsfest. Der Radiowecker an meinem Bett zeigte 8 Uhr, als mich das Klingeln des Telefons aus dem Schlaf riss. »Ihr Exmann besteht auf sein Umgangsrecht, er will die Kinder sehen«, informierte mich der Mitarbeiter mit belegter Stimme. Ein schlechter Scherz, glaubte ich. Besser gesagt, ich wollte es glauben. Aber Herr Schuster sprach weiter: »Die Kinder müssen ins Jugendamt kommen. Sie sollen befragt werden, ob sie das ebenfalls möchten.« Mir stockte der Atem. »Das ist nicht Ihr Ernst?« Ich hielt sofort dagegen: »Warum können Sie die Kinder nicht hier zu Hause befragen, Metin ist noch völlig verstört. Ich kann ihm das nicht antun. Haben Sie doch ein Herz.« Herr Schuster blieb unbeirrbar und meinte, die Kinder müssten an einem neutralen Ort befragt werden. Verzweifelt unterrichtete ich meine Familienhelferin Frau Hummel und meine Familienanwältin Frau Gerhard. Keine Chance. Die Kinder, auch Metin, mussten im Jugendamt erscheinen. Wie viel Leid sollten sie noch erfahren? Warum hatte keiner Mitleid? Ich fühlte mich wie jemand, der seinen Kopf nicht länger über Wasser halten kann. Alles vor meinen Augen verschwamm.

Wenige Tage später begleiteten Frau Hummel und ich meine Kinder ins Jugendamt. Ich konnte es ihnen nicht ersparen und ich fühlte mich schrecklich dabei. Gleichzeitig gab ich mich tapfer und unterdrückte meine Tränen. Ich wollte sie nicht noch mehr verängstigen. Nach der Befragung durch die Beamten, bei der ich nicht anwesend sein durfte, war das Ergebnis eindeutig: Meine Kinder wollten ihren Vater nicht sehen. Wohlgemerkt: Ich habe es ihnen nie verboten. Bis heute betone ich, dass sie ihren Vater jederzeit sehen können, wenn sie es möchten. Das, was ihr Vater mir angetan hat, hat nichts mit ihnen zu tun. Daran halte ich eisern fest.

Und dann fing mich Mehmets Sippschaft auf der Straße ab. Sie bot mir 40 000 Euro, wenn ich als Nebenklägerin zurücktreten würde. Ich hatte seltsamerweise keine Angst, ich war völlig ruhig, als ich Mehmets Verwandten in die Augen sah: »Nein«, sagte ich gefasst. Und dann huschte mir doch dieses Wort über die Lippen: »Ehre«. »Ich trage noch Ehre in mir, ich nehme euer Blutgeld niemals an, egal wie viel ihr bietet.« Sie starrten mich irritiert an. Ehre, ja, das war es, was ich besaß – aber nicht im Sinne ihrer verstaubten Definition. Ich war stolz und ehrenhaft auch als alleinstehende Frau, und diese Haltung schienen sie nicht zu kennen. Diese Einstellung war ihnen fremd. Aber es war auch nicht meine Aufgabe, sie aufzuklären. Ich würde ihre Gedanken ohnehin nicht ändern können. Aber ich wollte auch keine Angst mehr haben. Wovor sollte ich mich auch fürchten? Was sollte mir noch Schlimmeres widerfahren? Nein, ich wollte keine Angst mehr haben. Nie wieder.

Warum ich an die Presse ging und mit Terre des Femmes eine Kampagne startete

In den folgenden Wochen wurde ich zunehmend unruhiger. Die Gerichtsverhandlung war auf Ende Juni festgesetzt. Und ich hatte es satt, Opfer zu sein.

Dann kam mir der Zufall zu Hilfe. Eine Frau namens Kamile, die den Artikel in der *Yeni Özgür Politika* gelesen hatte, nahm Kontakt zu mir auf. Sie sollte sich als wahrer Engel entpuppen.

Kamile, die selbst schon viel Leid erfahren hatte und inzwischen mit einem engagierten deutschen Mitstreiter für Frauenrechte liiert ist, machte mich auf Terre des Femmes, die gemeinnützige Menschenrechtsorganisation für Frauen und Mädchen, bei der sie Mitglied war, aufmerksam. Wir führten viele Gespräche am Telefon und in mir wuchs der Entschluss, etwas zu tun, was anderen Frauen, die sich in einer ähnlichen Lage befanden, helfen würde. Und sei es nur, ihnen Mut zuzusprechen. Ich wollte aus dem Sinnlosen, das mir widerfahren war, etwas Sinnvolles machen.

Wenige Wochen später reiste ich mit Frau Hummel und meiner Mutter zum Hauptbüro von Terre des Femmes nach Tübingen. Wir wurden mit offenen Armen empfangen. Ich wollte einen Beitrag leisten, erhielt aber gleichzeitig das Angebot, Hilfe für den anstehenden Gerichtsprozess gegen meinen Peiniger zu bekommen. Schon bald entwickelten wir gemeinsam einen Aktionsplan, bestehend aus Unterschriftenlisten und Vorträgen, der nicht nur Aufklärungsarbeit leisten, sondern auch die Politiker aufrütteln sollte. Die Kampagne »Keine Gewalt gegen Frauen. Solidarität mit Aylin« war geboren.

Im Mai sollte bereits mein erster Vortrag in Stuttgart stattfinden. Doch im Zuge dessen traf mich eine schlechte Nachricht: »Frau Korkmaz, die Stadt Stuttgart hat angeboten, Ihnen Polizeischutz während des Vortrags zu gewähren.« Ich war entsetzt. Nein, niemals! Was sollten all die Zuhörer denken? Da spricht eine Frau anderen Mut zu, sich zu wehren und traut sich selbst nicht einmal ohne Polizei auf die Bühne? Nein, niemals! Schließlich kam ich auch bisher ohne Polizei zurecht. Nein, ich wollte keine Show, ich wollte lediglich meine Erlebnisse schildern. Und vor allem meine Erfahrungen weitergeben, andere Frauen informieren, damit sie nicht dieselben Fehler machten. Nicht mehr und nicht weniger. Zur Attraktion taugte ich nicht. Die Mitarbeiter von Terre des Femmes sahen es genauso. Sie standen hinter mir – und das freundliche Angebot der örtlichen Polizei wurde dankend abgelehnt. Lediglich ein Fernsehteam der ZDF-Sendung *Mona Lisa* sollte mich begleiten. Die Inhalte der Sendung, über die ich mich informiert hatte, und das aufrichtige Anliegen in meiner Sache hatten mich überzeugt.

Noch am selben Morgen entfernte ich alle übrigen Tücher von den Spiegeln in der Wohnung, die meine Mutter aus Rücksicht auf mich aufgehängt hatte. Mit dem Verstecken war es nun endgültig vorbei.

Als wir in dem Saal ankamen, war mir dann doch etwas mulmig zumute. Über achtzig Leute saßen vor mir. Ich glaubte, keinen Ton herauszubringen. Ich wollte nichts Falsches sagen und doch hörte ich mich schließlich reden. Ich erzählte mit fester Stimme aus meinem Leben. Ich ersparte mir Kommentare über meinen Exmann. Ich erzählte nur, was ich fühlte, was ich erlebte, wie ich dachte. Zugegeben, manchmal verstand ich selbst nicht mehr, wie ich so denken und handeln – wie ich so unterwürfig sein konnte. So viel ertragen habe. Aber auch das gehörte zu meiner Geschichte. Tragödien gäbe es nicht, wenn wir immer alles richtig machten. Und ich habe viel falsch gemacht. Zu oft verziehen, in den falschen Momenten geschwiegen. Ja, auch ich hatte Fehler gemacht, aber sie rechtfertigten keine Gewalt.

Ich lernte in jenen Vorträgen – dem in Stuttgart folgten Auftritte in Bonn, Köln und Düsseldorf – auch viel über mich selbst. Die Presse ging dabei übrigens äußerst respektvoll mit mir um. Durchweg alle Zeitungsberichte und TV-Beiträge waren fair und journalistisch gut recherchiert. Ich hatte Reporter in meine Wohnung und in mein Herz gelassen, aber sie überschritten niemals die Grenzen der Privatsphäre und des Anstands. Man begegnete mir stets mit Höflichkeit und Respekt. Auch meine Kinder ließ man auf meinen Wunsch hin außen vor. Das rechne ich den Vertretern der Medien hoch an.

Meine Zeugenaussage

Ich hatte in der Nacht zum 25. Juni kaum ein Augen zugetan. Der Prozessauftakt stand an. Ich sollte gleich am ersten Tag aussagen. Bis zuletzt hatte ich versucht, es zu umgehen, meinem Exmann im Gerichtssaal begegnen zu müssen. Aber meine Rechtsanwältin riet mir dazu, mich dieser Situation zu stellen. Sonst hätte die Verteidigung womöglich noch Gründe für eine Revision gefunden. Die hatte sie später ohnehin. Aber für mich stand fest: Ich wollte mich den Fragen vor Gericht stellen, ich wollte mich der Konfrontation stellen. Mein Exmann sollte mich stark und erhobenen Hauptes sehen. Er hatte mich nicht töten können, und das sollten alle hören und sehen.

Meine Freundin Canan war bereits da, sie lag neben mir im Bett und hielt meine Hände. Gemeinsam mit meiner Mutter, meiner Psychologin Frau Dehm und der Rechtsanwältin Frau Kiechle machten wir uns auf den Weg. Es war kurz vor 8 Uhr, als wir im Landgericht Baden-Baden eintrafen. Eben noch hatte ich mich wohlauf gefühlt, da würgte es mich schon. Mein Magen und mein Darm spielten verrückt. »Das ist die Aufregung«, versuchten sie mich zu beruhigen. Ich schleppte mich mit letzter Kraft in den

Zeugenraum. Kamera-Teams standen bereits Spalier, Reporter hatten sich im Flur formiert. Mir war zum Kotzen zumute.

Drei Stunden warteten wir, dann trat Frau Kiechle in den Raum. »Ihre Zeugenaussage wird auf morgen verschoben, das wird heute nichts mehr.« Später erfuhr ich, dass Mehmets Aussage sich über Stunden hingezogen hatte. Er hatte einfach nicht aufgehört zu reden. Mehmet hatte zudem einen Dolmetscher an der Seite, der alles übersetzen musste, denn er hatte behauptet, des Deutschen nicht mächtig genug zu sein. Das war blanker Hohn. Ein Mann, der seit dreißig Jahren in Deutschland lebte, war nicht einmal fähig, sich in der Sprache seiner langjährigen Heimat zu artikulieren?

Auch meiner Mutter ging es nicht gut. Ich sah noch, wie sie sich an einen Stuhl klammerte, dann kippte sie um. Ein Sanitäter eilte herbei. Der Tag hatte uns allen mehr Kraft abverlangt, als wir geahnt hatten. Wir alle hatten die Anspannung unterschätzt.

Am nächsten Tag musste ich erneut vor Gericht erscheinen. Und dieses Mal kam ich zu meiner Aussage. Aus Rücksicht wurde ich vor Mehmet in den Saal gebeten, um ihm nicht in die Augen schauen zu müssen. Das Sonnenlicht brannte durch die hohen Fensterscheiben in den sterilen Raum. Ich saß direkt vor dem Richter. Mehmet und sein Verteidiger nahmen hinter mir Platz. Ich sah sie kein einziges Mal. Der Richter erhob das Wort. »Ihr Mann«, hörte ich heraus und fuhr ihm auch schon über den Mund. »Exmann«, korrigierte ich. Der Saal lachte.

Die Aufregung wich sodann gespannter Ruhe. Und nach den Ausführungen der Staatsanwaltschaft legte Mehmets Verteidiger los. Drei Stunden sollte die Befragung andauern. Meine Psychologin und meine Familienhelferin saßen neben mir und hielten meine Hände. »Lass dich nicht provozieren«, flüsterten sie mir zu, als der Verteidiger seine Fragen an mich richtete. Ach, es waren so viele, so schmerzhafte und verletzende. Zum Beispiel warum ich als Muslimin ein Tattoo hätte. Es hagelte Unterstellungen und Angriffe. Einmal verstand ich eine seiner Fragen nicht. Der Verteidiger versuchte dies mit der zu großen Ablenkung durch meine Psychologin und meine Familienhelferin zu brandmarken. Ich geriet ins Stottern. Da sprang meine Familienanwältin Frau Gerhard im Publikum auf. »Auch ich habe die Frage des Verteidigers nicht verstanden.« Wieder Gelächter. Am Ende wurde ich am Richtertisch vorbei ins Richterzimmer geleitet. Man wollte mir ersparen, an Mehmets Tisch vorbei zum Hauptausgang laufen zu müssen. Ich atmete tief durch. Es war vorbei.

Und doch war ich unzufrieden mit mir. Einmal hatte ich die Beherrschung verloren. Als mich der Verteidiger zu provozieren versuchte und mich nach unserem desolaten Finanzhaushalt befragte – und obendrein meine Brustverkleinerung anbrachte. Ja, ich hatte mir aus medizinischen Gründen meinen Brustumfang von Körbchengröße F auf D reduzieren lassen. War es ein Verbrechen, dass ich mich somit meiner permanenten Rückenschmerzen entledigte? War es das wirklich? Wütend schleuderte ich ihm entgegen: »Warum fragen Sie nicht danach, wie ich mit meinen Narben lebe, wie ich mich fühle, wenn ich in den Spiegel sehen muss? Warum fragen Sie nicht danach, wie ich meine Kinder ohne einen Cent Unterhalt ernähre?« Darauf habe ich bis heute keine Antwort erhalten.

Immer wieder wurde ich von dem Verlauf der folgenden Prozesstage malträtiert, auch wenn ich nicht anwesend war. Die Informationen schossen wie Nadelstiche in mein Herz. Als der

Richter Mehmet fragte, wie er sich die Tat erklären könne, soll mein Mörder geantwortet haben: »Ich bin auch gegen Gewalt. Ich bedauere den Vorfall. Ich frage mich auch, wie ich das gemacht habe.« Er sagte, er könne sich an das Geschehen nicht erinnern. Dennoch bestritt er die Tat nicht.

Die *Süddeutsche Zeitung* schrieb abschließend dazu: »Mehmet K. ist 49 Jahre alt, trägt einen schwarzen Anzug mit rosa Krawatte, ein lilafarbenes Hemd, und er hat recht volles graues Haar. Als Beruf gibt er Kassierer an, sein Deutsch ist auch nach fast dreißig Jahren in diesem Land schlecht, ein Dolmetscher übersetzt für ihn. Es ist nicht immer einfach den Antworten von Mehmet K. zu folgen. Als ihn der Richter nach der Tat fragt, antwortet er. ›Ich sage es auch hier vor der Presse. Ich habe die Kinder großgezogen. Ich habe sie gebadet.‹ Man erfährt wenig Details aus dem Leben des Mehmet K., aber eine Haltung: ›Sie hat nicht alles gemacht, was ich wollte. Sie ist schuld. Das, was sie mit mir gemacht hat – in der Türkei hätte man dafür ganz andere Dinge mit ihr angestellt.‹« Mich hatte die Zeitung wie folgt zitiert: »Ich habe gedacht, ich mache alles kaputt, eine ganze Familie. Dabei hat er alles kaputt gemacht ... Er hat mich einfach isoliert.« Genau so war es. Und genau so sollte es nie wieder sein.

Auch Mehmets Bruder Erdal trat vor Gericht auf. Er war inzwischen längst von Simone geschieden. Er beschuldigte mich, Mitglied der PKK zu sein. Als ich davon hörte, wäre ich am liebsten sofort in das Gerichtsgebäude gestürmt. »Lüge«, hätte ich geschrien. Ja, ich war die Frau eines Kurden, das hatte ich nie verleugnet. Ich trat für ihn ein, setzte mich für sein Volk ein – aber niemals mithilfe oder unter dem Deckmantel von Gewalt. Dass mein Verständnis für ihn und seine Landsleute nun aber gegen mich verwendet werden würde? Nein, das wollte ich nicht akzeptieren. Tatsächlich waren es Erdal und Mehmet, die eine Sympathieerklärung für die PKK unterschrieben hatten. Das Gericht hatte es schwarz auf weiß vorliegen. Wie konnten sie ihre eigene Herkunft, ihre Wurzeln gegen mich verwenden? Wie konnten sie mich für etwas beschuldigen, das sie selbst vertraten? Ich begreife es bis heute nicht. Wie blind kann Fanatismus einen Menschen nur machen? Wie selbstzerstörend blanke Wut doch ist und selbst gut gemeinte Ziele und Absichten verrät.

Ein Handkuss für den Mörder

Mehmets Familie stand hinter ihm. Die Familienmitglieder waren extra aus der Türkei angereist, selbst ferne Verwandte kamen zu dem Prozess. Eine Mitarbeiterin von Terre des Femmes, die dem Prozess als Zuhörerin beiwohnte, hielt die Eindrücke schriftlich fest. Noch heute fröstelt es mich, wenn ich das Protokoll lese. Mehmets Sippschaft grüßte ihn mit Handkuss. Was im Türkischen *el öpmek* genannt wird, ist ein Ritual, bei dem man den rechten Handrücken des Gegenübers in Händen hält, ihn küsst und seine Stirn kurz auf ihn legt. Ein Zeichen der besonderen Ehrerbietung. In der Türkei wird sie vor allem den älteren Menschen zuteil. Man zollt ihnen mit dieser Geste Respekt. Aber auch Menschen in gehobener Stellung und mit Ansehen werden so wertgeschätzt.

Es war blanker Hohn, dass Mehmets Familie dieses Ritual im Gerichtssaal vollführte. In meinen Augen reine Provokation. Es sollte zeigen: Egal, was ihr deutschen Richter entscheidet, egal, was die deutsche Gesellschaft denkt, in unserer Welt gelten eigene Gesetze. Und nach diesen hat Mehmet seine Ehre wiederhergestellt.

Einen Monat später streifte ich mir mein schönstes Sommerkleid über. Es war der 7. August. Meine Psychologin hatte mir noch geraten, der Urteilsverkündung fernzubleiben. Ich konnte und wollte nicht. »Die Begründung des Gerichts könnte Sie verletzen, Sie unnötig belasten«, warnte sie noch. Aber ich war fest entschlossen, mich dem entscheidenden Tag, den entscheidenden Momenten zu stellen. Ich wollte Gesicht zeigen. Zudem war die Presse anwesend. Ich wollte mich ihr ein letztes Mal, sozusagen als Dank für die große Unterstützung, zuwenden. Das hatte ich zugesagt. Danach würde ich wieder in die Anonymität abtauchen dürfen.

Doch die Argumentation des Gerichts kam einem Fallbeil gleich. Dem Antrag der Staatsanwaltschaft auf lebenslänglich war nicht stattgegeben worden. Mehmet bekam 13 Jahre, bei guter Führung würde die Strafe auf acht Jahre herabgesetzt (sollte er seine Reststrafe in der Türkei verbüßen dürfen, würde das die Zeit der Gefangenschaft vermutlich ein weiteres Mal reduzieren). Die Argumentation des Gerichts für das Urteil: Die Mordmerkmale der Grausamkeit und der Heimtücke seien zwar erfüllt, aber der Angeklagte hätte nicht aus niedrigen Beweggründen gehandelt.

Wörtlich heißt es in den Akten: »Ob die Beweggründe des Angeklagten nach allgemeiner sittlicher Wertung auf tiefster Stufe standen und besonders verwerflich und verachtenswert erschienen, hat die Kammer aufgrund einer Gesamtwürdigung aller äußeren und inneren für die Handlungsantriebe des Angeklagten maßgeblichen Faktoren bestimmt. Sie hat dabei als Maßstab für die Bewertung der Beweggründe des Angeklagten die Vorstellungen der Rechtsgemeinschaft der Bundesrepublik Deutschland zugrunde gelegt. Allerdings hat sie die besonderen Anschauungen und Wertvorstellungen des Angeklagten, der zwar schon seit 1978 in Deutschland lebte, seinen kurdisch-türkischen Wurzeln aber noch stark verhaftet war, mit in die Gesamtwürdigung miteinbezogen. Berücksichtigung fanden dabei vor allem … der zum Ausdruck gekommene Besitzanspruch des Angeklagten, der die Geschädigte – demonstriert durch die Stiche in die Brustwarzen – auch als Frau zerstören und ihr das Recht absprechen wollte, ihr Leben eigenverantwortlich zu gestalten.«

Dies klingt noch heute wie Hohn in meinen Ohren. Letztendlich wurde seine Tat damit »gerechtfertigt«, dass er aufgrund der »konfliktgeprägten Vorgeschichte der Beziehung« eine »darauf fußende Trauer, Wut, Enttäuschung und Demütigung als wesentliche Motive für seine Tat« geltend machen konnte – die sich daher auch mit Rücksicht auf seine Persönlichkeit und Lebensverhältnisse nicht als sittlich auf tiefster Stufe stehend und besonders verachtenswert darstellen ließ.

Am härtesten traf mich die abschließende Begründung des Gerichts für die Entscheidung gegen eine lebenslange Haftstrafe: »Auf der anderen Seite hat die Kammer die erstaunlich geringen Folgen der Tat bei der Geschädigten berücksichtigt, die zwar dauerhaft entstellt bleiben wird und mit den erheblichen psychischen Belastungen der Tat zu kämpfen haben wird. Dennoch sind im Hinblick auf die Vorgehensweise des Angeklagten und des entstandenen Verletzungsbilds deutlich schlimmere Folgen denkbar gewesen. Zum Beispiel der Verlust der Bewegungsfreiheit, des

Sehvermögens, der Extremitäten und – bedingt durch den hohen Blutverlust – hirnorganische Schäden bzw. der Eintritt eines Wachkomas. Zwar wird die Geschädigte mit den schweren Folgen der Tat leben müssen. Die Tatsache, dass sie aber tatsächlich mit ihren Kindern weiterleben kann, der Erfolg der Tat mithin ausgeblieben ist, hat die Kammer letztlich dazu bewogen, von der Minderungsmöglichkeit Gebrauch zu machen.«

Sprich: nur 13 Jahre Gefängnis und bei guter Führung weniger, da er als Ersttäter gilt.

Zusätzlich wurde erwähnt, dass Mehmet nicht unter Drogen- oder Alkoholeinfluss stand. Auch eine psychische Störung konnte der Gutachter nicht bestätigen. Was auch immer die Richter entschieden hatten, für mich stand fest, Mehmet hatte seine Tat eiskalt und, ja, aus niederen Beweggründen geplant. Auch wenn das Gericht anderer Meinung war – meine Genesung war sein Glück. Dass ich noch am Leben bin, dieser Umstand hat ihm Strafmilderung beschert. Noch heute wird mir schlecht, wenn ich darüber nachdenke. Mehmet hatte zu keinem Zeitpunkt den Ansatz einer Entschuldigung formuliert. Ich bin mir sicher, bis heute glaubt er, alles richtig gemacht zu haben. In seinen Augen war die Tat sein gutes Recht.

Ich hatte so sehr gehofft, nach der Urteilsverkündung aufatmen zu können. Ich konnte es nicht. Wieder bekam ich kaum Luft. Müde und erschöpft machte ich mich mit meinem Tross auf den Heimweg. »Wenigstens die nächsten 13 Jahre hast du Ruhe vor ihm«, tröstete mich meine Mutter. Ja, sofern er nicht früher entlassen würde. Aber brachte mir das mein Gesicht zurück? Ich spürte keine Genugtuung. Aber ich wollte das Beste daraus machen. In Freiheit leben, endlich frei von Angst sein.

Kapitel 12

Schritte zurück ins Leben

Meine Narben heilen, aber die Wunden in meinem Herzen brauchen noch etwas Zeit

Mein Leben hat sich seit jenem Tag im November 2007 in zwei Hälften geteilt: in gute und in schlechte Tage. An den guten Tagen lache ich wieder gern, ich stehe vor dem Spiegel und schminke mein Gesicht. Ich habe mich an die musternden Blicke auf der Straße gewöhnt. Noch heute berührt es mich, wenn Passanten auf der Straße, die von mir gehört oder gelesen haben, auf mich zukommen und mich spontan umarmen. Manchmal ist es mir aber auch unangenehm. Das sind dann die schlechten Tage. Dann möchte ich mich am liebsten verkriechen, meine Trauer hängt dann wie ein schwerer Mantel über mir. Noch heute muss ich Medikamente nehmen. Immer noch quälen mich Schmerzen. Oft plagen mich Migräneschübe, bei Wetterumschwüngen spüre ich die Narben besonders, es juckt und beißt. Ich muss mein Gesicht vor der Sonne verdecken, solange meine Narben noch behandelt werden. Ich vermisse es oft, keine Ohrringe tragen zu können, da meine rechte Ohrmuschel zu verwundet ist. Hin und wieder würde ich mir gern die Haare zum Pferdeschwanz binden, aber ich ertrage es nicht, mein Ohr und die Narben im Nacken zu sehen.

Es ist ein Tanz auf Glasscherben. Manchmal spüre ich nichts und drehe mich weiter. Manchmal falle ich auf eine spitze Scherbe und mein Herz beginnt wieder zu bluten. Aber ich werde nie liegen bleiben. Niemals. Ich will kein Opfer mehr sein. Diese Rolle passt nicht mehr zu mir. Ich sehe mich vielmehr als Kämpferin, in dieser Rolle fühle ich mich wohler – und meine Freunde und meine Familie stehen hinter mir. Es ist keine Selbstverständlichkeit, aber mein Martyrium hat auch ihnen die Augen geöffnet.

Auch deshalb habe ich diverse Schönheitsoperationen auf mich genommen. Ich wünsche mir so sehr, dass die Spuren und die Fehler der Vergangenheit irgendwann nicht mehr sichtbar sind. Meine Mutter fragte mich einmal: »Warum tust du dir das an? Hast du noch nicht genug von Stichen, Schnitten und Operationen?« Ich hatte darauf nur eine Gegenfrage: »Habe ich kein Recht, mir das zurückzuholen, was mein Exmann mir genommen hat – mein Gesicht?« Ich will nicht schöner werden, so wie früher werde ich nie mehr aussehen, das ist mir bewusst. Ich will mich aber als Frau und Mensch fühlen. Etwas, was er zu zerstören trachtete.

Zu meinem Gesicht gehören für mich ein ganzes Ohr, eine Nase, Lippen und Wangen. Dank Dr. Bertovic von der Klinik in Karlsruhe und dem renommierten Schönheitschirurgen Professor Dr. Mang von der Bodenseeklinik in Lindau, der mir mit seiner Stiftung hilft, habe ich heute wieder Gesichtskonturen. Doch es werden noch einige Operationen folgen, Narbenkorrekturen, Hauttransplantationen, vor allem an meinem verstümmelten Ohr.

Nach dem Prozess wollte ich eigentlich keine Interviews mehr geben: Ich hatte damals alle Anfragen abgesagt. Ich hatte meine Botschaft in der Kampagne von Terre des Femmes nach außen getragen. Jetzt musste ich in den Alltag zurückkehren und stark für meine Kinder sein. Doch dann erhielt ich einen Leserbrief von einem Frauenarbeitskreis, der mir zu denken gab. Darin heißt es: »Wir haben durch einen Artikel von dem brutalen Mordversuch an Aylin Korkmaz erfahren und sind schockiert. In Gelsenkirchen hat sich ein ähnlicher Fall zugetragen, bei dem die Ehefrau, statt ihren prügelnden Ehemann strikt zu meiden, sich wiederholt zu ›Aussprachen‹ mit ihm bewegen ließ, was sie letztlich mit dem Leben bezahlte. Sie ist auf ähnlich brutale Weise attackiert worden: Der Täter stach ihr mit einem Schraubenzieher die Augen aus, woran sie verstarb.«

Sie ist tot, sie hat keine Stimme mehr. Aber ich habe die meine noch. Deshalb will ich Zeuge sein und sprechen. Aber noch viel mehr: den Frauen Mut zusprechen, sich zu wehren. Viele wissen über ihre Rechte nicht Bescheid. Es gibt Hilfsorganisationen und Vereine, die mir auch geholfen haben. Ich habe von ihnen erst erfahren, nachdem mein Exmann mich niedergestochen hatte. Als es für mich fast zu spät war. Deshalb habe ich mich zu diesem Buch entscheiden. Wenn ich damit etwas dazu beitragen kann, dass anderen Frauen ein ähnliches Schicksal erspart bleibt, sie früher Hilfe finden und annehmen, weil sie um ihre Möglichkeiten wissen, dann ist schon viel erreicht.

Häusliche Gewalt ist allgegenwärtig, ich bin kein Einzelschicksal. Vor allem aber ist es kein »Migranten-Phänomen«. Laut Statistik wird jede dritte Frau in ihrem Leben einmal vergewaltigt, geschlagen oder auf eine andere Art und Weise misshandelt. Weltweit werden bis zu 70 Prozent der weiblichen Mordopfer von ihren männlichen Partnern ermordet.

Und vor allem wir Musliminnen schweigen, weil wir viel stärker noch von überholten Moralvorstellungen geprägt sind. Immer noch ist der Begriff der »Schande« in unseren Köpfen so stark verankert, dass wir Unrecht aus Scham nicht zur Sprache bringen. Weil wir das Ansehen der Familie nicht beschädigen wollen. Aber rechtfertigt das Gewalt an uns? Viele türkische Frauen aus traditionellen Familien, die sich von ihren Männern trennen oder trennen wollen, müssen sich vor ihren eigenen Eltern und Geschwistern verstecken. In deren Augen haben sie die Ehre der ganzen Familie verletzt. Sie gelten diesen fanatischen Sippschaften fortan als Freiwild und nur der Tod kann sie von der Schande reinwaschen.

Ich betone: Viele Muslime, viele Türken denken und leben so modern wie ich. Es gibt viel Gutes in unserer Kultur. Etwa unsere Gastfreundschaft, unseren Familienzusammenhalt. Dies gilt es zu bewahren. Das Schlechte dafür umso mehr zu hinterfragen. Deshalb will ich reden – aber vor allem müssen wir miteinander reden. Nicht nur wir Migranten und Migrantinnen. Auch die Politiker sind gefragt. Die deutschen wie die türkischen. Ja, auch die kurdischen Vertreter. Deshalb habe ich mich dazu entschlossen, mich auch weiterhin öffentlich zu engagieren.

Korkmaz – der Name bedeutet aus dem Türkischen übersetzt »keine Angst«. Ich weiß, wie man stirbt. Ich habe keine Angst mehr. Ich will sie nie wieder spüren.

Meine Geschichte ist keine Ausnahme, leider. Allein seit 2008 sind über dreißig Ehrenmorde in Deutschland dokumentiert. Etwa die 16-jährige Afghanin Morsal O., die von ihrem Bruder erstochen wurde, weil sie wie eine Deutsche leben wollte. Die 15-jährige Türkin Büsra O., die von ihrem Vater getötet wurde, weil sie sich in seinen Augen nicht muslimisch verhielt. Oder Gülsüm, eine zwanzig Jahre alte Kurdin, von ihrem Bruder unter Mithilfe des Vaters und eines Bekannten im März 2009 erschlagen. Mutmaßlicher Grund: eine Abtreibung. Ahmet oder Fuad. Ja, auch Männer können Opfer aus Gründen eines falschen Ehrverständnisses und überholter Moralvorstellungen sein. Ahmet, weil er sich zu seiner Homosexualität bekannte. Fuad, weil er einer muslimischen Freundin in der Auseinandersetzung mit ihrer Familie zur Seite stand. Was war ihr Verbrechen? Was haben sie getan, das ihren Tod rechtfertigen würde? Im Koran gibt es keine Rechtfertigung für einen Mord aus Gründen der Ehre. Die bestialische Tradition existiert länger als der Koran selbst.

Umso mehr sind wir alle gefordert, das Leid unter dem Deckmantel von Moral und Tradition nicht zu ignorieren oder gar wegzuschauen. Seien es Schreie, die aus der Nachbarwohnung zu uns dringen, seien es weinende Gesichter, die wir kennen, aber nicht ansprechen möchten. Aus Scham womöglich, oder weil wir glauben: »Das geht uns nichts an.« Aber auch weil wir vielleicht denken: »Wir haben schon eigene Probleme genug.«

Es kostet Mut, Zeit und Kraft, den Mund aufzumachen. Und nicht immer wird unsere Hilfe dankbar angenommen. Meistens von den Menschen nicht, die sie am nötigsten hätten. Dennoch will ich nach vorn blicken und an das Gute in den Menschen glauben, selbst wenn die Spuren des Hasses in meinem Gesicht ewig währen.

Ja, auch mir fällt es nicht leicht. Ich bin oft noch wütend, ich weine noch immer viel und kann meinem Peiniger seine Grausamkeit nicht verzeihen. Aber hassen? Nein, das tue ich nicht. Ein Sprichwort besagt: »Zum Hassen muss man sehr stark sein.« Warum also so viel unnötige Kraft darauf verwenden? Vielmehr sollten wir das Leben als etwas Unantastbares und Kostbares ansehen. Eint das letztlich nicht alle Religionen auf dieser Welt, über ihre Unterschiede hinweg? Das Leben stellt uns schon vor genug Herausforderungen. Ich wünsche allen Leserinnen und Lesern, dass sie es auch leben dürfen. Ohne Hass und ohne Angst.

Nachwort

Seit August 2009 arbeite ich wieder. Ich habe dank des Einsatzes der Caritas und meines neuen Vorgesetzten eine Stelle als Halbtagskraft in einem Supermarkt bekommen.

Und immer wieder höre ich die gleichen Fragen: »Wie schaffen Sie das alles nur?« Ich antworte dann: »Weil ich Geld verdienen will und muss.« Ich wollte immer meinen Beitrag für diese Gesellschaft leisten, die mir in Deutschland ein neues Zuhause ermöglicht hat. Während der Zeit nach dem Mordversuch habe ich lange genug von Arbeitslosengeld gelebt. Eine neue Arbeitsstelle zu finden, in der ich ohne Ausbildung entsprechend verdienen kann, um meine Kinder zu ernähren, war nicht leicht. Deshalb habe ich das sehr liebe und großzügige Angebot angenommen. Ich will mir meinen Unterhalt mit meiner eigenen Hände Arbeit verdienen.

Vielleicht werden die Erinnerungen an jenen Abend, der in meinem Gesicht immer sichtbar sein wird, eines Tages zurückkehren – ich hoffe es nicht. Es ist leichter so. Der Preis der Freiheit war hoch. Zu hoch. Aber ich will diese Freiheit nie wieder aus den Händen geben. Deshalb will ich alle Kraft darauf verwenden und mich nicht mit den Dämonen meines Exmannes quälen. Nicht immer gelingt mir das, etwa wenn mich Panikattacken oder Albträume überfallen. Aber ich muss stark sein, vor allem für meine Kinder. Sie sind zu Teenagern herangewachsen und halten ihre Mutter ganz schön auf Trab. Wie Kinder, die zu jungen Erwachsenen werden, eben so sind. Aber ihre unbedingte Liebe und ihr gutes Wesen erfüllen mich mit Stolz. Sie geben mir Kraft und einen Grund, warum ich bin. Ihr Brief zum Muttertag 2008 erinnert mich immer daran. Wenn ich hadere, lese ich ihn: »Unsere liebe Mama, du bist die stärkste Mutti der Welt, weil du uns nicht alleingelassen hast.«

Wann immer Menschen oder Ärzte sagten, »Sie sind ein Wunder«, antwortete ich: »Nein, ich bin nur eine Mutter.« Für meine Kinder Melanie, Metin und Zeynep bin ich wieder aufgewacht. Für sie gehe ich arbeiten, damit sie es einmal besser haben. Sie sollen nicht dieselben Fehler machen wie ich. Sie sind mein Leben. Ja, der Preis der Freiheit ist hoch. Aber er ist es wert.

Danksagung

Seid umarmt von meiner tiefen Dankbarkeit – als ich in dunkelster Stunde nicht mehr weiterwusste, ich um mein Leben kämpfte, habt ihr mein Herz mit dem Licht der Hoffnung erfüllt.

Mein besonderer Dank gilt der Organisation Terre des Femmes; der Frauenbegegnungsstätte Utamara e.V.; Ceni – Kurdisches Frauenbüro für Frieden e.V., Ihr Engel im Einsatz, die Ihr meine Kampagne »Solidarität für Aylin« ins Leben gerufen habt; dem Frauenhaus in Baden-Baden.

Meine besondere Verbundenheit gilt Kathrin, die mich über meine Rechte aufgeklärt hat; der Caritas am Briegelacker, Baden-Baden; Herrn Litterst und seinem ganzen Team, die meinen Kindern und mir so viel Herzenswärme entgegenbrachten; meinen Lebensrettern des Städtischen Klinikums Karlsruhe, vor allem der Mund-, Kiefer-, Gesichtschirurgie, Professor Dr. Dunsche und Dr. Bertovic, sowie der Stadtklinik Baden-Baden. Ohne Ihr beherztes Handeln wäre ich heute tot; Professor Dr. Mang mit seiner Stiftung und dem Team der Bodenseeklinik; Marlene Muck von DentalM; der Autobahnpolizei Bühl. Mein Dank gilt den Beamten, die damals im Einsatz waren und mein Leben zu retten versuchten. Ihr Helden meines Herzens; meinen Anwälten Frau Gerhard und Herrn Dohr, mein rechtlicher Beistand, sowie meiner Psychologin Frau Dehm, die meine seelischen Narben betreut; dem Amt für Familien, Soziales und Jugend der Stadt

Baden-Baden, besonders Frau Höhn von der Schuldnerberatung, die mir geholfen hat, finanziell wieder Luft zu bekommen; der Gesellschaft für Stadterneuerung und Stadtentwicklung Baden-Baden, die mir und meinen Kindern eine neues Familiennest ermöglicht hat; meiner Familienhelferin Frau Hummel, die mich durch den Behördendschungel lotste und immer ein offenes Ohr für mich hatte. Was hätte ich ohne Sie nur getan? Für Spenden und finanzielle Unterstützung ist mein herzlicher Dank gerichtet an das kfd-Netz Frauen in Not; an die Adolf Scherer GmbH; den Lions Club Baden-Baden; die Wilhelm Oberle-Stiftung; die Stiftung Familie in Not des Landes Baden-Württemberg.

Canan, Suat, Pervin und Kamile – meine Lieben, die ihr zu mir gehalten habt. Ich bin froh, dass ihr in meinem Leben seid; Martin Klein, der als Reporter und Mensch ein wunderbares Herz besitzt; Martin und Robert Kammerer, meine ehemaligen Arbeitgeber von der Autobahnraststätte Baden-Baden, und meine damaligen Kolleginnen und Kollegen haben mir so viel Freundlichkeit entgegengebracht. Danke; Herr Fitterer, Edeka Baden-Baden. Dank Ihnen darf ich wieder arbeiten und stolz auf das von mir Geleistete sein. Danken möchte ich auch Jürgen Horbach, Moritz Kienast und Stefan Mayr vom Fackelträger Verlag.

Mein stolzer Bruder Mehmetcan, meine süße Schwester Aslı, ich bin glücklich, dass ihr meine Geschwister seid und zu mir gehalten habt.

Meine geliebten Kinder und meine geliebte Mutter, die ihr auch dann hingesehen habt, als mein Gesicht nur mit Fäden zusammengehalten wurde – ich liebe euch aus tiefstem Herzen.

Öptüm, Kuss, Aylin

Weitere Titel im Programm des Fackelträger Verlags

Ein erschütterndes Schicksal in zwei Welten

Hamed Abdel-Samad,
Mein Abschied vom Himmel. Aus dem Leben eines Muslims in Deutschland
Gebunden,
mit Schutzumschlag
320 Seiten
Format: 14 x 21,5 cm
ISBN: 978-3-7716-4419-2
€ 19,95 [D]/€ 20,60 [A]/ sFr 34,50

»Eine erstaunliche Biografie, so verschlungen, dass man zuerst an einen Abenteuerroman glauben möchte, eine arabische Ausgabe von Felix Krull. Aber Hamed Abdel-Samad ist kein Literat und auch kein Hochstapler, er hat nur aufgeschrieben, was er erlebt hat.«

Henryk M. Broder, Spiegel

»Ist ein Leben unter Polizeischutz der Preis dafür, dass man die Wahrheit sagt?«

SWR 1, Leute heute

Fackelträger